Bauwelt Fundamente 114

Herausgegeben von
Ulrich Conrads und Peter Neitzke

Beirat:
Gerd Albers
Hansmartin Bruckmann
Lucius Burckhardt
Gerhard Fehl
Thomas Sieverts

Rudolf Stegers

**Räume der Wandlung.
Wände und Wege**

**Studien zum Werk
von Rudolf Schwarz**

Umschlag vorne: Sankt-Fronleichnam-Kirche, Skizzen von 1929
Umschlag hinten: Sankt-Anna-Kirche, Ansicht des südlichen Mauerwerks von Westen, Foto: Artur Pfau

Alle Rechte vorbehalten
© Friedr. Vieweg & Sohn Verlagsgesellschaft mbH, Braunschweig/Wiesbaden 2000

Der Verlag Vieweg ist ein Unternehmen der Bertelsmann Fachinformation GmbH.

Das Werk einschließlich aller seiner Teile ist urheberrechtlich geschützt. Jede Verwertung außerhalb der engen Grenzen des Urheberrechtsgesetzes ist ohne Zustimmung des Verlages unzulässig und strafbar. Das gilt insbesondere für Vervielfältigungen, Übersetzungen, Mikroverfilmungen und die Einspeicherung und Verarbeitung in elektronischen Systemen.

http://www.vieweg.de

Umschlagsentwurf: Helmut Lortz

Lithographie: Ulrich Gatz, Berlin
Satz: Graphische Werkstätten Lehne GmbH, Grevenbroich
Druck und Buchbinder: Lengericher Handelsdruckerei, Lengerich
Gedruckt auf säurefreiem Papier

Printed in Germany

ISBN 3-528-06114-6   ISSN 0522-5094

Inhalt

Vorwort 7
Rothenfelser Schildgenossen 11
Vom Aufstand der Dinge 27
Bauen für die Jugend 39
Erhaben wie Fronleichnam 51
Standhalten und mitlaufen 81
Die Stadt um den Dom 95
Meinung machen 109
Kitsch oder Bild 121
Das Memento der Ruine 139
Aus dem Spätwerk 167

Biographie 180
Bibliographie 182
Bildnachweis 202

Rudolf Schwarz, Foto: Chargesheimer

Vorwort

Nach seinem Tod wurden seine Bauten und Schriften erst mal wie stumm; nur Freunde und Schüler hielten sein Werk in Ehren. Da in Teilen bloß Dokument und in Teilen bloß Devotion, hatten ihre beiden schmalen Bände von 1963 und 1981 auf die Moden keinen Einfluß. Auch die voluminösen Dissertationen von Historikern und Theologen wie Karin Becker und Walter Zahner fanden bei Architekten kaum Leser. Doch Mitte der neunziger Jahre, als ein paar neuere Gebäude vor allem schweizerischer Provenienz mit dem Adjektiv »einfach« oder »schweigsam« gewürdigt und mit dem Etikett »minimal« versehen wurden, tauchte hier und da sein Name wieder auf: Rudolf Schwarz. Nach dessen hundertstem Geburtstag 1997 wanderte eine große Ausstellung durch fünf Städte. Schwarz wurde zum Architekten einer anderen – geflüstert: besseren – Moderne stilisiert. Und als Peter Zumthor, dessen Kapelle Sogn Benedetg in Sumvitg mit Sankt Michael in Frankfurt und Sankt Theresia in Linz manches gemein hat, sich öffentlich zu Schwarz bekannte, war erneuter Verehrung Tür und Tor geöffnet.
Die doppelte Begabung des Verehrten – das meint: seine Gewandtheit im Bau und im Wort – leistet solcher Haltung Vorschub. Mancher Autor meint, es sei schwer, über die Person und das Œuvre zu schreiben, weil Schwarz immer schon alles und immer schon alles besser gesagt habe. Doch auf dem Boden falscher Achtung und falscher Nähe würde die Monographie Paraphrase. Bei einem Architekten, der so stark auf den Begriff der Gestalt rekurriert, muß man wohl kaum an die gleichen Rechte von Selbstwahrnehmung und Fremdwahrnehmung einer Sache erinnern. Nicht allein die Kippfiguren der Psychologen stehen zur Bedeutung frei.
An den drei Büchern – *Vom Bau der Kirche* aus dem Jahr 1938, *Von der Bebauung der Erde* aus dem Jahr 1949, *Kirchenbau. Welt vor der Schwelle* aus dem Jahr 1960 – kommt der Interpret nicht vorbei. Die späte Werkschau ist eine Mischung von Autobiographie und Hagiographie im Gewande mitunter betulicher Bescheidenheit. Am Urgrund der Arbeit sah Schwarz das »große Gespräch von Gestalt zu Gestalt«, vor allem Ästhetischen und allem Historischen. Aber kein Architekt des zwanzigsten Jahrhunderts, schon gar kein

deutscher, bleibt von Geschichte unberührt. Die Homogenität der Interpretation durch den Baukünstler hält näherer Betrachtung nicht stand. Man muß das Œuvre gegensehen und gegenlesen. Anders gibt es keinerlei Entdeckung. Nicht die Utopie von Rationalismus und Antimoderne in Sankt Fronleichnam 1930, nicht die Utopie katholischer Urbanität in Köln 1948, nicht die Utopie der sakralen Ruine in Sankt Anna 1956.

Zwischen den beiden Hälften dieses Buches klafft eine Lücke; Schwarz und die Landesplanung im besetzten Lothringen kommen nicht vor. Der umfangreiche Forschungsbericht, den Jean-Louis Cohen und Hartmut Frank unter dem Titel *Deutsch-Französische Beziehungen 1940–1950 und ihre Auswirkungen auf Architektur und Stadtgestalt* in den späten achtziger Jahren verfaßt haben, läßt keine Frage offen. Leider konnte das Typoskript noch nicht publiziert werden; es fand jedoch Eingang in die erste große Monographie über Schwarz, in das Buch von Wolfgang Pehnt anläßlich der Ausstellung 1997. Gute Gründe, das dort Referierte zu repetieren, gab es nicht.

Die eigenen Gebäude sah Schwarz auf einem Areal jenseits von Tradition und Moderne. Die Väter heißen Hans Poelzig und Ludwig Mies van der Rohe. Vergröbert gesprochen, war der Doktorand in Berlin ein Poelzigianer und der Direktor in Aachen ein Miesianer. Nach dem Krieg gerieten seine Projekte bald eher figurierend, bald eher abstrahierend. Die Antwort auf den »Schund« in Ronchamp war der Raster. Doch die vielleicht schönsten Bauten – etwa Sankt Christophorus in Köln – halten jeder die Waage zwischen leichten Hüllen und schweren Wänden. Faßt man die Architektur in der Opposition von Monument und Instrument oder von Symbol und Funktion, so wollte Schwarz dem Glauben ein Denkmal bauen. Das machte ihn auch bei Katholiken allein. Beim Eucharistischen Weltkongreß München 1960 trat er zum letzten Mal vor Prominenz und Publikum. Alle wollten das »Aggiornamento«; Sep Ruf wollte gar Innovation durch Experiment. Und Schwarz? Der wollte Gehäuse göttlicher Ewigkeit.

Der Rheinländer war Bauender, Schreibender, Glaubender. Geboren am 15. Mai 1897 in Straßburg, gestorben am 3. April 1961 in Köln, war er immer alles in einem und immer offen alles in einem. Dachte der Jüngere radikal und bipolar, dachte der Ältere poetisch und konzentrisch. Nach der Debatte um das Bauhaus 1953 beschrieb Alfons Leitl diese Entwicklung als eine Bewegung aus der Kälte in die Wärme. Es war auch ein Wandel der Sehnsucht, aus dem Reich Gottes in das Bild Gottes oder aus der civitas dei in die imago dei. An einem Ort, wo kein Architekt ihn sah und las, äußerte Schwarz 1954 sein Credo. Der Essay unter dem Titel *Marias anderes Kind* schwärmt vom Apostel Johannes. Eidetiker und Visionär wollte auch der Kirchenbauer sein. Uns

Heutigen ist diese Haltung nicht vertraut, ja peinlich. So hat der Interpret ein Dilemma. Um das fremde Œuvre nicht zum Opfer harmloser Umschreibung zu machen, braucht es einerseits den Laserbeam der Agnosis, andererseits den Satz aus dem Nekrolog von Ludwig Neundörfer: »Rudolf Schwarz war ein frommer Christ.«
Dank geht an meinen Freund Donald MacFarlane. Dank geht an Frau Maria Schwarz. Sie hütet das Werk ihres Mannes. Ohne ihr Archiv in dem so gastlichen Wohnhause wäre dieses Buch kaum möglich.
Für größere und kleinere Hilfe danke ich: dem Albert Renger-Patzsch Archiv Ann und Jürgen Wilde, Zülpich; dem Archiv der Katholischen Kirchengemeinde Sankt Johann Baptist, Aachen; Ulrich Conrads, Berlin; Elisabeth Ehring, Burg Rothenfels; Wilhelm Eilert, Bottrop; Jürgen Esken, Essen; Uli Gatz, Berlin; Maria Getz, Koblenz; Wolfram Hagspiel, Köln; Harold Hammer-Schenk, Berlin; Ellen Helmbrecht, Sankt Augustin; dem Historischen Archiv der Stadt Köln; dem Historischen Archiv des Erzbistums Köln; dem Historischen Institut der Rheinisch-Westfälischen Technischen Hochschule Aachen; Horst Kohl, Aachen; Susanne Kohl, Aachen; Peter Kreutzer, Aachen; Nikolaus Kuhnert, Berlin; Harald Ludmann, Köln; dem Magistrat der Stadt Darmstadt Denkmalschutzbehörde; Edeltrud Meistermann-Seeger, Köln; Joachim Metzner, Frankfurt am Main; Peter Neitzke, Zürich; Katerina Nicoviotis, Darmstadt; Adam C. Oellers, Aachen; Wolfgang Pehnt, Köln; Artur Pfau, Sankt Augustin; Heidrun Rau, Darmstadt; Karl Röhrlich, Aachen; Bruno Schindler, Aachen; Wolfgang Schmitz, Köln; Werner Sewing, Berlin; dem Stadtarchiv Augsburg; dem Stadtarchiv Bottrop; Beate Stegers-Esken, Essen; Joseph Stegers, Baesweiler-Setterich; Oswald Mathias Ungers, Köln; Walter Zahner, Regensburg.

Burg Rothenfels am Main, Tagraum im Palas, 1928, Foto: Albert Renger-Patzsch

Rothenfelser Schildgenossen

Allein war er nicht. Das Stenogramm auf der Karte an die Mutter in Köln sagt es. »Die Fahrt nach Aschaffenburg war langweilig. Dieses selbst sehr schönes Städtchen. Freitag Marsch durch den Spessart. Kamen abends 1/2 12 an und krochen bei der Burgwacht ins Bett. Trafen ungezählte Bekannte. Samstag und Sonntag auf der Burg.« Die Karte zeigt eine Ansicht von Rothenfels. Geschrieben hat sie, wohl im Sommer 1922: Rudolf Schwarz.
Daß der Doktorand der Technischen Hochschule Berlin mit seinen Freunden nachts und von Westen kam, raubte ihnen das Erlebnis des mählichen Ankommens von der schönen Seite. Die romantische Perspektive bot sich den jungen Leuten erst am Wochenende. Unten fließt der Main nach Süden. An seinem rechten Ufer liegt Rothenfels. Morgens scheint die Sonne auf die ganze Breite des schmalen Streifens der alten Häuser. Gleich hinter dem Rathaus und der Kirche mit welscher Haube steigt der rote Felsen auf. Zum Glück führt eine Treppe – angeblich genau 365 Stufen – im Zickzack langsam empor, bis an die Vorburg mit ihren bescheidenen Wirtschaftsbauten aus dem sechzehnten und siebzehnten Jahrhundert sowie an das Amtshaus, dessen Mansarddach spätes Barock verrät. Von Norden durch das Torhaus in die Hauptburg eintretend und gegen den Lauf der Uhr die Abfolge der Gebäude erkundend, schaut man rechts auf den Bergfried, Turm und Helm gut fünfunddreißig Meter hoch und mit den Ecken nach Westen und Norden gestellt, um den Geschützen von Angreifern zu wehren. Es folgen zuerst der kleinere längliche Westpalas und der Rundturm, dann der niedrige Südflügel und der Südturm, zuletzt der größere längliche Ostpalas mit dem Ostturm und den beiden Freitreppen zum Rittersaal und zur Kapelle, das ganze Plateau umgeben von einer starken Ring- und Schildmauer aus Buckelquadern. Als Gründer der Bauten gilt Marquard von Grumbach; der fränkische Edelherr und staufische Gefolgsmann ließ ab 1148 die prächtige Anlage errichten. Allerdings erreichten Haupt- und Vorburg erst um 1780 jene Gestalt, die Schwarz kennen, schätzen, ja lieben lernte. Was er sah – diese Wappen! dieser Efeu! –, sah er wohl kaum anders als auf den Fotos im Neunten Heft des Dritten Bandes der *Kunstdenkmäler des Königreichs Bayern* von 1914: ein zwar malerisches, doch

verwittertes und verwahrlostes feudales Ensemble, das die Natur zur Ruine gemacht hätte, wenn nicht der Abgesang diskreditierter Aristokraten der Burg nach dem Krieg neues Leben geschenkt hätte.

Alois Fürst von Löwenstein hatte sein Anwesen Anfang 1919 dem »Verein der Quickbornfreunde« für achtzigtausend Reichsmark verkauft. 1910 durch drei schlesische Priester und Lehrer gegründet, war der »Quickborn« ein Bund abstinenter katholischer Gymnasiasten, die nicht allein Kampf dem Alkohol! und Kampf dem Nikotin! auf ihre Wanderwimpel gestickt hatten, sondern auch für eine Lebensreform in bezug auf Nahrung, Kleidung und Wohnung warben. Daß entgegen der Erwartung ausgerechnet an Oberschulen das Trinken wie das Rauchen zu Problemen der Pubertät wurden, erklärt sich aus dem kaiserdeutschen Gymnasium als einer restriktiven Institution, die den bürgerlichen Jugendlichen jeden Kneipenbesuch und jede Gruppenbildung verbot. Gleichaltrige Werktätige, Lehrlinge und Gesellen allemal, hatten damals weit mehr Möglichkeiten öffentlichen Miteinanders.
Rothenfels diente den Quickbornern als Jugendteff und Tagungsort. Doch es war mehr. Die zugleich ironische und prätentiöse Rede von der »secessio in montem sacrum« zeigt an, was die Pennäler und Studenten empfanden. Berg und Burg waren ein Bild, waren Projektion einer Utopie in das Hier und Jetzt. Der Haß auf die Stadt und die Angst vor dem Krieg, aus dem die Väter schweigend in die Heimat kehrten, wuchsen rasch zum Ressentiment gegen alles Urbane und Zivile. Im sozialen Vakuum zwischen Monarchie und Republik blühte plötzlich eine Begeisterung für das Mittelalter, die uns heute als purer Atavismus erscheint. »Brüder und Schwestern, Quickborns Seele ist Parzival!« rief selbst der Religionsphilosoph Romano Guardini, der 1920 zu den Bündischen auf Rothenfels gestoßen war. Man traf sich dort zum »Thing« am Brunnen vor dem Tore; der Ritter und das Fräulein grüßten mit »Heil« und »Ihr«; die Knappen gaben jedem Monat seinen deutschen Namen, hießen also den Februar »Hornung« und den Oktober »Gilbhart«.
Die Flucht aus der Zeit endete erst um die Mitte der zwanziger Jahre, als Guardini und Schwarz – inzwischen einander freundschaftlich verbunden – sich für eine Modernisierung der Eliten des Katholizismus und Konservatismus stark machten. Noch unter dem Datum des 29. August 1924, des letzten Tages jener durch Morgenmesse und Abendandacht gläubig gestimmten »Werkwoche«, deren vierhundert Teilnehmer den Quickborn endlich aus dem seligen Jugendreich hatten führen wollen, schrieb die Studentin Katharina Kappes in ihr Tagebuch: »Gen 10 Uhr brachen wir auf, Milly Peerenboom aus Andernach, Ansgar Schneider aus Koblenz und ich. Ein paar

Leute von der Burg begleiteten uns noch bis ins Hafenlohrtal. Wir wanderten quer durch den Spessart, um zur Bahnlinie zu kommen. Der Tag tat mir wohl. Er hatte so etwas Ruhiges. Wir pflückten Heidekraut, sangen und tanzten. Die beiden sind so liebe Menschen. Ansgar studiert Theologie schon im sechsten Semester, ist aber ein reines Kind. In der Bahn flochten Milly und ich uns Heidekränze und sangen dazu. Ansgar spielte Klampfe.«
Pastorale mit der Intensität von Nazarenern? Helmuth Plessner hätte diese Szene als Genre belächelt. Im selben Sommer, aus dem uns das rührende Erleben von Ansgar und Milly und Katharina berichtet wird, publizierte der 1892 geborene Privatdozent an der Universität Köln seinen Essay *Grenzen der Gemeinschaft. Eine Kritik des sozialen Radikalismus*. Plessner schreibt offenbar aus eigener Erfahrung; ohne dem Typus des bündischen Jungmannes wieder und wieder begegnet zu sein, läßt sich dessen Charakter und Ideal nicht mit so stupender Präzision beschreiben. Die Argumentation des Anthropologen greift die seit Ferdinand Tönnies geradezu populäre Opposition von Gemeinschaft als dem großen Wir des Eigentlichen und Ursprünglichen kontra Gesellschaft als dem großen Ich des Entfremdeten und Gezüchteten auf, um sich so gut wie ganz auf die zweite Seite des Widerspruchs zu schlagen. Hinter der bei den jugendlich Bewegten so häufigen Vorstellung eines »kernigen«, das heißt selbstlosen und zuchtvollen Lebens mit Neigung zu Führertum und Gefolgschaft wittert er den Ständestaat. Die Dichotomie von Natur und Kultur auch im täglichen Verhalten löst Plessner, indem er die Künstlichkeit alles Menschlichen behauptet und schon den Willen zum retour à la nature nicht allein als Täuschung, sondern auch als Gefahr entlarvt. Statt nach dem Prinzipiellen und Puristischen ruft er nach den Verkehrsweisen der Diplomatie, also nach Bonhomie, Contenance, Equilibre, Raffinesse.
So brillant Plessner sein mag, daß die Werkwoche des Quickborn und das Erscheinen der Kritik in ein Jahr fielen, wäre für die Darstellung der Gedanken in solcher Ausführlichkeit keine Rechtfertigung. Aber, im Heft 4/1925 der Quickbornzeitschrift *Die Schildgenossen* wurde Plessners Traktat besprochen. Der Beitrag handelt zunächst von Carl Schmitt, dessen Schriften – von der *Politischen Romantik* 1919 bis zur *Politischen Theologie* 1922 – der Rezensent zur Lektüre empfiehlt, ohne zu verschweigen, daß Schmitt einerseits göttliches und menschliches Recht vermische, andererseits zwischen Katholiken und Demokraten einen Widerspruch aufbaue, der unnötig sei. Erst in den letzten Absätzen des Aufsatzes wird Plessners Essay gewürdigt. Wie um die Stürmer und Dränger im Quickborn zu schonen, verliert der Autor kein Wort über die ausfallenden Bemerkungen des liberalen Soziologen gegen die bündische Bewegung. Nein, er stürzt sich gleich auf die Bestimmung der

Gesellschaft als etwas Anonymen und Objektiven und auf die des Zeremoniells als etwas Maskierten und Graziösen. Wohl zum Erstaunen der Lesenden hält er all dies und Plessners »Pflicht zur Macht«, übrigens der heimlichen Verehrung Otto von Bismarcks geschuldet, für katholisches Gedankengut, das man freilich nicht ohne sorgsame Vermittlung aus der religiösen in die politische Arena tragen dürfe.
Verfasser der Besprechung war Karl Neundörfer, als Jurist und Priester für dieses Thema besonders geeignet. Möglich, daß ihn Guardini, mit Kaplan Josef Außem Herausgeber der *Schildgenossen*, zum Aufspüren der geistigen Verwandtschaft von Schmitt und Plessner ermuntert hatte. Immerhin waren Neundörfer und Guardini, beide 1885 geboren, seit ihrer Mainzer Kindheit einander verbunden. Und immerhin muß der Religionsphilosoph mit Lehrstuhl in Berlin gespürt haben, daß die *Grenzen der Gemeinschaft* hier und da eigene Gedanken berührten. Sein 1918 publizierter Essay *Vom Geist der Liturgie* – diese Propaganda des Ästhetischen im Katholischen – enthält ja eine Lehre des Betens, in welcher Guardini von der Öffentlichkeit in der Kirche fordert, was Plessner von der Öffentlichkeit auf der Straße fordert: statt rückhaltloser Offenheit verhaltene Anstrengung oder beherrschtes Benehmen, um es auf einen Begriff zu bringen. Der Mann, dem das permanente Misterioso katholischer Romantiker fern lag, erläutert Liturgie erst als Spiel und Kunst, dann als Ernst und Macht. Wo er zum Schluß der Schrift das Wahre vor das Schöne rückt und ihm ein Autor wie Oscar Wilde Inbild des Abgrunds wird, da wird er selbst urdeutsch, also unbedingt und innerlich. Am letzten Ende des schmalen Bandes, in den zwanziger und dreißiger Jahren Verkaufsschlager ohnegleichen, leuchtet es auf den Heimweg. Wohin? Von der Aufklärung in das Mittelalter, von der Kritik in das Dogma.
Das Plädoyer für die Konvention der Liturgie war zehn Jahre alt, als Guardini mit einem Aufsatz unter dem Titel *Mögliche Gemeinschaft* noch einmal jenes Problem aufgriff, das Plessner so wortmächtig behandelt hatte. Was der Leiter von Burg und Bund im Heft 5/1928 der *Schildgenossen* äußert, ähnelt einem Abschied in Wehmut, in Teilen gar einer Abrechnung mit Rothenfels. Nicht nur, daß das schwärmerische »Brüder und Schwestern, Quickborns Seele ist Parzival!« verklungen und die rembrandtdeutsche Begeisterung für das Mittelalter verflossen ist. Nein, gegen das frühere Bekenntnis zur Gemeinschaft hält der geistliche Neuerer nun den »Einspruch der Fremdheit«. Die Betonung des Anderen treibt er so weit vor, daß am Horizont der Reflexion Elemente einer Psychologie auftauchen, die vierzig Jahre später in Ronald D. Laings *The Politics of Experience* zu voller Entfaltung gelangen.

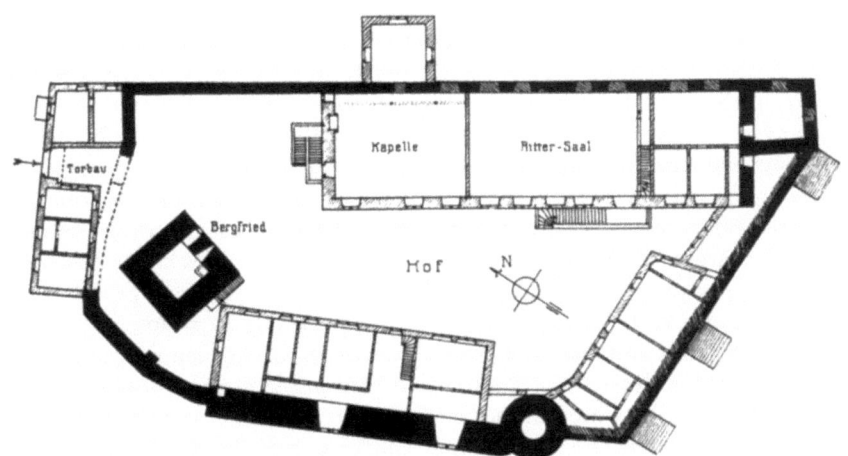

Burg Rothenfels am Main, Grundriß Erstes Geschoß

Aber zurück. Auf die Burg. Die Älteren unter den bei Kriegsende wohl achttausend Quickbornern, das heißt die Kommilitonen und Akademiker, hatten im Sommer 1920 die Gründung einer Zeitschrift beschlossen, die nicht mehr von den Lagerfeuern der Jungen und den Blumenkränzen der Mädchen, sondern endlich von studentischen Interessen handeln sollte. Schon im Herbst 1920 erschien das erste Heft: *Die Schildgenossen*. Der Name führt – konnte es damals anders sein? – in das kriegerische Mittelalter. Er meint die Gemeinschaft mehrerer Genossen unter dem Schutze nur eines Schildes. Seit dem Auftritt Guardinis als Herausgeber 1924 verstand sich das Organ als *Zeitschrift aus der katholischen Lebensbewegung*. Von da an widmeten sich die Hefte, auf dem Fundament religiöser Mentalität, den großen Fragen des Politischen und Kulturellen, öffneten sich häufiger den rechten, seltener den linken Meinungen, waren immer engagiert, manchmal elitär und hatten um 1930 knapp zweitausend Abonnenten. Zu den ungewöhnlich Kämpferischen bei den *Schildgenossen* zählte Schwarz. 1924 erschienen in der Quickbornzeitschrift zwei längere Aufsätze aus seiner Feder; 1927 trat er als Herausgeber an die Seite von Außem und Guardini. Seine Interventionen in editorischer und redaktioneller Angelegenheit lassen einen politisch motivierten Intellektuellen erkennen, dem – so zu lesen in einem Brief an Guardini vom 2. November 1930 – Schildgenossenschaft primär Zeitgenossenschaft bedeutet. Statt zum fünften Male etwas über Adalbert Stifter und zum achten Male etwas über Friedrich Hölderlin zu drucken, brauche man »lebensvolle Manuskripte«.

Mit zwei solcher Manuskripte voller Leben, freilich eines uns heute sehr fernen, sehr fremden Lebens, hatte Schwarz sich 1924 bei den *Schildgenossen* wie ein gewandter Gelehrter eingeführt. Im vierten und sechsten Heft des Jahrgangs finden sich die Aufsätze *Über Baukunst* und *Auf dem Wege zum neuen Geschichtsbild*. Beiden Texten gingen Jahre des Lesens voraus. Das Konvolut der Exzerpte und Notizen aus der Zeit nach dem Studium an der Technischen Hochschule Berlin, das heißt ab 1918, umfaßt Hunderte von Papieren. Sie zeigen den eben diplomierten und später promovierten Autor bei der Lektüre von Büchern nicht allein zu Philosophie und Architektur, sondern auch zu Fragen, auf die Max Wertheimer und Wolfgang Köhler – Gründerväter der Gestaltlehre als Wissenschaft der Wahrnehmung – damals eine Antwort suchten.

Aufs Ganze erweist sich der Essay *Über Baukunst* mit dem biblischen »Metanoeite!«, also dem Aufruf zu Umkehr, als Manifest einer katholischen Architektur. Doch enthält das Zehn-Punkte-Programm eine Bestimmung des Räumlichen, welche die Wirklichkeit beinahe als erfunden betrachtet, Raum jedenfalls nicht für absolut und objektiv, sondern für relativ und subjektiv erklärt. Anders als seine Gläubigkeit erwarten läßt, folgt Schwarz hier dem Anthropozentrismus der Neuzeit, die er sonst heftig angreift, ja verwirft. Architektonisch qualifizierter Raum weite den Körper des Menschen, stehe, gehe und tanze mit dessen Beinen und Armen, schwinge mit dem Heben und Senken des Brustkorbs beim Atmen. Ähnliches erläuterte Schwarz im Sommer 1924 vor den Teilnehmern eines Arbeitskreises während der Werkwoche auf Rothenfels. Seine Fähigkeit zur Anschauung war so stark, daß Katharina Kappes keine Mühe hatte, die Grundzüge dieser von stilistischen Spezifika befreiten Apperzeption der Architektur im Tagebuch zu beschreiben. Am Ende der Vortrags- und Gesprächsrunden habe man Gedichte gelesen, vor allem über das Bauen von Domen. Ob Schwarz dabei seine Vorstellung einerseits von der Bedrohung des Abendlands durch griechischen Idealismus und russischen Mystizismus, andererseits vom Wiederkommen des Mittelalters als einer Epoche mit hierarchischer und organischer Struktur den Quickbornern deutlich machte? Was er in seinem Essay *Auf dem Wege zum neuen Geschichtsbild* fordert, das steigert die Sehnsucht der Weimarer Bauhäusler nach Rückkehr zum Handwerk. Durch den Wunsch, der Neuzeit das Genick zu brechen, annonciert Schwarz eine politische Perspektive, die als gespenstisch zu bezeichnen ihre Gefährlichkeit bloß verharmlosen würde.

Schon beim ersten Auftritt im Kreis der *Schildgenossen*, lange bevor auch nur ein Auftrag unter Dach und Fach war, berührte der Architekt zentrale Themata seines Œuvre: Gemeinschaft und Geschichte. Von Mai 1923 bis Februar 1924 hatte er im Atelier von Hans Poelzig an der Preußischen Akademie der Künste Berlin Erfahrungen mit Szenographie gesammelt und sie auf farbigen Zeichnungen in kristalline Visionen verwandelt. Doch das Feuerwerk war Strohfeuer. Das »Neue Weltbild«, das Schwarz in beiden Manuskripten für die Quickbornzeitschrift lehrte, hatte mit den fiebrigen Gebilden der Expressionisten nichts mehr gemein. Wollte man seinen Ausblick teilen, ihn gar auf Papier oder Leinen fassen, müßte man zu jenen kleinen Skizzen greifen – eine davon als »Ex Libris Rudolf Schwarz« signiert –, auf denen der Buchfreund um 1920 mit dünnem Bleistift Kuben und Quader so zu hohen Städten türmte, wie es wenig später der neusachliche Alexander Kanoldt auf seinen tonigen Gemälden mit gestuften Ansichten römischer Bergdörfer tat.

Von einem Autor, der solche Darstellungen von Olevano und Subiaco, von Häusern und Hütten mit flachen Pult- oder Walmdächern gewiß gemocht hätte, wird niemand denken, daß er kurz drauf von den schönen alten Städten meinen wird, sie trügen »Masken« und hätten etwas »Unwahres«. Doch mit genau dieser forschen Behauptung regte Schwarz im Heft 4/1927 der *Schild-*

17

Alexander Kanoldt, Subiaco, 1924

genossen zum Streit an. Die ganze Nummer hatte nur ein Ziel: die Auf- und Abbrüche an Orten wie Berlin oder Dresden, Hamburg oder München nicht mehr im Jargon der Gründerväter des Quickborn als »Eiterbeulen« zu verdammen, sondern die Rothenfelser aus der Gralsburg in die Großstadt zu locken. Die Seiten bieten Lyrik von Georg Heym und Gottfried Benn; sie handeln von den Stürmen der Wirtschaft, den Arbeitstagen der Angestellten und der Auflösung der Familie. Schwarz nahm sich mit einem Essay der Urbanistik an. Sein Titel war Programm: *Großstadt als Tatsache und Aufgabe*. Er weiß, daß jede Metropole einer Maschinerie gleicht, deren Dynamik aus der Wechselwirkung technischer Entwicklung und sozialer Bewegung rührt. Für den Städtebau des Jahrhunderts hat der Autor dennoch wenig übrig. Fritz Schumacher habe völlig versagt; in den Zirkeln um Walter Gropius spreche man die »Sprache der Komintern«. Noch zweieinhalb Jahrzehnte später, bei seiner Attacke wider das Bauhaus Dessau, wird Schwarz diese gemeinen Vorwürfe wiederholen, allerdings ohne das konservative Nein zum Kapitalismus und ohne die Metaphysik der Urbanität, die ihn mit Bezug auf die großen Städte und ihre Zukunft nach dem Willen Gottes rufen ließ.
Schon 1927, als die weiße und die rote Moderne überall Erfolge feierten, stand dieses Glaubensgefühl quer zur Mehrheitsmeinung der Kollegen. Ob die Konfession die Profession trübte? Im Verhältnis des Katholiken Schwarz zum Architekten Schwarz lagen die Dinge offen. Sachen des Bauens waren Sachen des Bauens. Was Schwarz dem persönlich betreuten Heft an Bildern beigab, zeugt von dieser Freiheit des Urteils. Es sind Skizzen von Hans Scharoun, das Kölner Projekt zweier Gebäude am Rheinufer. Für den Ort, wo die geplante West-Ost-Achse auf die Deutzer Hängebrücke führen sollte, entwarf Scharoun ein Tor zum Fluß, links und rechts Bauten in den Formen je einer Welle. Schwarz würdigt diese Arbeit – beim Wettbewerb 1926 unter die Ankäufe gefallen – nicht aufgrund ihrer funktionalen, sondern ihrer symbolischen Qualität; er würdigt sie, weil die Wogen dem Verkehr ein Zeichen schenken wie früher die Dome dem Glauben.
Scharouns Tor zum Rhein hielt der jüngere Kollege für »echt« und »fremd«. Mit diesem Hin und Her seiner Wahrnehmung eines nie gebauten Gebäudes, erst recht mit dem Bild der Metropole als Maschinerie, näherte sich Schwarz einem Gelände, vor das die Chargen der Kirche damals gern ein Betreten verboten! setzten. Es ist das Terrain der Technik; doppeldeutig, also anziehend und abstoßend. In neun *Briefen aus Italien* hatte Guardini zwischen 1923 und 1925 den *Schildgenossen* seine Auffassung vom Technischen dargelegt, hatte das Mechanische gegen das Organische, Schraubendampfer gegen Segelboote, Glühbirnen gegen Wachskerzen gehalten und die Verluste

bedauert, welche das Verschwinden des einen und Erstarken des andern begleiten. Wider Willen hatte er – unter wessen Einfluß? – zum Schluß ein lautes Ja zur Technik gesagt, auf das Schwarz sich 1927 in einem Vortrag bezog, von dem die Mitschrift eines Hörers vorliegt. Hinter dem Titel *Vom Widerstand gegen die Gewalt* steckt keine Kritik des politischen Extremismus in der Weimarer Republik; dieses Thema hätte die Teilnehmer der Werkwoche auf Rothenfels vermutlich gelangweilt. Nein, Gewalt meint hier Technik als »tote Natur«, etwas »Eiskaltes« und »Herzloses«. Doch wer nach dieser Bestimmung hoffte, Schwarz werde die Argumente Guardinis bestätigen, sich in Betracht der Dingwelt für deren Erwärmung und Beseelung aussprechen, den ließ der bohrende Redner allein. Statt tröstender Worte hörten die Quickborner eine zitternde Stimme bei der allmählichen Verfertigung eines Plädoyers für die Rechte des Neuen, für die Entfaltung, ja Zuspitzung des ohnehin Kommenden. Der »Angst« wehrt der Mann mit: »Geist«. Und den heißt er: »kalt« und »hart«.

Unter den Zuhörenden müssen die Erfahrenen, also eher die Älteren und Klügeren, bald gespürt haben, daß vor ihren Augen und Ohren jemand seinem Ich einen Ort suchte und dabei noch zwischen den Polen eines Lebens als Märtyrer oder Roboter schwankte. Handelte es sich bei der Rede *Vom Widerstand gegen die Gewalt* etwa auch um den Weg aus einer prolongierten Adoleszenz? Um den Weg zu einem Bewußtsein vom Eigenen als katholischer Variante des neusachlichen Intellektuellen? Viele der Jüngeren unter den zugleich künstlerisch und denkerisch Tätigen der späten zwanziger Jahre fühlten sich, was die Zukunft anging, permanent alarmiert. Auf die Heteronomie ihrer Existenz und ihrer Epoche, oft als ein bloßes Interregnum empfunden, antworteten sie mit der Anstrengung zu Einmischung aus Bejahung der Entfremdung. Ungeachtet politischer Differenzen: Ihr Feindbild war der Bourgeois auf der Chaiselongue, ihr Leitbild nicht das Moderate und Temperierte, sondern das einerseits Überhitzte, andererseits Unterkühlte. Solche Worte liebte auch Schwarz. In seinem Aufsatz *Die Lehre zum Tun* spricht er von »muffigen Gefühlchen des Mitleids«; in seinem Aufsatz *Vom Sterben der Anmut* schwärmt er von rein geometrischen Architekturen als den »heißesten« und »eisigsten« Gehäusen im Weltall. Gewiß, Schwarz trieb den Habitus der Sachlichkeit nie bis zum Extrem des Kaders, der uns im Gedicht von Bertolt Brecht mit seinem »Verwisch die Spuren!« erschrickt. Aber, Schwarz war auch kein Mensch für die nahe Nähe. Eher eine Figur von Oskar Schlemmer, dessen Bilder er mochte. Schildgenosse Außem klagte in einem Brief vom 5. Mai 1927, er habe eine »Fassade«, die es schwer mache, hinter sein Denken zu kommen. Und noch in den Nekrologen auf den Architekten –

geschrieben von freundlichen Bekannten: Hans P. Koellmann und Ludwig Neundörfer – ist vom »Panzer« der Ironie und des Sarkasmus die Rede.

Was Schwarz vor den Quickbornern und in den *Schildgenossen* äußerte, wollte mit jedem Hauptsatz einen Sprengsatz legen, als müsse der Mann bei allem ums Ganze kämpfen, weil für die wahren Kinder Gottes Erlösung oder Untergang immer kurz bevorstehen. Im Verhältnis zu seinen Gedanken wirkt daher seine Tätigkeit bescheiden. Zumindest auf Rothenfels. Wer bei Architektur gleich an große Bauten denkt – etwa an das Tor zum Rhein von Scharoun –, der muß sogar den Eindruck haben, auf der Burg seien bloß ein paar Wände durchbrochen, ein paar Türen vermauert und ein paar Räume gestrichen worden. In der Tat galt während der ersten Jahre nach Einzug des Quickborn 1919 das Engagement der Sanierung. Denn Wasser gab es nur vom Brunnen, Lampen nur mit Karbid; Strohsäcke dienten als Nachtlager. Der Umbau kam Schritt für Schritt voran, hätte aber ohne all die freiwillige und begeisterte Arbeit, zum Beispiel der Schreiner in der Scheune, oft unterbrochen werden müssen. Wohl im Sommer 1924 wurde Schwarz von Kaplan Außem für die weitere Planung gewonnen. Doch erst 1927, nachdem Guardini zum Leiter von Bund und Burg gewählt worden war, bekam die Sache Auftrieb.

Zwischen dem neuen Bauherren und dem jungen Baumeister herrschte ein mal gespannter, mal gelöster Austausch der Meinungen. Ihre langen Briefe erzählen eine Geschichte, die das übliche Plänkeln zwischen Auftraggeber und Auftragnehmer so weit verläßt, daß sie uns angesichts der heutigen Anonymisierung des Architektonischen vorkommt, als berichte sie von einem Geschehen aus fernen Zeiten. Obwohl Guardinis eigene Vorstellung von menschlicher Behausung auf das Behagliche, ja Gemütliche zielte – etwa auf das barocke Pfarrhaus im schwäbischen Mooshausen, wo er von 1943 bis 1945 Zuflucht vor den Bomben auf Berlin fand –, übertrug er die künstlerische Verantwortung für die Gestaltung der Gemäuer auf Schwarz, der in Heft 3/1927 der *Schildgenossen* seine Absichten erklärte. Rothenfels müsse sich von der »Heimtümelei« der Jugendherbergen fernhalten und statt dessen »in die Reihe der wenigen Versuchsstätten eintreten, wo an der Form der Zeit ernste und strenge Arbeit getan wird«.

Ein Bauhaus der Kirche? Eine katholische Akademie? Die Arbeit begann im Ostpalas. Und sie begann mit einer veritablen Reformation, mit dem Abschlagen des Dekors, dem Abhängen der Bilder, dem Abtragen des Altars, dem Abräumen der Bänke, bis die Kapelle im ersten Geschoß kaum mehr als reine Hülle war, roter Stein auf dem Boden, weißer Putz an den Wänden und

Burg Rothenfels am Main, Kapelle, 1928, Foto: Artur Pfau

Burg Rothenfels am Main, Rittersaal, 1928, Foto: Fritz Grieshaber

der Decke, Holzstützen an der Hangseite. Diese Leere füllte Schwarz mit zwei Objekten, bei welchen die Kombination des Materials – Eiche, Silber, Email – noch die Ästhetik von Arts and Crafts und Sezession verrät. Genau über der Mitte des Raumes hängt von acht Stangen der Reifen eines Leuchters mit sechzehn Kerzen. An der Südwand steht ein Altar, der trotz aller Masse zu schweben und zu schimmern scheint: zu schweben, weil je drei Bohlen den Quader vom Podest und die Platte vom Quader trennen; zu schimmern, weil auf den mattschwarz gebeizten Flächen die Bleche und Nägel unter dem Einfall des Lichtes aus den in Weiß und Grau, Blau und Braun getönten Glasscheiben der Fenster ihre Farbe wechseln.

Wie man die Kapelle von Norden betritt, so den Rittersaal von Westen; hier wie da führt der Weg vom Hof über eine Außentreppe. Dem Rittersaal widerfuhr eine ähnliche Behandlung wie der Kapelle. Auch er wurde leer und groß, gegliedert durch acht Fenster, je vier Stichbogen mit Sitzbänken an den Langseiten. Während die Farbe der Reliefs an der Nordwand – Wappen eines Fürstbischofs, eines Dompropstes und eines Domdekans – hinter weißer Tünche verschwand, erhielt der Festsaal durch neue Beleuchtung und neue Bestuhlung einen für manche Quickborner schockierend modernen Charakter. Die von Schwarz gezeichneten Schalt- und Stellpläne machen deutlich, worauf es ihm ankam. Das Interieur mit seiner lichten Höhe von etwa fünfeinhalb Metern sollte sich zugleich höchst funktional und höchst flexibel formieren lassen. Durch kluge Regie der Glasröhren an der Decke und der Holzschemel auf dem Boden sollte sich der Rittersaal den gewünschten Nutzungen anpassen, einem halben Tausend junger Menschen zu Vortrag oder Tagung, Gesang oder Andacht dienen.

Als die Quickborner im August 1929 ihr zehnjähriges Eigentum an Rothenfels feierten und im Erdgeschoß des Ostpalas – Schwarz hatte den Pfeilersaal zum Herzstück einer Raumfolge gemacht – die Gäste ein- und ausgingen, da standen die katholischen Jugendlichen im Zenit des Erfolgs. Zum Jubiläum ihres Vereins erschien eine Broschüre. Den Umschlag ziert das Foto einer Gruppe dreier Fenster im Ostturm. Zwei schlanke Säulen stehen auf, die Füße mit vier Blättern, die Schäfte mit acht Kanten, die Köpfe mit vielen Knospen, die Kämpfer mit einem Henkel, das Ganze zu runden Bögen sich wölbend. Einige der Aufnahmen Fritz Grieshabers zeigen das Radikale der Architektur, die dem Palas entlockt wurde. Behutsam war seine Verwandlung nicht. Die Pflege eines Denkmals als Wahrung aller seiner Schichten ist Auffassung der Heutigen; der Zeitgeist von damals empfand das Dekor des Barock als Plunder, der ohne Skrupel entfernt wurde. Der Quickborn wollte Heimat und Mitte; Rothenfels mußte seine Vorstellung von Gemeinschaft abbilden. Doch

Schwarz gab mehr. Nicht Außen- noch Innenseiter, sondern Einzelgänger der bündischen Bewegung, gab er ihr das Beispiel einer Kultur, die beim Entwurf der Dinge den Begriff der Nutzung mit dem der Haltung verband. Daß die Ausstattung des Rittersaals nicht vom Sparsamen ins Ärmliche rutscht, ist der Tatsache geschuldet, daß der Charakter der Objekte zwischen Funktionalem und Skulpturalem changiert. Jahrelang war diese Eigenschaft der Leuchtröhren und Sitzschemel wie verschollen. Sie zu sehen, bedarf es wohl der Augen von Künstlern wie Dan Flavin und Donald Judd.

Mit dem knappen »Samstag und Sonntag auf der Burg« schloß jene Karte, die Schwarz seiner Mutter im Sommer 1922 nach Köln schickte. Im Sommer 1929 schrieb er in der erwähnten Broschüre über *Die neue Burg*. Anders als die Sprache in den *Schildgenossen* hat die Erläuterung hier und da etwas Betuliches, das an die Redeweise der Glaubenslehre erinnert. Einmal aber gelingt Schwarz für seine Konzeption von Architektur und ihre Wirklichkeit auf Rothenfels ein schöner Vergleich: der mit einem Instrument, »das unter der Berührung der Hand anfängt zu leben und zu klingen«.

Ernst Birkner, Einband des Buches *Wegweisung der Technik*, Aachen 1928

Vom Aufstand der Dinge

Als Rudolf Schwarz am 1. April 1927 seinen neuen Posten als Leiter der Handwerker- und Kunstgewerbeschule Aachen antrat, kam ein so Ungestümer wie Gebildeter von kaum dreißig Jahren in eine seit je durch und durch katholisch geprägte Kommune. Nicht Kleinstadt noch Großstadt, war sie eine Grenzstadt, die sich damals allenfalls ihres Münsters, ihrer Printen und ihrer Bäder rühmen, aus der Lage im Dreiländereck von Deutschland, Belgien und den Niederlanden nach dem Ersten Weltkrieg jedoch keinen Gewinn mehr ziehen konnte. Während der Reise nach Aachen aus dem Fenster des Zuges schauend, erschien dem forschen Mann das Panorama der Artefakte so chaotisch, wie er es um diese Zeit in dem Essay *Die Lehre zum Tun* beschrieb. Die elenden Ansammlungen von Kleinigkeiten, ja die ekligen Wucherungen der Gegenstände waren ihm ein Greuel. Er verglich den Mißwuchs mit einer Geschichtslandschaft, die das »Aussehen eines Haufens von Abfällen« habe. Gegen diese Wahrnehmung eines düsteren Drunter und Drüber der Dinge – deren Verwandtschaft mit der Jahre später formulierten Interpretation des »Angelus Novus« von Paul Klee durch Walter Benjamin verblüfft – propagierte Schwarz das Engagement des Kreativen, den er natürlich einen »Schaffenden« hieß, und den Darwinismus der Produkte. Die Welt sei schon zu voll; deshalb hätten die schlechteren den besseren Dingen zu weichen.
In bezug auf die kleine Schule im Aachener Südviertel, deren Direktor und Professor sich der promovierte Architekt künftig nennen durfte, hatte er hohe Ansprüche und hehre Absichten. Zunächst mußte die provinzielle Institution mit allen Kräften aus der Beaux-Arts-Tradition des neunzehnten in die Gegenwart des zwanzigsten Jahrhunderts geführt werden. Denn anders würde sich die verschlafene KGSA – mit der neuen Leitung verschwand der Verweis auf das Handwerk aus dem Namen und Kürzel der Anstalt – nie mit vergleichbaren Einrichtungen, etwa in Halle und Breslau, messen können. Schwarz regte die Gründung von sechs Fachklassen und vierzehn Werkstätten an; vor allem berief er jüngere Praktiker zu Dozenten: den Architekten Hans Schwippert, den Glasmaler Anton Wendling, den Bildhauer Hein Minkenberg, die Bildhauerin Maria Eulenbruch. Mit ihnen und rund einhundert-

fünfzig Schülern suchte er eine Lehr- und Lerngemeinschaft. All ihr »Tun«, so der Direktor in einer Broschüre der KGSA, sollte seine Aufgaben aus etwas »Wirklichem« holen und seine Lösungen auf etwas »Bestimmtes« richten. Es sollte eine zwar rührige, doch bescheidene und gehorsame Aachener »Werkhütte« sein, rheinisch und christlich nach Herkunft und Richtung ihrer Arbeit.

Schwarz war ledig; er war »Jungmann«, um es mit einem Wort der Zeit zu sagen. Gebaut hatte er noch nichts, nur wenig entworfen, doch manches geschrieben. In seiner Person verkörpert sich jener Typus, der erst intellektuell, dann architektonisch glänzt. Das war natürlich Folge dessen, was er während seiner Kindheit und Jugend in Straßburg zugleich an klassischer und deutscher Bildung empfangen hatte. Wenn es ums Ganze ging, traute Schwarz dem Wort stets mehr als dem Bild. Womit Johannes Molzahn, Dozent für Grafik an der Kunstgewerbeschule Magdeburg, in Heft 3/1928 der Zeitschrift *Das Kunstblatt* einen Aufsatz zum Thema Fotografie und Illustration überschrieb – *Nicht mehr lesen! Sehen!* heißt es unter einer Aufnahme mehrerer Glühbirnen –, damit hätte man Schwarz schockiert. Denn mit dem Tempo! Tempo! der Zeitgenossen hatte sein Gefühl nichts gemein. Vielmehr: Sein Wort nimmt sich Zeit; sein Wort schafft sich Raum. Seine Tätigkeit auf Rothenfels hatte ihm rasch ein Entree zu den *Schildgenossen* verschafft. In der Zeitschrift des Quickborns waren aus seiner Feder schon ein halbes Dutzend teils kürzerer, teils längerer Texte erschienen. Des Schreibens längst so fähig wie ein versierter Publizist, hatte Schwarz auch im Gepäck nach Aachen zwei geschliffene Typoskripte, die zu veröffentlichen Romano Guardini dem Freund schon vor Monaten, in einem Brief vom 1. Dezember 1926, geraten hatte.

Der erste Aufsatz trägt den Titel *Gespräch und Denken über Technik*. Er handelt zunächst vom Werkzeug als Gerät, das schön nur werde, wenn es sich von der zweckdienlichen zur sinntragenden Sache erhebe und also nicht wie Meißel und Feder weit hinter Standbild und Dichtung zurückbleibe. Dann geht es dem Autor um Architektur und Monument. Nicht das ästhetische, sondern das kollektive Subjekt möge Nutzer der neuen Räume, der neuen Gebäude für die Gemeinschaft sein. Die Maschinerie und Apparatur, wohl auch die Architektur seiner Zeit sieht Schwarz auf dem Weg von einer eher expressiven zu einer eher rationalen Haltung. Mählich weiche die Linie der Fläche, das Netz dem Block, das Gotische dem Klassischen, um den Gedanken fortzuspinnen. Damit setze bei jedem Bau von Rang eine Dialektik von Bewegung und Widerstand ein; in den großen Städten wüchsen dynamische

Solitäre aus dem Boden. Das Gemeinsame dieser glatten Körper sei das Arithmetische und Geometrische – genauer: das Spiel mit Zahl und Loch und Wand –, von dem der Autor erwartet, daß es zu neuen Symbolen der Epoche avanciere.

Der zweite Aufsatz trägt den Titel *Das Gesetz der Serie*. Er handelt, ohne das Wort je zu benutzen, von Industrieprodukten. Bei aller Abwägung, der Tenor des Textes liegt auf den Positiva der Serie. Schwarz räumt zunächst mit volkstümlichen Vorurteilen auf. Heftig schreibt er wider das Präjudiz der Konvention, die seit der Renaissance das Singuläre und Personale geradezu mythisiert habe. Dagegen behauptet er, beim Übergang vom Einmaligen zum Mehrmaligen bekämen die Objekte neue Qualitäten; was sie an Heil und Maß und an Heimlichkeit verlören, das gewännen sie an Macht und Wucht und an Ewigkeit. Es komme nun auf den Umschlag vom objektiv Notwendigen zum subjektiv Absichtsvollen an. Kurz, was sein muß, muß sein. Allerdings müsse eine echte große Tat am Prinzip jeder Serie stehen. Zugleich müsse Bildung Raum und Zeit außerhalb der Serie sichern, aber nicht als stilles Reservat des Intellekts und der Emotion, nicht als Refugium des Manufactum, sondern als Hilfe zur Bindung, ja zur völligen Hingabe und Teilnahme am Technischen.

Eine Weile blieben die Essays liegen, weil der Alltag der Schule in dem Fabrikbau an der Südstraße für publizistische Aktivitäten keine Zeit ließ. Doch spätestens im August 1927 erhielt das Vorhaben, die beiden Texte zu drucken, neuen Auftrieb. Als Mitglied des Deutschen Werkbunds war Schwarz auch Abonnent der Monatszeitschrift *Die Form*. In Heft 8 des Jahrgangs erschien von Walter Riezler unter der etwas unklaren Überschrift *Einheit der Welt* ein als Gespräch verfaßter Beitrag zum Verhältnis von Kunst, Natur und Technik. Der Herausgeber der Zeitschrift und Direktor des Städtischen Museums Stettin zerstreut darin das beliebte Vorurteil, die Formen der Technik seien kalt und tot. Nein, der Mensch werde der Natur nicht weiter entrückt. Die Technik sei vielmehr beherzt zu ergreifen und zu gestalten; ein Kanon ganz neuer Formen sei in statu nascendi.

Ob Schwarz den pädagogisch inspirierten Dialog gelesen hat? Sicher ist, daß er von den Bildern begeistert war, welche Riezlers Argumente illustrieren. Zu sehen gibt es auf neun Seiten des Werkbundorgans lauter tektonische, skulpturale, maschinelle, botanische, überwiegend dynamische Formen des Drängens und Dehnens und Duckens, des Kreisens und Kriechens und Krümmens, des Spaltens und Spreizens und Spulens. Ihr Fotograf: Albert Renger-Patzsch. »Mit großer Freude sah ich Ihre prachtvollen Aufnahmen«, schrieb Schwarz und bat den ihm Unbekannten um die Überlassung von etwa zwanzig Ar-

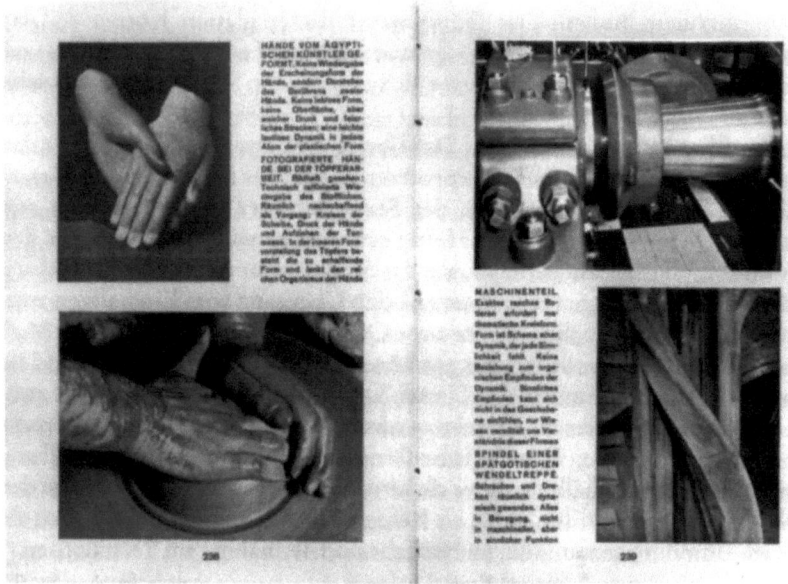

Die Form, Heft 8/1927, Doppelseite mit Aufnahmen von Albert Renger-Patzsch

chivfotos zur Anschauung und Erklärung seiner Gedanken. Renger-Patzsch willigte ein. Und so erschien, wohl im Frühjahr 1928, die *Wegweisung der Technik. Erster Teil.* Das Buch hat ein Format von neunundzwanzig mal dreiundzwanzig Zentimetern. Es hat sechsundfünfzig Seiten mit fetter Type in großem Grade, dunkelstes Schwarz auf gelblichem Weiß, gestaltet von Ernst Birkner, dem Leiter der Satz- und Druckwerkstatt der Kunstgewerbeschule Aachen. Im Anhang finden sich vierzehn Tafeln mit Aufnahmen von Renger-Patzsch. Vorwärts, ruft das Foto auf dem Einband; es zeigt die »Nockenwelle einer Dampfmaschine«. Doch als ob durch das Bild die Potenz der Technik noch nicht klar sei, macht die Legende die Maschine zu einer »tausendpferdigen«.

Hier der Architekt und Philosoph in Aachen, da der Fotograf in Bad Harzburg, die Arbeit von Schwarz und Renger-Patzsch kennzeichnet eine geistige Verwandtschaft, ohne daß die beiden bis dahin einander begegnet wären. Einer sagt es, einer sieht es, das ist der einzige Unterschied der Gleichaltrigen, wenn es um die Dinge auf Erden geht. Schwarz sucht nach einer Schönheit jenseits aller bloßen Zwecke. Um an dieser Schönheit Anteil zu haben, müsse jedes Gerät sich in einem »transitus« von seinem Dasein als Gerät befreien. Die Motive im Anhang des Buches leisten genau dies. Ob Blätter oder Fässer, ob Schienen oder Kräne, ob Pfeiler oder Fenster, immer rührt eine dichte Nahsicht in mildem Grauton das Auge. Die erste Hälfte der Tafeln widmet sich dem Thema Raster und Gitter, die zweite der Serie und Reihe. Von Experiment und Reportage, wie etwa bei den Lichtbildnern des Bauhauses, spürt man nichts. Renger-Patzsch mochte weder dieses noch jenes; er wollte Buchhalter der Sachlichkeit sein. Aber das fotografische Fotografieren, wie er es nannte, ist kraft seines artifiziellen Komponierens ästhetische Affirmation. Von wahrhafter Darstellung sind die Schwarz-Weiß-Bilder weit weg; so weit weg, als seien die Dinge »ins All« montiert, um es mit Walter Benjamin zu sagen, dem wohl heftigsten Kritiker der Aufnahmen von Renger-Patzsch.

Im Appendix zur *Wegweisung der Technik* offenbaren allein das erste und das letzte Bild schon das gesamte Anliegen. Das erste Foto zeigt einen brasilianischen Melonenbaum. Jedes Detail ist extrem präsent. Doch der Ausschluß durch Ausschnitt hat zur Folge, daß man den Baum nicht als Baum sieht. Denn Räumliches wird Flächiges, die Zweige bilden ein Gitter. Für alle, immer subtilen, manchmal sublimen Bilder – diese Gotik! dieses Lübeck! – gilt: Das Objekt wird zum Motiv, das Motiv zum Fragment, das Fragment zur Grafik, die über Natur und Funktion der Sache nichts mehr weiß. Was bleibt, ist: reine Gestalt. Diese Abstraktion vom Realen hat Schwarz fasziniert. Das letzte Foto im Anhang des Buches zeigt eine Reihe von Säulen der Vorhalle des Alten

Museums in Berlin, erbaut von Karl Friedrich Schinkel. Das »Ereignis der Wiederkehr«, von dem Schwarz im zweiten seiner beiden Essays als etwas »Liebesfernem« und »Seelenlosem« schwärmt, wird an dieser Stelle zur Feier. Das Bild ist, wie alle Fotos des Bandes, ohne Menschen. Hätte aber Renger-Patzsch Menschen zeigen wollen, so hätte er sie exakt im Abstand zweier Säulen plaziert, ähnlich jenen einsamen Passanten, die am Bahndamm des Bahnhofs von Essen genau zwischen den imposanten Viadukten stehen. Das Personale fügt sich dem Seriellen; das Serielle wird durch Monotonie monumental. Doch für wen? Und für was?

In der *Wegweisung der Technik. Erster Teil* bleibt diese Frage offen. Die Reihe der *Aachener Werkbücher*, deren Anfang mit den beiden Essays von Schwarz gemacht war, sollte aber fortgesetzt werden, schon um den erfolgreichen Bauhausbüchern die Stirn zu bieten. »Es scheint,« so schrieb der Direktor der Kunstgewerbeschule Aachen am 4. Dezember 1928 an Renger-Patzsch, »daß wir die erste Auflage des ersten Bandes jetzt so ziemlich los sind. Wir müssen also eine zweite Auflage des ersten Bandes und die erste Auflage des zweiten Bandes fertig machen.« Der Fotograf, dessen jüngster Bildband *Die Welt ist schön* rasch zum Manifest der Neuen Sachlichkeit avancierte – Schwarz wollte das Buch zu Weihnachten gleich viermal verschenken –, sollte auch für die *Wegweisung der Technik. Zweiter Teil* Aufnahmen beisteuern. Doch der Band wurde nie gedruckt. Das Typoskript indessen hat sich zum Glück erhalten; Kapitel drei und vier lassen sich beschreiben.

Der dritte Aufsatz trägt den Titel *Vom Sterben der Anmut*. Er handelt von der Dualität abstrakter und organischer Form, bei einer von Schwarz, wohl aufgrund eigener Präferenz, angenommenen Dominanz des Abstrakten. Das meine zum Beispiel die Waben der Bienen oder die Netze der Spinnen, eine geläuterte und durchsichtige Gestalt, der etwas Mathematisches eigne. In einer Zeit, wo alles bloß als zufälliges Aneinander von Unvereinbarem wirke, komme es darauf an, jedes Produkt in eine Ordnung, jedes Artefakt in eine Hierarchie zu stellen. Schwarz nennt das die »Standeslehre« der Dinge. Trotz der Wortwahl, die Erinnerungen ans Mittelalter weckt, ist dabei nichts Statisches, gar Symmetrisches und Kongruentes, sondern etwas Dynamisches beabsichtigt: Balance der Massen und Komposition der Volumina, aber ohne die Harmonie der Antike und Renaissance, um es architektonisch zu formulieren. Der abstrakten Form, zumeist identisch mit exakter und technischer Form, bescheinigt Schwarz Autonomie und Autorität. Was Peter Behrens für die AEG entworfen habe, sei pures Dekor, das den Eigensinn der Produkte nur verhübscht habe. In diesem Eigenwert und in der Ganzheit des Lebens werde

auch das Paradox von abstrakter und organischer Form schließlich aufgehoben. Ein »heimlicher Bürgerkrieg« nicht der Gestalten, sondern der Inhalte zeichne sich am Horizont der Historie ab. Man solle die Welt nicht verschönern; man müsse sie bekehren.
Der vierte Aufsatz trägt den Titel *Werkziele*. Er handelt vom Potential des Technischen und der Chance zur Aktion, gegen das nur lähmende Warten und Hoffen auf bessere Umstände. Gewiß, Technik bedürfe geistiger Gehalte; ohne dieses Mehr-als-Technik stürzten wir bald in ein Nichts-als-Technik. Doch wenn hinter ihren Formen ein Prinzip stehe – wie es so deutlich im Falle der Gotik war –, dann dringe dies durch alle Sphären; die ökonomische, die kulturelle, die politische, ja selbst die religiöse Ebene würden affiziert. Ob sich nun aufgrund neuer Strukturen des Technischen eine neue Epoche offenbare, das läßt Schwarz im Unklaren. Falls es aber fähig sei, nicht allein Zeitgeist, sondern auch Inbild des Jahrhunderts zu werden, dann dürfe die Produktion nicht länger dem täglichen Wechselspiel von Angebot und Nachfrage gehorchen. Nein, sie müsse sich den großen Bitten an die Zukunft unterwerfen: der Wohlfahrt, der Herrschaft, der Bildung, dem Gebet. Diese »Werdewünsche« der Menschheit stünden indes nicht alle auf einer Stufe. Vielmehr rangiere die Wohlfahrt ganz unten, das Gebet ganz oben. Dem Manko von Wohlfahrt und von Herrschaft, daß sie schwach und leer seien, könne die Baukunst wehren. Ihr Höchstes bleibe die Architektur der Kathedrale, auch wenn sie aus der Mitte der Städte Opfer ohnegleichen verlangt.

Wer von Schwarz die Wege der Technik sich weisen lassen will, der muß auf eine mitunter langatmige und weitschweifige Sprache sich gefaßt machen. Selten zwar raunt und rauscht es, doch öfter klingt es in vollem rundem Ton, das heißt ohne Scheu vor Pathos und Phrase. Im Nachwort nennt Schwarz seine Essays ein »Schriftchen« ohne »Aufruf«. Dieses Understatement ist gleich doppelt falsch. Denn in Wahrheit lesen wir ein Programm mit Appell. Die vier Aufsätze – der jeweils folgende des jeweils vorigen Fäden aufgreifend und fortspinnend – bewegen sich von technischen zu kulturellen und politischen Themata. Man hört den Schriftsteller mit der Sprechtüte. Und man sieht das gedruckte erste sowie das nicht gedruckte zweite der *Aachener Werkbücher* der Kunstgewerbeschule eine Fackel voraustragen, von deren Flamme die meisten ihrer Schüler wohl mehr geblendet denn erleuchtet wurden.
Mit dem Deutschen Werkbund und dem Bauhaus Dessau, beides Instanzen für die gestaltend Tätigen nicht nur im Deutschland der Weimarer Republik, hat Schwarz manches gemein und vieles nicht. Er teilt den Drang, in die Dingwelt einzugreifen und sie auszurichten; er teilt den Traum von der Om-

Brasilianischer Melonenbaum, Foto: Albert Renger-Patzsch

Säulen der Vorhalle des Alten Museums Berlin, Foto: Albert Renger-Patzsch

nipotenz des Architekten. Doch völlig anders als eingefleischten Werkbündlern und Bauhäuslern kommt es ihm nie auf guten Geschmack an, nie auf technische Innovation, von sozialer Revolution zu schweigen. Unter dem Stichwort »Werkziele« notiert er nichts von Baustoffkunde oder Tragwerkslehre. Statt dessen macht er uns mit den erwähnten allgemeinen »Werdewünschen« vertraut. Kurz, seine Bemühung, ja seine Leidenschaft gilt einzig der vitruvianischen venustas, gilt der Anmutung und Bedeutung, die wir heute das Symbolische heißen. Den Funktionalismus und Konstruktivismus der im Durchschnitt ein Dutzend Jahre älteren Kollegen – Stuttgart-Weißenhof und Breslau-Grüneiche sind um 1930 in aller Munde – hält der agile Direktor für modische Ideologie. Weder die Siedlung in der Großstadt noch das Existenzminimum der Proletarier gehören zu seinen Anliegen, obwohl es aus dem Jahr 1931 Entwürfe für einfachste Wohnhäuser gibt. Was Schwarz will, will höher hinaus: Gebäude als Gleichnisse des Göttlichen.
So wundert es kaum, daß in seinem Kopf irgendwann alles Vernetzte zu Gestuftem, jede Ordnung zu Ordo, jede Hierarchie zu Hieratie wird. Bliebe sein Sehnen eine Sache des Glaubens, niemand hätte Anlaß zu Sorge haben müssen. Soll der Mann doch so »trunken« und »nüchtern« werden, wie er will. Aber es scheint, als ob Schwarz die Majestas Domini vom Himmel auf Erden holen möchte. Mit der Rede von Gewalt und Größe hebt das Vorwort zur *Wegweisung der Technik* an. Zusammen mit dem Begriff der Herrschaft bilden diese Worte eine Trias, welche am Ende des Bandes durch fast jede Seite glüht. Die drei sind an und für sich, kommen ohne alle Bindung aus. Unter ihrem Zeichen sollen Philanthropen und Humanisten, Aufklärer und Schöngeister gefälligst abdanken. Die Botschaft der Wohlfahrt sei längst schal. Was treibt Schwarz zur Attitüde des amoralisch Heroischen? Juveniler Widerwille angesichts von Idealen, die er auf dem Bischöflichen Gymnasium an Sankt Stephan in Straßburg vor Beginn des Weltkriegs gepaukt hatte? Sympathie für den Zarathustra eines Friedrich Nietzsche, für die Souveränität eines Carl Schmitt?
Im vierten Aufsatz rühmt der Autor den Fortschritt vom Freundlichen zum Gewaltigen, wie er den militärischen und politischen Kampf in den alten und die Entwicklungen in den neuen Staaten Europas auszeichne. Die Sowjetunion und Italien als Vorbild? Ernsthaft, in einem an die Herausgeber der *Schildgenossen* adressierten Brief vom 1. August 1926 würdigt Schwarz die »Gedanken des Bolschewismus und Faschismus« als »in die Zukunft weisend« und als »zeitgemäß empfunden«. Solcher Mißgriff der Meinung, die nebenbei aus ihrer Aversion der Republik keinen Hehl macht, brauchte nicht weiter kümmern, wenn nicht Schwarz am Beginn seiner Laufbahn beide

Rollen – die des Intellektuellen und die des Architekten – mit so viel Bravour gespielt hätte. Seine unter den Gleichaltrigen beispiellosen Fähigkeiten des Denkens und Schreibens weit über das Baufach hinaus haben etwas zur Folge: daß er stärker als andere Gestalter für das, was er veröffentlicht, verantwortlich ist; auch wenn manches, etwa das Kokettieren mit Diktaturen, bloß im Strom der Zeit schwimmt.

Bevor Schwarz den Richtkranz über seinem ersten Neubau schweben sah, hatte er ein Programm: die *Wegweisung der Technik* und weitere Aufsätze mit ähnlichen Themata. Heute lesen sich alle wie die Interpretation der Architekturen, die er damals zu bauen sich anschickte. Noch jeder Gedanke fand seine Umsetzung, noch jede Bestimmung ihre Wirklichkeit: erst im Haus der Jugend, dann in der Sozialen Frauenschule, dann in der Sankt-Fronleichnam-Kirche. Als sie Ende 1930 standen – Positiv, Komparativ und Superlativ desselben Adjektivs –, war Schwarz gleich doppelt extrem, einerseits architektonisch durch und durch modern und rational, andererseits politisch durch und durch konservativ und katholisch. Diese Verknüpfung ist einmalig, zwar nicht in Italien, doch in Deutschland, wo man die strahlend weißen Kuben der strahlend weißen Städte wie selbstverständlich mit Utopien vom Sozialismus assoziiert. Auch die Aachener Gebäude von Schwarz würden sich in der hellichten Umgebung von Zwanziger-Jahre-Siedlungen in Köln, Berlin oder Frankfurt gut behaupten. Nur daß sie von Wohlfahrt wenig wissen wollen. Eher von den anderen »Werdewünschen«: von Herrschaft, Bildung, Gebet.

Haus der Jugend, Aachen 1929, Foto: J. Preim Sohn

Bauen für die Jugend

»Sind die lebendigen Steine zur Einheit friedlich verbunden/Stimmen in jeglichem Teil Zahl und Maß überein/So wird leuchten das Werk des Herrn/Der die Halle geschaffen/Frommen Volkes Bemühen krönt der vollendete Bau/ Bleibende Zierde menschlicher Kunst wird er ragen auf ewig/Wenn des Allmächtigen Hand gnädig ihn schirmend regiert/Deshalb bitten wir Gott daß er schütze den Tempel/Welchen uns Kaiser Karl baute auf sicherem Grund«. Das ist eine Übersetzung der lateinischen Inskription, die unter dem starken Gesims, das die beiden mächtigen Geschosse des Aachener Oktogons verbindet, seit je zu lesen steht, wobei das »Carolus Princeps Condidit« als Hinweis auf den stolzen Bauherrn an der Ostwand über dem Altar erscheint. Anfangs in Rot auf Stein gemalt, verraten die Lettern etwas vom Programm der hoch gewölbten Kapelle, mit welcher Karl der Große die Abstammung des fränkischen Reichs vom göttlichen Reich, ja seine Anwartschaft auf Ewigkeit bekunden wollte. Der Umfang des Achtecks beträgt genau 144 karolingische Fuß. Kraft dieser Zahl, zwölf mal zwölf und daher besonders vollkommen, verweist die 805 geweihte Kirche auf die Geheime Offenbarung des Johannes. Wer immer das Gebäude entworfen und ausgeführt hat, er hat das Bild des Himmlischen Jerusalems der Apokalypse in Stein setzen wollen.
Durch den Rekurs auf Quadrat und Zirkel einerseits, auf Hagios Sergios und Bacchos in Konstantinopel wie auf San Vitale in Ravenna andererseits gab das Achteck von Aachen erst der Pfalz und dann der Stadt den primus genius loci, dem noch der Elisenbrunnen Karl Friedrich Schinkels seine Achtung erweist. Daß jemand wie Rudolf Schwarz, der von 1925 bis 1927 seine Schüler an den Technischen Lehranstalten Offenbach auch Kunstgeschichte gelehrt hatte, mit dem konstruktiv so avancierten Oktogon gut vertraut war – freilich nur mit dem durch wilhelminische Eiferer nach der Jahrhundertwende arg byzantinisierten Gehäuse –, bedarf keiner Frage. Mehr noch, seine Auffassung vom Höchsten der Architektur als einer Fügung des Rationalen und Historischen zum Monument scheint nicht zuletzt durch seine Wahrnehmung der karolingischen Kapelle geprägt worden zu sein.

Der in Heft 3/1929 der *Schildgenossen* veröffentlichte Aufsatz *Neues Bauen?* – eine auf der Freiheit der Formung insistierende, intramoderne Modernekritik, wie man sie zur selben Zeit bei Adolf Behne und Josef Frank findet – unterscheidet einen kopierenden von einem immanenten Historismus. Immanent sei etwa der Historismus der Renaissance. Die Antike sei einem Michelangelo ganz »innerlich« geworden; die Vergangenheit habe seiner Gegenwart beim Sprung nach vorn geholfen. Dieses Merkmal, das Historische eigensinnig zu rezipieren statt es widersinnig zu repetieren, kennzeichnet auch die Aachener Gebäude des jungen Schwarz. Man schaue sich bloß um. Die drei halten geheime Zwiesprache mit dem, was in ihrer Nähe oder Ferne steht oder stand. Das gilt erstens für das Haus der Jugend, wo die sieben Achsen sich gebärden, als ob sie Bezug nähmen auf die Proportion der Fassade eines aus grauer Wacke errichteten Wohnhauses des achtzehnten Jahrhunderts in derselben Straße. Das gilt zweitens für die Soziale Frauenschule, wo Position und Volumen von Hauptbau, Treppenturm und Nebenbauten sich verhalten, als ob sie Bezug nähmen auf das räumliche Gefüge des Katschhofes mit dem Rathaus der Renaissance, dem Treppenturm der Neogotik und den Nebenbauten der Neorenaissance. Das gilt noch einmal für die Soziale Frauenschule, wo manche der kleinen Fenster auf der weißen Fläche sich bewegen, als ob sie Bezug nähmen auf die Weise, in welcher am Abteitor von Burtscheid, einem Bau des siebzehnten Jahrhunderts, die kleinen Fenster mal im Raster bleiben, mal vom Raster weichen. Das gilt drittens für die Sankt-Fronleichnam-Kirche, wo das Schiff und den Turm ein Steg verbindet, als ob er Bezug nähme auf die Brücke zwischen Turm und Kuppel des Münsters. Der Dialog des Neuen mit dem Alten ist aber keine Sache des Zitats. Bei aller Neigung zu den weißen Kuben jener Jahre, die geometrisch definierte Modernität von Schwarz möchte Historie nie liquidieren, stets transformieren; die Abstraktion der Architektur möchte Geschichte nie brechen, stets wahren. In gleicher Härte gegen Nazis und Bauhaus streitend, wird der Mann noch 1953 rufen: »Die Tradition haben wir.«

Schwarz war kaum ein halbes Jahr Direktor der Kunstgewerbeschule Aachen, da hatten seine Tätigkeiten wie seine Bekanntschaften ihm schon den ersten Auftrag für einen Neubau beschert. Zusammen mit dem zwei Jahre jüngeren Hans Schwippert arbeitete er an Plänen für ein »Haus der Jugend« im Stadtteil Burtscheid, dem schmucken Kurort von Aachen südlich des Höhenzugs gleich hinter dem Hauptbahnhof. Die Aufgabe kam von der katholischen Pfarrgemeinde Sankt Johann Baptist unter ihrem Pfarrer Adolf Giesbert. Am 30. Dezember 1927 unterzeichneten die drei einen kurz gefaßten Honorar-

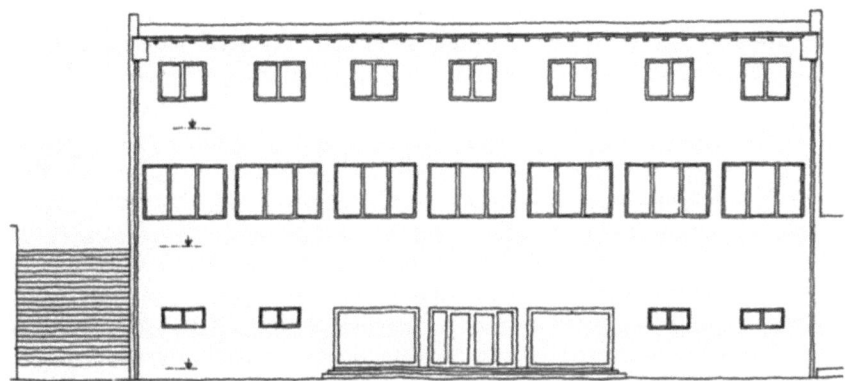

Haus der Jugend, Entwurf 1927

vertrag – die Laune der jungen Herren wählte Kleinschreibung sämtlicher Buchstaben –, der die beiden Architekten für den Entwurf des Gebäudes und für die Leitung der Ausführung in die Pflicht nahm. Im Anhang des Vertrags finden sich die üblichen Grund- und Aufrisse, Längs- und Querschnitte. Auf die Frage, wer an dem Entwurf das größere geistige Eigentum hat, gibt es keine letzte Antwort. Schwippert stand damals noch ganz unter dem Einfluß von Erich Mendelsohn, in dessen Atelier er 1925 angestellt war. Sein Beitrag zum Wettbewerb Frauenfriedenskirche Frankfurt am Main 1927, vom Preisgericht übrigens angekauft, zehrt von den dynamischen und expressiven Formen des Berliner Architekten. Und was Schwippert um diese Zeit an Ideen skizzierte, das ahmte mit jedem Strich und allem Schwung die Handschrift des Meisters nach. Weshalb für die orthogonale Architektur des Burtscheider Hauses der Jugend die Urheberschaft wohl eher bei Schwarz liegt.
Gleichviel, die beiden hatten Glück. Obwohl Schwarz nicht mehr als den Umbau von Teilen der Burg Rothenfels, Schwippert nicht mehr als den Neubau des Hauses seiner Eltern in Duisburg vorweisen konnte, blieb den kaum Erfahrenen die Erfahrung der Entstellung ihres Projekts erspart. Zwar wurde das Bauwerk erst Mitte 1929 fertig, weil der Sturm das Dach gleich zweimal zerriß; doch mußten die Architekten, trotz zahlreicher Bedenken der kirchlichen Gemeinde, ihren Entwurf nicht konventionalisieren. Im Gegenteil, sie konnten ihn – heimlich? – radikalisieren. Das Dach steht nun nicht mehr über. Die Fenster stehen nun nicht mehr aufrecht. Das gesamte Gebäude wurde kantiger. Kubischer, hätten die Kritiker gesagt.
Das Haus der Jugend erhebt sich auf einem 54 Meter breiten und 75 Meter tiefen Grundstück, das zwischen zwei Nord-Süd-Straßen liegt. Im Westen fällt das Terrain um vier Meter. In diese Böschung rückten Schwarz und Schwippert ihren Neubau. Mit einer Länge von 23,5 Metern, einer Breite von 12,2 Metern und einer Höhe von 11,6 Metern bildet der Körper etwa das Viertel eines ganzen Würfels, dessen rechte Kante genau auf der Hälfte des Grundstücks in dessen Tiefe führt. Die weiß und glatt verputzte Fassade gegenüber der Parkanlage wahrt Symmetrie, wo sie kann. Was bloß erinnert rasch an einen florentinischen Palazzo, nach einer Weile gar an den Palazzo Rucellai von Leon Battista Alberti? Die Maße im Verhältnis von zwei zu eins? Die drei Geschosse, das untere am meisten geschlossen, das mittlere am meisten geöffnet? Die vier schmalen Fenster im Sockel? Die sieben Joche? Die im Sonnenlicht des Nachmittags sechs schlanken Pilastern ähnlichen, stehenden Gewände? Wurde etwa Schwarz die Renaissance so »innerlich« wie Michelangelo die Antike? Ein Fall von »immanentem Historismus«? Oder rührt das Staunen nur aus der suggestiven Fotografie von J. Preim Sohn, der das Ju-

gendheim von Nordwesten aufnahm, so daß man glaubt, das mittlere und obere Geschoß rasten vor dem zerfetzten wolkigen Hintergrund auf der langen Schiene von Brüstungsmauer und Sockelgeschoß an den Gesichtern der Betrachter vorbei und kämen erst an der scharfen Ecke zum Halt?
Mit dem Skelett des Hauses wußten Schwarz und Schwippert wohl umzugehen. Die sieben Joche drücken von vorne nach hinten durch den ganzen Körper, aber ohne daß ein Verschnitt den Nutzer der Räume stört. Die Klarheit im Grundriß verblüfft. Die untere Etage nimmt in der Mitte die Eingangshalle, links die Garderobe, Duschbäder und Toiletten für die Jungen, rechts dieselben Anlagen für die Mädchen sowie den Kessel und die Kohlen für die Heizung auf, während hinten, wo sich das Gebäude in das Erdreich der Böschung vergräbt, Kegelbahnen durch die Länge des Hauses ziehen. In der mittleren Etage liegen drei kleine Säle, durch versenkbare Zwischenwände verwandelbar in einen großen Saal. Die obere Etage birgt auf der linken Seite eine Drei-Zimmer-Wohnung für den Hausmeister, auf der rechten Seite einen vierten Saal. Die innere Erschließung – zwei Mal zwei Treppen vom unteren zum mittleren und vom mittleren zum oberen Geschoß – setzten Schwarz und Schwippert an die Rückseite des Jugendheims. Hier bilden das mittlere und das obere Geschoß eine Einheit, die viel Raum, Licht und Luft gewährt. Die große Rückwand teilt sich in neun hohe Felder. In den oberen Dritteln formen transluzente Luxferfliesen in Zementrahmen eine wie Rasterpapier anmutende Membran; in dem unteren Drittel, das heißt auf der Höhe des mittleren Geschosses, öffnen sich sieben stählerne Doppeltüren auf den großen Sportplatz, der mit Laufbahnen und Spielfeldern, Sprung- und Wurfgrube für die jungen Turner gut ausgestattet ist.
In seinem Aufsatz *Vom Sterben der Anmut*, mit dem das Buch *Wegweisung der Technik. Zweiter Teil* beginnen sollte, hatte Schwarz die klassische Vorstellung, Harmonie bedeute Symmetrie plus Kongruenz, als »unwirklichen Idealismus« attackiert. Statt solcher Identität, die der Epoche nicht adäquat sei, hatte der Autor eine Balance aus der Dynamik der Objekte gefordert, wo sich »actio und reactio die Waage halten«. Ging der Architekt Schwarz andere Wege als der Philosoph Schwarz? Zweifellos, das Haus der Jugend ist harmonisch, weil es symmetrisch ist. Insofern hätte Schwarz, eigenen Gedanken gehorchend, seinem ersten Neubau den Vorwurf machen können, er sei unwirklich idealistisch. Die nähere, innere Erkundung des Gebäudes aber lehrt, daß seine Symmetrie eine enorme Dynamik generiert, ja daß sie den Besucher in heftige Bewegung bringt. Von der Straße in die Halle auf die Treppe auf die Wiese: Das Burtscheider Jugendheim ähnelt einer Schleuse, die von West nach Ost durchquert sein will. Die Stoßfugen auf den Böden, die Handläufe an den

Haus der Jugend, Rückseite mit Treppenhaus vom mittleren zum oberen Geschoß, Foto: Albert Renger-Patzsch

Treppen, die Lichtröhren an den Decken: Alles gibt die Richtung an, drückt hinein, schiebt hinauf, preßt hinaus. In das Freie. In die Freiheit? Die zwanziger Jahre, vorab Sigfried Giedion, erklärten den sportiven Charakter zum Ideal, das Sonnenbad im Liegestuhl zur Ikone. Im Haus der Jugend aber, einer katholischen Institution, hielt man das Legere wohl für dekadent. Das Training sollte die Muskeln nicht lockern, sondern stählen, damit Beine und Arme das Banner des Glaubens leichter trügen. Von der Treppenbrüstung im Obergeschoß fährt das Auge die helle Rückwand entlang. Plötzlich wird das Bauwerk zum Verschlag, werden die Türen zu Gattern. Auf dem Flur staut die keusche Menge der Jungen und Mädchen. »Knorke«, denken sie. Gleich ist es so weit. Mit einem Schlage öffnen sich die Flügel; alles strömt aus dem Haus auf den Platz. Schwippert hat die dramatische Perspektive – freilich ohne Menschenleiber – schon im Oktober 1927 mit Kohle zu Papier gebracht. Man wußte, was man wollte: eine Maschine zur Produktion von Gemeinschaft.

Kaum war Nummer 19/1929 der Zeitschrift *Die Form* mit Aufnahmen und Grundrissen des Burtscheider Jugendheims erschienen, da schickte Schwarz das »hübsche« Heft an Romano Guardini. »Ich mag unsern Bau eigentlich ganz gern,« schrieb er dazu am 5. Oktober nach Berlin, »weil er recht klar ist und doch etwas mehr als nur Technik. Es ist aber noch nicht ganz das, was ich möchte. Es fehlt eine gewisse Entschiedenheit der Räume.« Um zu ahnen, was der kritische Architekt damit meinte, muß man vom Haus der Jugend bloß ein kleines Stück südwärts laufen. Die Adresse der heutigen Katholischen Fachhochschule Nordrhein-Westfalen ist die Adresse der früheren Sozialen Frauenschule, vom Katholischen Deutschen Frauenbund 1916 in Köln gegründet, 1918 nach Aachen gezogen und seit je der Erziehung zur Fürsorge gewidmet. Leider lassen das Gelände wie das Gebäude die ehemals stupende Konkordanz des Programms einer bestimmten Institution mit dem Programm einer bestimmten Architektur – anders gesagt: die Identität des Funktionalen und Symbolischen in situ – nur noch vage spüren. Zu sehr hat der Ort unter den Eingriffen der folgenden Jahrzehnte gelitten.
Im tiefsten Geschoß des Hauses, an der Ecke nach Norden, findet sich in der Wand des Flurs ein Stein. Antiqua gemeißelt; Lettern in Rot auf Grau? In der oberen Zeile: »Begonnen 1.10.1929«. In der unteren Zeile: »Vollendet 5.6.1930«. Als die etwa einhundertfünfzig Schülerinnen und Lehrerinnen ihr Domizil einen Monat später bezogen, stand es allein. Umgeben von Gärten, Lauben und einem Friedhof, nahm es die Kuppe der Siegelhöhe ein. Auf einem Luftbild dieser Zeit wirkt der Solitär wie ein zugleich mächtiges und mutiges Gebilde, das auf Posten steht und Wache schiebt. Das Bauwerk ein Bollwerk?

Das Westwerk ein Westwall? Gerta Krabbel, Vorsitzende des Katholischen Deutschen Frauenbundes und mit Schwarz durch den Quickborn gut bekannt, hat es wahrscheinlich so empfunden. Am Ende ihres Beitrags in der Festschrift zur Einweihung der Einrichtung äußert sie erfreut, die Gestalt des Hauses drücke die Botschaft der Schule aus. Dann erinnert sie an die eben vergangene belgische Besatzung der Rheinlande im Gefolge des Weltkriegs. Lange sei man durch fremde Truppen »geknechtet« worden; endlich sei man wieder frei. »An Deutschlands äußerster Westgrenze« sei das neue Haus »zum Einsatz aller Kraft für die Zukunft unseres deutschen Volkes verpflichtet«.
Bauherrin und Baumeister waren sich völlig bewußt, daß die Soziale Frauenschule um so stärker wirken, je klarer eine Andeutung ihrer Bedeutung vor Augen treten würde. Den Charakter des Solitärs definierten beide ihrer Profession adäquat, Krabbel in erster Linie politisch, Schwarz in erster Linie architektonisch. In einer als Typoskript erhaltenen Erläuterung nennt er das schneeweiße Gebäude »freundlich« und »wohnlich« und bemüht zum Schluß gar das Leitbild der »Stadtkrone«. Leichter jedoch fällt der Hinweis auf das Vorbild von Castrum und Claustrum: einerseits, weil ihre Funktionen in der Wohlfahrtsschule aufgehoben scheinen; andererseits, weil noch Jahre später das Kölner Wallraf-Richartz-Museum und die Oberhausener Heilige-Familie-Kirche die Logik dieser Archetypen rezipieren. Und wieder lohnt die Lektüre von Passagen aus der *Wegweisung der Technik*. Denn im ersten der beiden Essays spricht Schwarz von der Aktualität einer Architektur »entwurzelter Einzeldinge«, von festen Blöcken und starren Rahmen, welche mit Spannung sich laden, um im Gewässer der Umgebung »schwimmen« zu können. Um sich »reisefertig« zu machen, hätte Ernst Bloch gesagt. Ist das nicht auch die Situation auf der Siegelhöhe, die Lage zwischen Aachen und Eifel, der Stadt und dem Wald?
Für die Schule gibt es mehrere Entwürfe, alle im letzten Quartal 1928 und ersten Quartal 1929 entstanden. Schwarz wechselte von klar gestuften zu leicht versetzten Komplexen. Dabei schränkte er die Anzahl der Bauten ein, machte im März 1929 einen Grundriß mit nur mehr einem größeren und einem kleineren Quadrat, die einander kaum berühren, um das Programm des Projekts wenig später in bloß noch eine Gestalt zu fassen, die außen 47,9 mal 50,3 Meter hat. Die langen flachen Zeilen der Schule – wegen des nach Südwesten fallenden Areals teils ein-, teils zwei-, teils viergeschossig – formen beinahe ein Quadrat, das beinahe auf der Spitze steht. Ein Drittel breiter als die andern Teile, weist der Hauptkörper nach Südwesten. Man tritt ein, wie beiläufig im Untergeschoß, findet links die Verwaltung, rechts den Speisesaal sowie die Koch- und Spülküche. Im Erdgeschoß des größeren Riegels folgen

Soziale Frauenschule, Aachen 1930, Foto: Albert Renger-Patzsch

vier Lehrsäle, während die kleineren Riegel das Viereck eines grünen Hofes schließen. Hier liegt das Internat, mit den drei Fluren nach außen und den zweiunddreißig Zimmern nach innen gewandt. Das Interieur ist zwar bescheiden, zweieinhalb Meter breit, sechseinhalb Meter tief, Möbel aus Kiefer vor gelblicher Rauhfaser; doch weisen überall gläserne Doppeltüren in den für Spiel und Sport bestimmten Hof. Das erste Obergeschoß nimmt die Wohnungen des Schulleiters und des Hausmeisters, das zweite Obergeschoß eine Herberge für dreißig bis vierzig Wandermädchen auf. Herzstück des Bauwerks ist der Festsaal, erreichbar über einen lichten Glasturm, der im Hof steht. Der Vorhang weiß, die Wände grau, die Stühle schwarz: Vor diesem matten Dreiklang tönt das Rot des Bodens um so frischer. Zu seiner Würde fordert der Kasten die Breite und Höhe der beiden Obergeschosse. Die Aula wird von zwei Seiten durch acht lotrechte Fensterbahnen zwischen sechs äußerst schmalen Feldern großzügig belichtet. Blicke gleiten durch das Raster der Sprossen, nach Nordosten auf die Kuppeln von Burtscheid, nach Südwesten auf die Höhen der Eifel. In der Festschrift schildert Maria Offenberg, die Direktorin der Institution, ihren Eindruck vom Festsaal. Von Transparenz schreibt sie kein Wort. Aber sie meint die Sache. Denn das Draußen soll Drinnen werden; durch das Glas soll die Schönheit der »Schöpfung« in den Raum fluten.

War das ein Motiv von Schwippert? Auch am Planen und Bauen der Wohlfahrtsschule hatte er ja seinen Anteil. Das von links und rechts der Bühne gleich stark belichtete Auditorium, wo die Fenster die Wände schon mehr auflösen als nur durchlöchern, ist eine Gestalt, die Schwippert mochte; das Bundeshaus am Rheinufer hat diese Transparenz prominent und populär gemacht. Aber das Interesse von Schwarz galt um 1930 anderen Themata, etwa den Flächen und Linien als solchen. Sicher, an der Stirnseite des Schulhauses haben größere Fenster mit dem Lehren und Lernen, mittlere mit den Wohnungen und der Herberge, kleinere mit dem Dachboden zu tun. Daß aber die beiden Treppentürme an den Ecken des Riegels – anders als bei den meisten Schulen des Neuen Bauens – hinter verputztem Mauerwerk verschwinden, ist Beweis dafür, daß es auf der Fassade nicht um das Verhältnis des Durchschienenen und des Durchscheinenden, also nicht um die Relation von Format und Funktion geht, sondern um: Grafik. Es geht um die Verteilung von Vierecken, bei der die sichtbare Schräge von Stufen bloß gestört hätte. Schwarz selbst erklärt in Heft 1/1931 der *Form*, was ihm die Ansicht der terrassierten Siegelhöhe mit der runden Freilichtbühne und den schlanken Fahnenmasten vor dem breiten Hintergrund des weißen Wandschirmes wert war. Auf ihm zeichnen die Fensterflügel, wenn sie nach außen gedreht und gekippt werden, das Filigran von Profilen in Rot und Schwarz. Albert Renger-Patzsch hat auch diese Szene fotografiert und dabei noch die Striche der Schatten in das Raster gefügt. Das würde man gern in Farbe sehen. Doch auch ohne ist die Botschaft deutlich genug: Jubel des Quadrats, Jubel der Serie! Konturen von Standarten, Klirren der Banner im Winde!

Sankt-Fronleichnam-Kirche, Aachen 1930, Foto: Helga Schmidt-Glaßner

Erhaben wie Fronleichnam

Wenn eine im zwanzigsten Jahrhundert gebaute Kirche noch ein Vierteljahrhundert nach ihrer Weihe von Eiferern als teuflisches Gotteshaus bezeichnet würde, dann wäre das keine Merkwürdigkeit. Eine Merkwürdigkeit aber ist, daß dieser Spruch von einem Kundigen über Sankt Fronleichnam in Aachen fiel. Was am 1. April 1954 der Verleger Woldemar Klein aus Baden-Baden an Rudolf Schwarz in Frankfurt am Main schrieb – »Ich empfinde diese Kirche geradezu als eine ecclesia diabolica« –, war natürlich ein grobes Urteil, das den Adressaten, selbst ein so spitzfindiger wie streitlustiger Mann, gleichwohl mächtig freute. Denn das Latein gab dem Vorwurf die Würde einer Bulle, deren Donner durch das devote »Mit allergrößter Hochachtung« am Schluß des Briefs nur lauter grollte.
Bis dahin war Fronleichnam tatsächlich wieder und wieder beschrieben und gedeutet worden. Arm, bar, dürr, ernst, fremd, hart, hell, herb, hohl, kahl, kalt, karg, klar, kühl, kühn, leer, licht, nackt, rein, roh, schier, schlicht, starr, steif, still, streng, zart: Einmütig einsilbig waren die Adjektiva; ob pro oder kontra gemeint, ob positiv oder negativ konnotiert, blieb häufig unklar. So anders war diese Kirche, daß alle eine Weile brauchten, das Andere des Gebäudes mit Kopf und Herz zu fassen. Schwankend zwischen Furcht und Stolz angesichts des nicht ohne Widerstand Erreichten, mußte auch Schwarz erst Mut schöpfen. »Ich habe wenig Zeit,« schrieb er zwei Tage vor der Konsekration an Romano Guardini, »weil draußen die Leute herumlaufen, welche meine Kirche feinmachen, und alle was von mir wissen wollen.« Im selben Brief, der das Datum des 19. Dezember 1930 trägt, lud der Jüngere den Älteren ein, Fronleichnam bald zu besuchen, wozu er ihn gar »entführen« wollte. Warum diese Schliche? Hätte Guardini die Architektur verworfen? »Ich glaube, daß Dir der Bau etwas schwerfällt«, äußerte der Architekt, wie um den Kritiker zu warnen. Und dann: »Es ist das Kompromißloseste, was es zur Zeit gibt.«

Um zu verstehen, wie stark Fronleichnam sich von jedweder Übereinkunft, von jedwedem Zugeständnis befreit hat, muß man ein paar Jahre zurück, an den wohl wichtigsten Wettbewerb in Sachen sakraler Architektur der zwan-

ziger Jahre. Zum Gedächtnis der Toten des Krieges wollten verschiedene katholische Frauenverbände in Frankfurt am Main eine »Frauenfriedenskirche« errichten. Schwarz, damals Dozent an den Technischen Lehranstalten Offenbach und noch ohne Erfahrungen mit Konkurrenzen, bat Dominikus Böhm um gemeinsames Projektieren. Mit Erfolg. Denn nicht nur legten die beiden dem Preisgericht gleich fünf Entwürfe vor; sondern ihr Projekt mit dem Titel »Opfergang« wurde von der Jury unter dem Vorsitz von Peter Behrens im April 1927 auch noch mit dem Ersten Preis bedacht. Die Kirche – durch den Unwillen der Auslober kam der Entwurf nicht über das Stadium der Pläne hinaus – hätte innen einen Kasten geformt, Laien- und Priesterraum bloß durch Stufen getrennt. Im Nordwesten hätte ein Seitenschiff das Hauptschiff ergänzt. Im Nordosten hätten unter einem langen schmalen Pultdach der Glockenturm und die Vorhalle eine Einheit gebildet; die Front hätte mit der Labilität der Asymmetrie überrascht. In seinem Standardœuvre *Der Kirchenbau des 20. Jahrhunderts in Deutschland* nennt Hugo Schnell, viele Jahre Herausgeber der Zeitschrift *Das Münster*, das Projekt von Böhm und Schwarz eine »Wiegenkirche«, weil es eine neue Phase sakraler Architektur eingeleitet habe. In allem Grundrißlichen mag diese Auffassung zutreffen; in allem Aufgehenden ist sie falsch. Vorausgesetzt, im Villenviertel von Bockenheim wäre der Entwurf Opfergang gebaut worden, wir hätten es mit einer an historischen Referenzen überreichen Architektur zu tun gehabt. Die waagrechte Bänderung der vier Wände, das Maßwerk von Radfenster und Rundbögen, die Figuren der Apostel, zwei an der Nordost- und zehn an der Südostseite, der Goldglanz unter der Decke, die Kreuzigung mit Christus, der Mutter Maria und dem Jünger Johannes vor der Hochwand hinter dem Altar: Das hätte mal mit der Wucht des Romanischen, mal mit der Zier des Gotischen gespielt, hätte aber nie gewollt, daß der Kasten auch als Kasten wirkt.
Anderthalb Jahre nach dem Ersten Preis beim Wettbewerb um die Frankfurter Frauenfriedenskirche trat Schwarz erneut in eine Konkurrenz. Zusammen mit Hans Schwippert und Johannes Krahn reichte er drei Entwürfe für die Heiliggeistkirche im Aachener Südviertel ein. Im November 1928 fällte die Jury – den Vorsitz hatte Böhm – ihre Entscheidung. Die Projekte »Vierwand« und »Kubus« wurden mit je einem Ankauf bedacht, während das Projekt unter dem Namen »Mauer« den Zweiten Preis errang. Auf den Plan der Stadt schreibt das Gebäude ein kantiges S genau in Nordwest-Südost-Lage. Der obere Teil wird durch die Sakristei und die Wohnungen, der untere durch die Schlucht einer Tauf- und Bußkapelle einerseits, das Haupt- und das Nebenschiff andererseits eingenommen. Aufgrund der Form des S entstehen zwei Höfe im Quadrat. Die primäre Perspektive des Gotteshauses aber läßt das

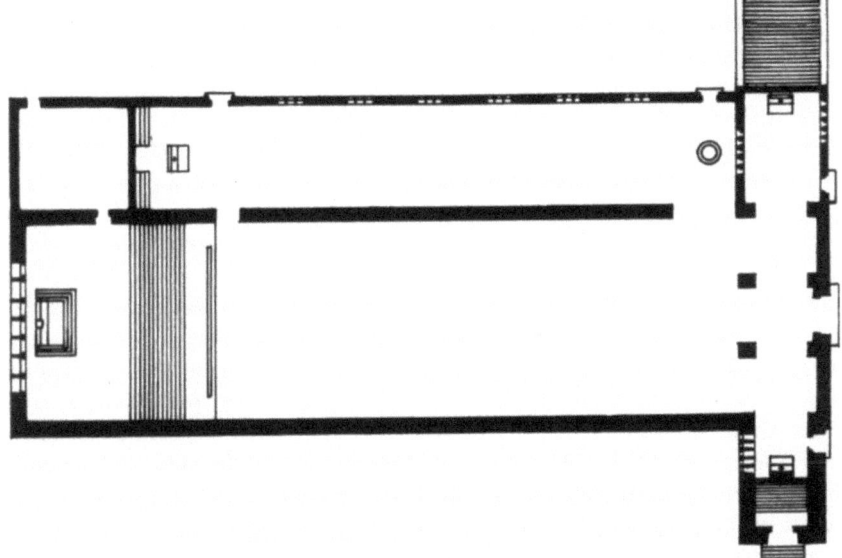

Dominikus Böhm und Rudolf Schwarz, Frauenfriedenskirche, Frankfurt am Main 1927

nicht erkennen. An der durch den Barbarossaplatz wie freien Ecke von Hohenstaufenallee und Körnerstraße stößt das Auge vielmehr zuerst auf einen zwanzig Meter hohen, bis auf zwei niedrige Eingänge geschlossenen Mauerwinkel, hinter dessen dunklen, verkleidenden Blausteinplatten sich die Gläubigen in der Vor- und der Hauptkirche beinahe verschanzen. Drinnen herrschen exquisite Materialien auf einer Skala von Weiß über Grau bis Schwarz: Schiefer auf dem Boden, Blaustein an den Wänden, Stahl und Silber am großen Südwestfenster, Eisen und Blei unter der flachen Decke. Als Gestühl dienen Schemel aus Esche, zur Beleuchtung Glühbirnen ohne Lampenschirm. »Die Chorwand schließt ab«, hieß es kurz und knapp im Erläuterungsbericht der drei Architekten. »Vielleicht dort ein großes Bildwerk.« Warum vielleicht? Trug Schwarz schon das Thema der Leere im Kopf?
Frauenfriedenskirche und Heiliggeistkirche oder Opfergang und Mauer, sie stehen vor Sankt Fronleichnam wie zwei Paten, das Frankfurter Projekt durch die Form des Weges mehr im liturgischen, das Aachener Projekt durch die Form des Winkels mehr im architektonischen Sinne. Zwischen beiden liegt das Ereignis einer Entwicklung. Wer Opfergang und Mauer sorgsam vergleicht, der kommt nicht umhin, den früheren Entwurf als an Kunstgeschichte und Kunstgewerbe orientierte Architektur zu beschreiben, den späteren Entwurf aber – außen eine Kirche ohne Schiff und ohne Turm! – als von sakraler Typologie emanzipierte, als nur geometrisch und funktional definierte, als autoreferentielle, kurz: als genuin moderne Architektur zu erkennen. Schwarz hatte sich von Böhm denkbar weit entfernt. Dabei hatte ihre Beziehung mit einem freundschaftlichen Schüler-Lehrer-Verhältnis begonnen. Den jungen Schwarz hatte der siebzehn Jahre ältere schwäbische Baumeister 1925 an die Technischen Lehranstalten Offenbach gerufen und ihm 1927 geholfen, als er sich um das Direktoriat der Kunstgewerbeschule Aachen bewarb. Schwarz wußte sich für die Förderung zu bedanken; mit zwei Artikeln übte er Revanche. Heft 6/1927 der *Modernen Bauformen* brachte den Essay *Dominikus Böhm und sein Werk*, Heft 2/1928 des *Zentralblatts der Bauverwaltung* den Aufsatz *Die Eisenbetonkirche*. Nachdem Ludwig Hilberseimer im selben Organ Vorwürfe erhoben hatte, der renommierte Böhm sei ein »ausgesprochener Kunstgewerbler«, der Beton nur als Dekor nutze, spielte Schwarz den Anwalt des Meisters. Doch so eloquent das Plädoyer auch anhebt, im Fließen der Worte wächst der Abstand zum Mandanten. Wider den Mystizismus, wider den Okkultismus, wider die Proklamationen des Expressionismus. Und, in bezug auf die Sprache des Glaubens, die mittägliche Sonne eines Blaise Pascal statt des abendlichen Dämmers eines Angelus Silesius. Das alles setzte

sich vom eben vollendeten zweiten Goetheanum Rudolf Steiners ab. In Wahrheit war es auch: Abschied von Böhm.

Von der Heftigkeit dieser Befreiung zeugt Sankt Fronleichnam. Die »ecclesia diabolica« verdankt ihre Entstehung keiner Auslobung, sondern dem Engagement des Pfarrers, der im Aachener Ostviertel eine neue Gemeinde gründen und an der Düppelstraße Ecke Leipziger Straße ein neues Gotteshaus bauen wollte. Peter Tholen, ein energischer Mittvierziger, war 1928 aus Essen nach Aachen gekommen und hatte an den von Schwarz, Schwippert und Krahn zum Wettbewerb Heiliggeistkirche eingereichten Projekten offenbar Gefallen gefunden. Daß Schwarz ohne Konkurrenz zu einem Auftrag kam, bedeutet allerdings nicht, daß er vor und nach Abschluß des Vertrags frei hätte werken können. Nein, Fronleichnam hat eine lange, reiche Geschichte des Entwerfens. Das erste Projekt stammt von Anfang Januar, das zweite von Ende Januar, das dritte von Mai/Juni, das vierte – teils schon mit den zur Ausführung bestimmten Zeichnungen – von August/September 1929. Wir haben es dabei nicht etwa mit einer Progression vom Dekorativen zum Elementaren oder mit einer Gradation von Simplizität zu Komplexität zu tun; allein in bezug auf das Thema Winkel und das Thema Kasten läßt sich von einer sukzessiven Sublimation des ersten im zweiten sprechen. Während ein Blatt am Beginn des Jahres 1929 den Winkel wörtlich nimmt und die Tusche auf dem Papier neun Versionen von Eckbauten mit Haupt- und Vorkirche offeriert, läßt das wirkliche Gebäude am Ende des Jahres 1930 den Winkel im Kasten beinahe aufgehen. Wie dem auch sei, in Betrachtung der zahlreichen Kohleskizzen, Risse und Schnitte gewinnt man den Eindruck eines Hin und Her, das unter dem Druck von wenig Zeit und Geld in Fahrt kommt. Das faszinierend Radikale der Architektur scheint übrigens auch das Ergebnis äußerer Umstände, manches Weglassen von Überfluß die Folge finanzieller und nicht ästhetischer Erwägungen zu sein. Tholen und Schwarz mußten auf dem Wege vom Planen zum Bauen ja mit jedem Pfennig bitter rechnen.
Das erste Projekt bietet ein liegendes L für die schmalere Vorhalle und die breitere Hauptkirche sowie ein stehendes L für den Pfarrsaal und den Kirchturm. Gemeinsam umgrenzen diese Baukörper drei Seiten eines der Düppelstraße zugewandten Hofes, der zwei Quadrat groß ist. Wahrnehmbar sind auch die Proportionen der Architektur. Der liegende Buchstabe mißt vierzig mal sechzig mal zwölfeinhalb Meter. In der Länge der Balken außen regiert also das Verhältnis von zwei zu drei; in der Breite der Balken innen regiert aber das Verhältnis von eins zu zwei. Der Eingang, bloß eine Tür vom Hof, ist winzig. Der Besucher tritt in die dunklere Vorhalle, biegt nach rechts, geht in

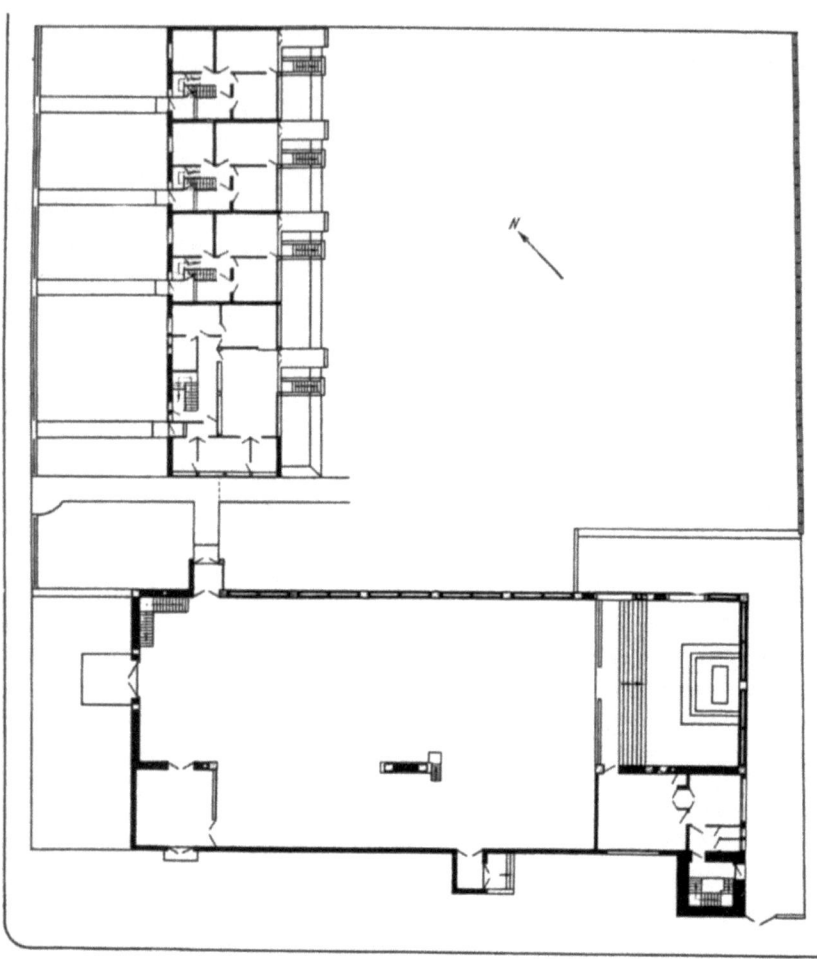

Sankt-Fronleichnam-Kirche, Grundriß mit den Wohnungen der Geistlichen

die hellere Hauptkirche, die ihr Licht durch zwölf mauerhohe Fensterschlitze von der Hofseite im Südwesten erhält.
Das zweite Projekt gibt die Klarheit der beiden Winkel zugunsten größerer Kompaktheit der Anlage auf. Der Altar steht nun im Norden des Hauses. Fünf starke Stützen verbinden das Hauptschiff im Nordosten mit dem Nebenschiff im Südwesten, dem sich zur Düppelstraße auf der einen Seite eine niedrige Kapelle, auf der andern Seite ein offenes Portal und ein offener Windfang zwischen Vorhalle links und Glockenturm rechts anschließen.
Das dritte Projekt betont den Kasten des Hauptschiffs, um das sich zur breiteren Düppelstraße das Nebenschiff und zur schmaleren Leipziger Straße die Vorhalle legen. Im Verhältnis zum Hochschiff wirkt dieser Winkel mit seinen Maßen von zweiundfünfzig mal zweiundzwanzig Metern wie ein fetter Sockel. Stützen trennen Hauptschiff, Nebenschiff und Vorhalle. Dieser Entwurf, dessen Grundriß schon der ausgeführten Variante ähnelt, macht von Schaubild zu Schaubild heftige Wandlungen durch. Einmal zielt er dank der Flachdächer sowie der bündigen, völligen Verglasung beider Schmalseiten des Hochschiffes ganz auf Transparenz; einmal zielt er dank des Walmdachs, des Zeltdachs und zweier Pultdächer sowie expressiver Portalplastik und kräftiger Gewände ganz auf Tradition.
Das vierte Projekt räumt nur auf, macht alles einfacher und deutlicher. Die Dächer werden flacher, die Wände glatter. Die Vorhalle rückt von außen nach innen, der Glockenturm von innen nach außen. An der Grenze von Haupt- und Nebenschiff werden die Stützen durch eine Scheibe ersetzt. Schließlich wandert die Kanzel aus der Nähe des Altars an dieses tragende Mauerstück.

Hätte Tholen nur mit Schwarz und Schwarz nur mit Tholen zu verhandeln brauchen, schon das erste Projekt wäre Gebäude geworden. Doch beide mußten sich mit Behörden plagen; die Obrigkeit mochte die Pläne nicht. Erst sieben Monate, nachdem Tholen und Schwarz im November 1929 einen Vertrag signiert hatten, der den einen wie den andern in die Pflicht nahm, und erst sechs Monate, nachdem beide im Dezember 1929 den Bauantrag eingereicht hatten, wurde das Vorhaben Fronleichnam von der Polizei genehmigt. Des Wartens müde, schuf der Pfarrer Fakten: Die Kirche wurde von Mitte April bis Mitte Dezember 1930 gebaut. Bis zur Weihe des Hauses am Vierten Advent 1930 hatte dessen Architektur schon manches Gemüt erhitzt. Freilich blieb es nicht bei Artikeln örtlicher Zeitungen, die das ganz und gar Schmucklose des Gebäudes beklagten und statt weißer Wände etwas zur Wärmung der Seele forderten. Nein, Oberbürgermeister Wilhelm Rombach selbst wollte Fronleichnam unbedingt verhindern und schrieb deshalb persönlich an den verantwortlichen Generalvikar Josef Vogt. In der Sache wußte der kommunale Politiker sich nicht bloß mit Volkes Stimme einig. Denn obwohl es seitens der Kirche längst kein Diktat von Stilen wie noch um 1900 gab, waren Tradition und Konvention normativ. Während der gesamten zwanziger und dreißiger Jahre war die Rezeption von Romanik und Gotik, war die Artigkeit von Rund- und Spitzbogen der Königsweg im Kirchenbau. Mehr noch, als die Republik schon in Agonie lag, führten Katholiken im Umkreis der Erzbischöfe Michael Faulhaber aus München und Carl Gröber aus Freiburg wahre Kampagnen gegen die Moderne, der man Allianzen mit »Atheismus« und »Bolschewismus« vorwarf. Wenn es um das Bauen von Kirchen ging, galten rheinische Kleriker zwar als zeitgenössisch aufgeschlossen; doch auch das Generalvikariat der Erzdiözese Köln sah plötzlich Gefahr im Verzug. Nummer 3/1930 des *Kirchlichen Anzeigers* wandte sich in einem – übrigens von Josef Vogt verantworteten – Beitrag nicht allein gegen das Verscherbeln künstlerisch wertvoller Gegenstände und das Aufstellen von industriell produzierten Herz-Jesu-Statuen, sondern auch gegen alle, die beim Entwurf einer Kirche »in erster Linie das absolut Neue, Niedagewesene anstreben«.

Ob dieses Machtwort eine Attacke auf Fronleichnam war? Solange Schwarz seinen Posten in Aachen hatte, solange hat er seine radikale Architektur – wie gesagt: »das Kompromißloseste« – vehement verteidigt, zuerst im November 1930 anläßlich einer unter dem Titel *Erneuerung des Kirchenbaus?* im Werkbundorgan *Die Form* mit Walter Riezler geführten Diskussion, dann im Mai 1931 in der Quickbornzeitschrift *Die Schildgenossen*, dann im Juli 1931 im *Zentralblatt der Bauverwaltung*, zuletzt im Januar 1932 im Fachblatt *Der Baumeister*. Hatte der Autor in seiner Antwort auf Riezler noch leise über den schlechten Einfluß der Bauherrn geklagt, so stieß er die Quickbornfreunde bald durch sein kraftstrotzendes Selbstbewußtsein vor den Kopf. Schwarz war Kasuist. 1929 hatte sein Aufsatz *Neues Bauen?* für einen immanenten Historismus geworben. Nun schien, in denselben Rothenfelser *Schildgenossen*, Geschichte an und für sich veraltet. Der Architekt sucht die Gesellschaft unbedingter Zeitgenossen, möchte den katholischen Glauben mit der neusachlichen Haltung dieser Jahre verknüpfen. Was er über den Akkord des Technologischen und Spirituellen notiert, das verdient, angesichts der im deutschen Denken verwurzelten, unfruchtbaren Unterscheidung zwischen niederer Zivilisation und höherer Kultur, besondere Anerkennung. Wie er Membran kontra Masse, Logos kontra Mythos setzt! Wie er den »Kasten« als Thema wertet! Das macht ihn zum Architekten nicht einer anderen Moderne, sondern der Moderne, wie sie damals leibt und lebt und im International Style ihren Zenit erreicht. Ohne einen Namen zu nennen, leuchtet durch die Gedanken über Fronleichnam die Kritik des Jungen an den Alten, etwa an Auguste Perrets Filigran von Notre Dame in Le Raincy oder an Karl Mosers Kassetten von Sankt Antonius in Basel. Oder an Böhm, dessen Kirchen – von Sankt Peter und Paul in Dettingen 1923 bis Christus König in Leverkusen 1928 – den Besucher mit genau jenem Repertoire gestufter Tore und gerippter Decken begrüßen, das Schwarz für absolut obsolet hält, weil es den »klaren Bestand des Einraums« nur störe.

Statt Basilika: Fronleichnam; statt Kathedrale: Fronleichnam. Seinen Turm, dem der Architekt die Proportion einer ionischen Säule attestierte, sieht der Reisende, mit der Bahn von Düren kommend, bei Einfahrt des Zuges rechts aus dem Gewühl der Häuser ragen. Die Gegend, deren Namen die Erschließung durch die Gründerzeit verraten, nannte Schwarz »verdorben« und »verwahrlost«. Dabei ist es nur ein typisches Areal des Übergangs von West nach Ost, von den dichten Blöcken eines Quartiers zu den losen Zeilen einer Siedlung, damals noch mit teils industrieller, teils militärischer Nutzung durchsetzt. Die Kirche steht auf halbem Wege zwischen dem Hohenzollernplatz im Nordwesten und dem Elsaßplatz im Südosten, neben einer Volksschule von preußischem Charakter, mit ihrer Breitseite an der Düppelstraße und ihrer Schmalseite an der Leipziger Straße, hier wie da vom Bürgersteig abgerückt, um sich besser zeigen zu können. Das schneeweiße Gebilde – Vorhalle, Haupt- und Nebenschiff messen 48,4 mal 20,7 mal 21 Meter; der Turm mißt 5,3 mal 5,3 mal 42 Meter – ist eine strikt orthogonale Komposition. Wenn man sich die Dächer flach denkt, man also dem Sattel des Hauptschiffs und dem Pult des Nebenschiffs die letzte kleine Schräge nimmt, dann sieht man eine Skulptur von Kästen und Winkeln, bei der noch die Hohlräume dazwischen eine Rolle spielen. Aus der Bewegung von Norden über Westen nach Süden kommen die Quader vom Liegen zum Stehen. In bezug auf ihre Lage und Größe verhalten sich Pfarrhaus und Hochschiff wie Nebenschiff und Glockenturm. Das Motiv des Winkels greifen die Fenster auf. Zwölf sind es an der Nordostseite, fünf an der südwestlich gelegenen Düppelstraße, zwei an der nordwestlich gelegenen Leipziger Straße. Hier bilden Gesamtbreite und Gesamthöhe fast ein Quadrat. Auf das Hochschiff zeichnen die Türen einen Mund, die beiden Fenster zwei Augen, der Giebel einen Scheitel und alle ein starres Antlitz. Ein Foto von Albert Renger-Patzsch zeigt diese harte Gestalt auf der kalten, dunklen Seite; denn das Südlicht macht nur die Längswand um die Ecke warm und hell. Das Gesicht aber verbirgt seine Züge hinter

Sankt-Fronleichnam-Kirche, Ansicht von der Düppelstraße, Foto: Albert Renger-Patzsch

Sankt-Fronleichnam-Kirche, Ansicht von der Leipziger Straße, Foto: Albert Renger-Patzsch

einer Maske, hinter Gestämm und Geäst eines Baumes, von dem das Bild uns nicht sagt, ob er aufleben oder absterben wird.
Das dreckige Straßenpflaster vorne, die hagere Straßenleuchte hinten, die Schneespuren auf den Wohnhäusern zwischen dem Kirchenschiff und dem Glockenturm: Bei Renger-Patzsch steht Fronleichnam in eher trauriger Umgebung. Den großen Sonntagseingang verdecken ein Baum, ein Zaun und ein Schild; die kleinen Werktagseingänge fallen unter dem Schattenriß einer Dachlandschaft kaum ins Auge. Ist das Gebäude so verschlossen? Es beim ersten Besuch an der Ecke der Straßen zu betreten, heißt schon im Viereck des Windfangs mit dem Raster des Hauses vertraut zu werden. Der Grundriß des Windfangs gibt das Grundmaß der Kirche. Sein Quadrat mal acht und mal drei: Das sind Fronleichnams Länge und Breite; das ist Fronleichnams Raster, in welches sich der dunklere Winkel aus Vorhalle und Seitenschiff und das hellere Rechteck aus Laien- und Priesterraum fügen. Selbst die tragende Marmorscheibe, die – obwohl der Windfang durch eine Glaswand nach innen lockt – den Altar vor allzu rascher Neugier schützt, steht genau im Raster. Spätestens im Mittelgang zwischen den Bankreihen wird klar, daß der breite Pfeiler die Öffnung zwischen den Kirchenschiffen in Hälften teilt.
Das bloße Weiß oben und das bloße Schwarz unten erscheinen dem Betrachter zunächst wie ein beschränktes Angebot. Doch im Verweilen verwandeln sich Kalkputz und Blaustein in einen anderen Gegensatz als nur den Kontrast zweier Farben. »Es war, als hätt' der Himmel/Die Erde still geküßt«. Was Joseph von Eichendorff durch seine Lyrik und Robert Schumann durch seine Musik zum Ausdruck brachten, das hat Schwarz aus dem neunzehnten in das zwanzigste Jahrhundert geholt, hat also das Sentiment abstrahiert, das Religiöse vom Romantischen befreit und zum Rationalen geführt. Das Weiß mit dem Himmel und das Schwarz mit der Erde in Vergleich zu setzen, ist übrigens keine Invention von Kritikern. Lange bevor der Architekt Fronleichnam als das mittelhochdeutsche vrôn lîchnam beim Wort nahm und über das Gebäude als »Leib des Herrn« sprach, deutete er dessen Inneres als Allraum in der Spannung von Sphärischem und Chthonischem. Um dieses Eindrucks willen mußte das für die Moderne typische Verlangen nach Ehrlichkeit in bezug auf Material und Konstruktion, mußte die zugleich neuartige und sparsame Bauweise der Aachener Ingenieure Josef Pirlet und Stephan Link – ein Riegelwerk zwischen Schwemmsteinen – ganz und gar unterdrückt werden. Die Winkel der Fenster, einer in der Horizontalen bleibend, einer in die Vertikale fallend, liegen sehr hoch. Obwohl tief eingeschnitten, wirken die Serien der Quadrate von je drei mal drei Metern flach, weil die Monochromie des Gebäudes die Wahrnehmung der Räumlichkeit, etwa der Kanten als

Kanten, mit Absicht schwer macht. Auch das Licht strömt ein, ohne daß sich auf den Wänden Schrägen von Strahlen der Sonne bilden können. Matte Schimmer bunten Glases gibt es an keiner Stelle. Nein, um wie Allraum zu wirken, darf es im Kasten der Kirche für das Auge keinen Bezug nach draußen, kein Tragen und Lasten, kein Schweres und Leichtes, im besten Falle auch kein Nahes und Fernes geben. Nur Weiß. Nur Oben. Nur Himmel.
Die Erde aber, das sind die schwarzen Bodenplatten, die schwarzen Kirchenbänke, die schwarzen Altarstufen. Und die schwarze Marmorscheibe. Mit vier Metern Länge, achtzig Zentimetern Breite und dreieinhalb Metern Höhe steht der Pfeiler ohne jede Andeutung von Fuß und Kopf bündig unter der Südwestwand. Der Architekt gab durch dieses Detail, einmalig im Kirchenbau der Weimarer Republik, seine Antwort auf den Marmor im Barcelona Pavillon von Ludwig Mies van der Rohe. Die Differenz ist tektonisch. Bei Schwarz trägt die Scheibe; bei Mies tragen die Scheiben nicht. Aber auch die Oberflächen sind unterschiedlich, bei Schwarz eher figurativ, bei Mies eher ornamental. In Aachen weist die dem Hochschiff zugewandte Seite des Marmors – man sieht es an den dünnen Fugen – acht Felder auf. Unten stehen drei kleinere, oben drei größere Tafeln. In der Mitte liegen zwei breitere Tafeln. Während unten wie oben feine Adern die Flächen zieren, fallen die beiden Stücke in der Mitte durch zwei Bögen und viele Schrägen auf. Reines Dekor? Es bedarf nur bescheidener Anstrengungen, nur geringer Versenkung, um die starken weißen Adern als Lithographik einer Landschaft mit Berg und Tal zu sehen. Erde eben.
Im dunkleren Seitenschiff ist der Ort persönlicher Andacht. Den Gebeten des Gläubigen dienen die Bilder einerseits der Mutter Maria als Magd neben einem kleinen Altar, andererseits der Theresia von Lisieux als Nonne hinter der Marmorscheibe, ferner die erdfarben bestickten Teppiche mit den vierzehn Stationen des Kreuzwegs an der Längswand. Im Ausdruck schwankend zwischen Expressionismus und Naturalismus, um nicht zu sagen am Rande des Kitsches, wurden diese Devotionalien dem Interieur des Gebäudes bis Mitte der dreißiger Jahre Stück um Stück beigefügt. Im helleren Hochschiff aber treten die sakralen Objekte – zwei Ständer und sechs Leuchter am Altar, Tabernakel, Ziborium und Monstranz, gestaltet von Angehörigen der Kunstgewerbeschule Aachen – alle in klaren Formen auf, welche ihre Abkunft von Quadrat und Zirkel, von Würfel und Kugel nicht leugnen. Auch ihr Metall, Nickel oder Silber etwa, sucht Harmonie mit dem Schwarz-Weiß-Kontrast der übrigen Materialien.
Erneuerung des Kirchenbaus? In seinem ersten Kommentar zu Fronleichnam erklärte der Architekt, auf Burg Rothenfels habe das Thema Gemeinschaft, im

Aachener Ostviertel das Thema Masse die Arbeit am Entwurf geprägt. Wo es um eine Kirche für zweitausend Leute gehe, da sei das Gefühl von Nähe nicht möglich, da würden vielmehr Anonymität und Objektivität zum Kriterium der Eucharistie. »In diesem Raum«, gemeint ist der Kasten des Hochschiffs, »werden sich die Menschen in Reihen aufstellen, alle nach Osten blickend, wo der Altar steht. Auch der Geistliche wird diese Stellung haben. Man kann sich nicht gegenseitig ins Gesicht sehen. Das Ganze kann als eine Marschordnung aufgefaßt werden.« Warum hat Schwarz diese Vorstellung einer Bewegung – die doch das Frankfurter Motiv des Opfergangs nur aufgreift und zuspitzt – nirgendwo wiederholt? Rief das Wort ein Bild wach, das später niemand wünschte? Ließ es statt an feierliche Prozessionen an gewaltige Demonstrationen denken? Verbarg der Begriff gar eine riskante Konzeption, das heißt eine Mischung von Religion und Politik, die das Gebot der Trennung dessen, was Gottes ist, von dem, was des Kaisers ist, unterderhand mißachtete? Einmal in den Einraum der Kirche gestellt und in der Stille des Hauses an Gleichschritt gedacht, wird die Rede von Masse und Ordnung mehr als bloß verständlich. Sie wird zum Schlüssel, der große Teile der Ausstattung für eine Interpretation öffnet, die den Architekten Schwarz und den Philosophen Schwarz plausibel integriert.

Also zurück, an den Beginn des zweiten Besuchs der Sankt-Fronleichnam-Kirche. Wer von der Stirnseite durch die stählerne Doppeltür unter die Empore mit der Orgel tritt, spürt den Sog vom Haupteingang zum Altarberg. Kaum steht man in der niedrigen Vorhalle, drückt es aus dem Dunklen in das Helle, aus dem Engen in das Weite. Die Flucht zieht den Blick nach vorn, immer entlang der Fuge genau in der Mitte des Ganges. Fünfundsechzig Zentimeter lang wie breit, haben die Platten solche Maße, daß die Füße es leicht finden, beim Gehen vom einen zum nächsten Viereck stets im Raster des Bodens zu bleiben. Die je achtzehn Bänke links und rechts laden gewiß zum Beten in Ruhe ein. Vom Gang her aber macht ihr Profil – vor allem die Parallelität der Diagonalen an der Knie- und an der Sitzseite sowie der Winkel zum Auflegen der Hände und Anlehnen des Rückens – den Eindruck eines Fechters mit Tarnkappe im Ausfallschritt. Noch die Zeichnung des Querschnitts, welche *Der Baumeister* in großem Format und mit exakten technischen Angaben in Heft 1/1932 druckte, bestätigt diese Wahrnehmung. Was die Darstellung der Konstruktion nicht vermittelt, das ist die Wirkung, welche die Reihung der Wangen hat. Denn Quantität schlägt in Qualität um. Das Monotone des Seriellen steigert das Drama zur Aktion einer »Sturmschar«, lauter »Kerle« in Bewegung hoch und vor.

August Tschinkel, Linolschnitt, um 1930

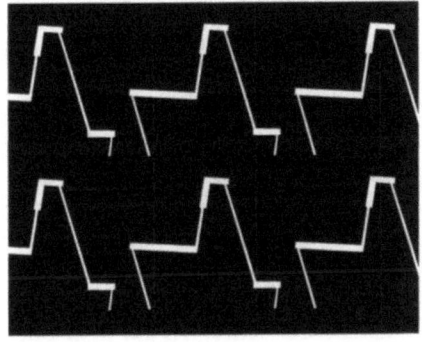

Hans Schwippert, Bänke der Sankt-Fronleichnam-Kirche, 1930, Zeichnung: Uli Gatz

Schwippert als dem Entwerfer der Holzbänke war der Aufsatz über *Das Gesetz der Serie* aus der *Wegweisung der Technik* sicher gut bekannt. Neben diesem Einfluß durch Schwarz fällt eine andere geistige Verwandtschaft erst bei größerer Perspektive auf. Das ästhetische Vokabular, dessen sich die Möbel bedienen, ähnelt dem figurativen Konstruktivismus der Kölner »gruppe progressiver künstler«. Zwar lag der kulturelle Habitus der um Heinrich Hoerle und Franz Wilhelm Seiwert versammelten Zeitgenossen – ihr Organ *a bis z* war Sympathisant eines Sozialismus jenseits von SPD und KPD – der Konfession eines Schwippert ganz fern; doch die Transformation des Phänomens Masse von einer politischen in eine ästhetische Größe löste der handwerklich begabte junge Lehrer in gleicher Weise wie die rheinischen Progressiven. Vor allem die zahlreichen Holzschnitte von Gert Arntz und August Tschinkel taugen hier zum Vergleich. Aufgrund ihrer Gestaltung der Ausstellung des Gesellschafts- und Wirtschaftsmuseums Wien hatten beide zu einer Sprache von glatten, weißen und schwarzen Flächen sowie harter Risse gefunden, die sich zur plakativen Präsentation des statistischen Materials besonders eignete. Denn wo Menschen zum Appendix von Maschinen würden, so meinte Tschinkel in Blatt 12 des Organs *a bis z* vom November 1930, da würden die bisherigen Darstellungen der Massen zu Varianten des idyllischen »Defreggerstils«.

Masse und Ordnung waren an der Wende von den zwanziger zu den dreißiger Jahren nicht allein Thema künstlerischer und politischer Aktivisten, sondern auch im Diskurs von Philosophen und Publizisten enorm präsent. 1930 erschien von José Ortega y Gasset das bald in viele Sprachen übersetzte Buch *Der Aufstand der Massen*. Der spanische Gelehrte, konservativ und europäisch gerade in seiner heftigen Ablehnung der USA und der UdSSR, bot der Leserschaft eine beredte Beschreibung des aufkommenden Durchschnittsmenschen, der als Produkt von Industrie und Demokratie die Metropolen usurpiere. Der Essay, von links viel zu oft für ein zynisches Plädoyer der Eliten gehalten, war Lamento und Laudatio der Masse und aufgrund dieser Ambivalenz ungemein populär. Merkwürdig ist allerdings, daß Ortega y Gasset dem Reflex der Masse in ästhetischen Phänomenen keine Zeile widmet. Aus der flüchtigen Erscheinung von Filmen und Revuen wußte aber ein anderer Großstädter während dieser Jahre die Erkenntnis einer gesamten Gesellschaft zu schöpfen. Die Rede ist von Siegfried Kracauer. Sein 1927 in der *Frankfurter Zeitung* publizierter Aufsatz *Das Ornament der Masse* wertet die Existenz der Tillergirls auf dem Theater nicht als dümmliche Unterhaltung. Wo ordinäre Kulturkritik die Maschinerie des Entertainment moniert hätte, bescheinigt das luzide Feuilleton dem chorischen Schwung nackter Arme und

Beine größere Wirklichkeitshaltigkeit als dem, was der schnauzbärtige Bildungsbürger für Kunst hält, weil aus dem kessen Auftritt der jungen Mädchen alles Organische abgezogen, alles Personale ins Anonyme und Epochale vorgedrungen sei. Obwohl unter den gegebenen wirtschaftlichen Bedingungen nur als kapitalistisch kontaminierter Prozeß erfahrbar, sei diese Desubstantiation »Hinweis auf den Zustand, in dem das allein von der Natur sich behaupten kann, was der Erhellung durch die Vernunft nicht widersteht«.
Wie nun, wenn wir die Erleuchtung des Natürlichen durch das Vernünftige mit der Erlösung des Menschlichen durch das Göttliche verglichen? Wenn wir die Tillergirls auf der Bühne mit den Kniebänken in der Kirche verglichen? Reicht das Prinzip Dekor zur Analogie der Körper und der Möbel aus? Nur wer vom Ornament kein Verständnis hat, spricht gleich von Blasphemie. Schwarz dachte anders. Mit Verweis auf die »leeren Räume« der jüngsten Jahre hieß er in der Broschüre *Über die Verfassung einer Werkschule* das füllende Ornament die »sichtbar gewordene Seele eines Bauwerks«. Demnach hoffen wahrhafte Gebäude auf die Zierde »schöner Menschen«. Sie warten wohl auf Charaktere wie den rheinischen Arbeiterschriftsteller Heinrich Lersch, der sich nicht als Gewerkschafter roter oder gelber Couleur, sondern als »Prolet von Gottes Gnaden« empfand und jeden Sonntag zur Messe ging. Etwa in die »Vereinigten Gebetswerke«? Wiewohl Schwarz diesen Namen für seine rationale Architektur im Aachener Ostviertel nie mochte, drinnen hat Fronleichnam mit dem Stakkato der Produktion und den Märschen der Massen am Ende der Weimarer Republik zu tun. Draußen hat Fronleichnam indes eine stoische Fassade. Man erkennt das Antlitz, wie auch die Gesichter auf den Holzschnitten der Progressiven, an den drei dunklen Flächen auf hellem Grunde. So wird diese Kirche: Selbstbild und Traumbild des Jahres 1930.
Doch wie eine pittura metafisica die Beziehung zur Geschichte wahrt, so bleibt auch das schneeweiße Gemäuer an der Düppelstraße mit dem Gestern in Kontakt. Gewiß, Schwarz selber betonte die absolute Modernität seiner katholischen Architektur, obwohl seine 1922 an der Technischen Hochschule Berlin vorgelegte Inauguraldissertation *Frühtypen der rheinischen Landkirche* – vor allem die Wertschätzung der Saalkirche des neunten bis elften Jahrhunderts – auf das Aachener Gotteshaus ihren Einfluß hatte. Daß Fronleichnam auch Tradition verkörpert, hat zuerst Alfred Döblin geäußert. *Kleine Impressionen auf einer Rheinreise*, zu lesen unterm Strich der *Frankfurter Zeitung* vom 1. und 8. Februar 1931, schildern Eindrücke des Berliner Romanciers auch von zwei bitterkalten Tagen in Aachen. Vormittags schlendert er allein durch das Rathaus, wo das neunzehnte Jahrhundert mit den Karlsfresken von Alfred Rethel an das imperiale Aquisgranum erinnern wollte.

Nachmittags läßt er sich durch die neue Kirche führen, die er sich ohne Vorbehalt Stück um Stück aneignet. Nach einer abendlichen Veranstaltung begleitet ein »junger Fascist« den Autor zum Hotel. Auf dem Weg durch die Nacht schwärmt der Mann von den großen Kaisern des deutschen Reiches; das Staufertum sei Vorläufer des neuen Nationalismus. Dieses Umgehen mit Geschichte abwehrend, kommt Döblin plötzlich auf Schwarz und Schwippert zu sprechen: »Da gefällt mir jenes Architektenpaar besser, das die Bedürfnisse von heute an sich reißt und sie mit den alten Ideen zu amalgamieren versucht.« Und dann gegenüber dem Unbekannten: »Was Sie fühlen, wonach Sie drängen, das ist schon gut. Aber ich bin nicht für bloße Unzufriedenheit mit Kurzschluß ins Antiquariat.«

Also zurück, an den Beginn des dritten Besuchs der Sankt-Fronleichnam-Kirche. Durch die Glastür des Windfangs in die Vorhalle gehen und den Blick auf das Presbyterium richten. An der Grenze zwischen Haupt- und Nebenschiff ragten früher, jedenfalls an Festtagen, fünf Masten waagrecht in den hohen weißen Kasten. Von den Stäben hingen Banner aus Leinen, je ein Viereck mit gleichen Seiten und dem Motiv eines Kreuzes in Rot oder Blau, Weiß oder Schwarz. Entworfen hatte diese Fahnen Anton Wendling, Schüler von Johan Thorn Prikker und Fritz Helmut Ehmcke und Lehrer an der Kunstgewerbeschule Aachen. Zur selben Zeit – das heißt um 1930 – gestaltete er auch das Kolpingbanner der katholischen Arbeiterbewegung; ein Rechteck und ein Dreieck in schwarzer Farbe zeichnen sich vor orangenem Hintergrund als flächiger Buchstabe K ab. Wendling schien damals ganz vom Geist der Zeit beseelt. Zwar läßt er auf einem Sgraffito die Figur sofort als den Heiland erkennen, weil um Kopf und Knie die Sätze der Wandlung von Brot und Wein stehen; doch hindert das »Hoc est corpus meum« nicht, daß die schlanke Gestalt wie ein Athlet mit straffen Sehnen, ja wie ein Automobilist in Lederkleidung wirkt. Das Sgraffito wurde übrigens nicht für Fronleichnam, sondern für eine Kirche in Bergisch-Gladbach-Paffrath entworfen. Aber in das Nebenschiff des Aachener Gebäudes hätte diese kühne Mischung aus Sachlichkeit und Heldentum wohl besser gepaßt als die süßen Bilder der Gottesmutter Maria und der Theresia von Lisieux.

Was Döblin an Schwarz und Schwippert schätzte, die Amalgamation des Aktuellen mit dem Historischen, das ist Merkmal auch der Arbeit des Glas- und Schriftkünstlers Wendling. Einerseits sind die ehemals von rechts in Fronleichnams Laienraum hängenden Fahnen rein geometrische und ornamentale Gebilde – wobei trotz eines symmetrischen Arrangements mal diese Flächen hervortreten, mal jene Flächen zurückweichen und also die Tücher gleichsam flattern –, andererseits sind die Banner wie Elemente feudaler Heraldik zu betrachten. Nur daß ihre Bedeutung unbestimmt bleibt. Was zählt, ist die Aureole von Signifikanz. Jedes Panier könnte das Signet einer neuen Partei oder das Wappen eines alten Geschlechts sein. Wo die sakrale Architektur der Jahre zwischen den Kriegen sich von Imitationen emanzipieren wollte, ohne darum den Genius der Romanik oder Gotik zu negieren, da bedurften die Gebäude um so stärker der Eigenschaft des Verweisens. Anders gesagt, sie brauchten eine Fülle quasi leerer Zeichen. Sockel ohne Denkmal, Halter ohne Kerzen, Rahmen ohne Bilder, Konsolen ohne Statuen, etwa die vier Stümpfe über dem Haupteingang von Böhms parabolischer Engelbertkirche in Köln-Riehl: Stets möchten diese Gesten etwas ahnen lassen. Doch was?

Zum besseren Verständnis der Aachener Standarten tragen Gedanken bei, die Schwarz in seinem Programm *Über die Verfassung einer Werkschule* äußerte. Die Fahne, so heißt es dort, sei das Signal einer Idee, unter der Tausende über Tausende einander träfen. Diese Begeisterung für die Gemeinschaft der Gesinnung nimmt in Fronleichnam durch die Banner und die Bänke Gestalt an. Und wie draußen die Kundgebung vor der Absperrung Halt macht, so machen drinnen die Gläubigen vor dem Heiligsten Halt. Jenseits der zwei Schranken führen elf Stufen zum Altar, auf dessen metallenem Tabernakel ein Kruzifixus steht. Von Hein Minkenberg entworfen, wurde das Kreuz aus bläulichem Email und der Leib aus weißlichem Elfenbein gefertigt. Die kostbaren Materialien teilt das Objekt mit dem Kruzifixus auf Burg Rothenfels, der etwas früher ebenfalls von Minkenberg gestaltet worden war. Aber die Figuren des Messias vermitteln zwei völlig verschiedene Auffassungen von Jesu Passion. Auf Burg Rothenfels heben sich Arme und Hände, weil der Leib hängt; in Sankt Fronleichnam senken sich Arme und Hände, weil der Leib steht. Dort haben wir es mit einem eher älteren und leidenden, hier mit einem eher jüngeren und siegenden Mann zu tun. Auf Burg Rothenfels erscheint der Körper nur mit einem Schurz bekleidet, mit bloßer Brust und bloßem Haupt. In Sankt Fronleichnam trägt der Körper eine glatte Dalmatica, nicht allein das Gewand der Diakone, sondern auch Teil des Ornats deutscher Kaiser bei der Inthronisation im Münster von Aachen. Den Kopf, Haare und Ohren decken eine Kappe und eine Krone, die dem Haupt etwas Ritterliches, ja Herzogliches verleihen. Alles und jedes leitet Augen und Füße auf diese eine kleine Figur: der schwarze Boden, die schwarzen Bänke, die bunten Fahnen, der weiße Kasten. Die Ausstattung des Gebäudes schöpft aus dem Bildervorrat des Mittelalters, transportiert das Feudale ins Moderne und läßt die Sphären des Religiösen und Politischen einander durchdringen, ohne diesen Vorgang

Hein Minkenberg, Kruzifixus der Sankt-Fronleichnam-Kirche, 1930

Wilhelm Rupprecht, Casula der Sankt-Fronleichnam-Kirche, 1930

kenntlich zu machen. Einmal indes fällt die Sache sofort auf. Bei jener Casula, die vorne wie hinten auf roter Seide zwei weiße Streifen mit je drei schwarzen Kreuzen zeigt. Daß ihre Balken sich nach außen weiten, ist kein Zufall. Vielmehr scheint es, als ob das Gewand des Priesters Zeichen des Deutschen Ordens um 1400 und Zeichen des Deutschen Reiches um 1900 in eine neue Gestalt zwingen, als ob das Textildesign von Wilhelm Rupprecht kraft seiner Farben und Formen eine Sehnsucht nach Herrschaft und Führung und nach dem Morgen im Gestern stillen wolle. So wird das Gotteshaus gefährlich ganzheitlich. So wird Fronleichnam: Utopie und Monument, unheimliche Verewigung einer anderen Gesellschaft.

Von Utopie, Monument und Verewigung einer anderen Gesellschaft zu sprechen, das führt uns zu einem Begriff, der zwar in den Schriften von Schwarz nur selten auftaucht und der doch zur Beschreibung seiner Vorstellung vom Höchsten des Bauens sich eignet. Gemeint ist jene Erfahrung der Verbindung von Schönheit und Schrecken, die das achtzehnte Jahrhundert unter dem Etikett des Sublimen als Kategorie des Ästhetischen einführte. Der englische Politiker Edmund Burke wußte die Sache am besten, weil ungemein anschaulich zu fassen. Seine *Philosophische Untersuchung über den Ursprung unserer Ideen vom Erhabenen und Schönen* aus dem Jahr 1757 nennt zahlreiche Merkmale des Sublimen, in der Architektur beispielsweise Größe und Leere. Oder das Infinite und das Uniforme, hergestellt durch die künstliche und kunstvolle Reihung des immer Gleichen. Burkes empirisch fundierter Konzeption zufolge ist auch der plötzliche und heftige Wandel etwa vom Schwarzen zum Weißen oder vom Dunklen zum Hellen erhaben, weil er die Augen für einen Moment wie die Sonne blende. Beides – das ewig Gleiche und der rasche Wandel – gehören zur Wahrnehmung in Fronleichnam, durch die Bänke und durch den Vortritt aus dem Nebenschiff in das Hauptschiff. »Das Volk zieht in den Ursprung der Sonne«, heißt es bei Schwarz 1938; es ziehe in ein »gestaltloses Weiß, aller Formen und Farben Untergang und Erfüllung«, heißt es bei Schwarz 1960, erst mit indirektem, dann mit direktem Bezug auf Fronleichnam.

Zur Debatte über das Sublime trug die Architektur ungefähr zweieinhalb Jahrzehnte nach Burke das ihre bei: den Traktat *Architektur. Abhandlung über die Kunst* von Etienne-Louis Boullée. Die Tatsache, daß unter den vierzehn Projekten des wort- und bildreichen Meisterwerks eine Fronleichnamskirche an erster Stelle rangiert, ist für unser Thema natürlich bloß ein Aperçu. Drei Kapitel weiter, im längsten Abschnitt seines nie gedruckten Chef d'œuvre, erläutert Boullée, welche Botschaft an die Menschen er von einer Basilika erwartet. Keine Frage, sie muß groß sein. Mehr noch, sie soll erhaben wie das Universum erscheinen, das meint Himmel und Erde umfassen. Solche Inszenierung des Infiniten versuchte der französische Utopiker auch in seinen heroischen Perspektiven eines Museums und einer Bibliothek. Am Ende je einer riesigen Halbtonne strahlt es so hell, daß man sich fragt, ob das Gebäude dort begrenzt oder entgrenzt wird. Dieses Vagieren des Hintergrunds verdankt sich indes keinem barocken Trompe l'œil – Boullée mochte weder die Peterskirche in Rom noch die Paulskirche in London –, sondern dem gleißend Weißen, das auf Fronleichnams Wänden eine späte Wiederkehr feiert, weil es auch da um das Phänomen der Transzendenz geht. Ob Schwarz mit Emil Kaufmanns 1933 publizierter Broschüre *Von Ledoux bis Le Corbusier* vertraut war? Das dort explizite Ideal der Autonomie hätte ihn gewiß bewegt. Boullée wird bei Kaufmann zwar erwähnt; doch bekannt wurden die Projekte des grandiosen Architekten erst zwanzig Jahre später. Um so mehr verblüfft heute die Verwandtschaft zwischen dem Querschnitt des Kenotaphs für Isaac Newton und dem des Gotteshauses nach dem Plan »Heiliger Ring«, zu finden im Buch *Vom Bau der Kirche*. Was über anderthalb Jahrhunderte hinweg beide Entwürfe eint, sind Vorstellungen vom Erhabenen, bei dem die Totalität immer Gefahr läuft, totalitär zu werden.

In welchem Kontext Schwarz erstmalig auf den Terminus des Sublimen traf, diese Frage bleibt ohne Antwort. Vermutlich war es 1919, an der Philosophischen Fakultät der Rheinischen Friedrich-Wilhelms-Universität Bonn. Denn Rudolf Ottos Buch *Das Heilige*, 1917 erschienen und wegen seines Erfolgs wieder und wieder aufgelegt, kann dem Studenten der Theologie nicht entgangen sein. Otto definiert das Numinose als »Mysterium«, das vom Gläubigen zugleich als »tremendum« und »fascinans« erfahren werde. Zur Darstellung komme das Göttliche im Erhabenen, das sich – etwa in den Pyramiden und Obelisken der Ägypter – als Schweigen und Leere äußere. Solche Reflexionen über das Numinose gehören zum geistigen Hintergrund Fronleichnams. Näher aber stehen dieser Kirche jene Worte, die Paul Tillich am Abend des 10. November 1930 im ehemaligen Kunstgewerbemuseum Berlin an seine Zuhörer richtete. Der junge Dresdner »Kunstdienst«, eine »Arbeitsgemeinschaft für evangelische Gestaltung«, bot im Lichthof des Hauses eine Schau neuer sakraler Objekte, darunter übrigens auch Paramente der Kunstgewerbeschule Aachen. Unzufrieden mit den meisten Stücken, nutzte Tillich, Vordenker des religiösen Sozialismus und Professor für Philosophie an der Universität Frankfurt am Main, die Eröffnung der Ausstellung, um seine Forderung nach Alltag, Gegenwart und Wirklichkeit im Verhältnis von Kult und Form zu erläutern. Der Vortrag mied den Sonntagston von Pastoren und

Dominikus Böhm, Stella-Maris-Kirche, Norderney 1931, Foto: Hugo Schmölz

Predigern; die Sätze wirkten eher wie vom Steinmetz gehauen. Heftige Angriffe galten dem hypertrophen Expressionismus, vor allem seiner Einfühlung ins Romanische und Gotische, bei welcher das Entbergen des Göttlichen zu ästhetischer Impression verkomme. Und dann: »Man sei hier aufs äußerste empfindlich! Man schweige lieber zu lange, als daß man zu früh rede. Vielleicht sind nur noch wenige Inhalte des vergangenen Kultus und Mythos uns ganz zugänglich. Dann bekenne man unsere Armut und versuche nicht, sie mit dem Reichtum der Vergangenheit aufzuputzen. Man habe den Mut, sich mit dem zu begnügen, was wir haben: Licht, Farbe, Material, Raum, Proportionen.«

Ist es Zufall, daß – mit Otto und Tillich – die Gedanken zweier renommierter evangelischer Theologen zum Verständnis von Sankt Fronleichnam mindestens so viel beitragen wie die häufig zitierten Mystiker des Mittelalters und wie der häufig zitierte Guardini? Mag sein, daß es im Kirchenbau des zwanzigsten Jahrhunderts zwischen Katholizismus und Protestantismus kaum noch Unterschied gibt, daß folglich jedes katholische Gotteshaus protestantisch und jedes protestantische Gotteshaus katholisch sein könnte. Genaue Wahrnehmung allerdings spürt das Differente der Konfessionen auch in der Architektur: das Bildfeindliche gegen das Bildselige, das Rationale gegen das Mysteriöse, der Rundbau gegen den Langbau, das jüngere gegen das ältere Bekenntnis. Wer sich auf diese Opposition einläßt, sie als heuristisch versteht und nicht als schematisch verwirft, der muß sagen: Fronleichnams Charakter ist evangelisch. Neu ist das nicht; denn das meinte zuerst 1931 Alfred Döblin, zuletzt 1958 Richard Biedrzynski. Doch was der Romancier positiv betrachtet, betrachtet negativ der Redakteur. In seinem Buch *Kirchen unserer Zeit* schrieb der damals im Feuilleton der *Stuttgarter Zeitung* tätige Kritiker, Schwarz sei »völlig unempfindlich gegen die Wünsche des Herzens und des Gefühls, mißtrauisch gegen jegliche Schwärmerei, ausgenommen die eigene Schwärmerei für das Leere.«
Kein Wunder, wen der späte Le Corbusier mit seiner Kapelle Notre Dame du Haut in Ronchamp fasziniert, den irritiert der frühe Schwarz mit seiner Kirche Sankt Fronleichnam in Aachen. Daß Biedrzynski ihn noch fast dreißig Jahre später einen »Calvinisten unter den katholischen Architekten« nannte und also strafen wollte, raubt seinem Urteil die Möglichkeit sachlicher Würdigung. Dabei hat der Autor recht. Das Weiße der Wände im Aachener Ostviertel steht in einer Tradition, welche mit dem Ikonoklasmus erst der englischen und schottischen, dann der holländischen Reformation begann, durch den Illusionismus des achtzehnten wie den Historismus des neunzehnten

Jahrhunderts lange unterbrochen und durch den Purismus der Moderne wieder aufgegriffen wurde. Vom Willen zu solcher Reinigung alter Gebäude zeugt auch die holländische Malerei des siebzehnten Jahrhunderts. Auf den sakralen Interieurs von Pieter Jansz. Saenredam etwa fehlen die spazierenden Männer, spielenden Kinder und streunenden Hunde eines Emanuel de Witte. Das Innere der Gehäuse ist leer und hell; die Mauern sind weiß oder gelb. Der Altar dient als Ehrengrab; die Kanzel liegt auf halber Höhe des Hauptschiffes. Wie merkwürdig, daß es keine Mühe machte, Fronleichnam in genau dieser Weise umzubauen, den Altar links liegen zu lassen und die Bänke in sanften Kurven vor der mittigen Marmorscheibe aufzustellen.

Das Von-etwas-absehen-Können und Auf-etwas-verzichten-Können sind künstlerische Fähigkeiten, deren Resultat ohne Risiko nicht zu haben ist. Sollen Abstraktion und Negation nicht in Langeweile münden, müssen sie aktive Rezeption fordern. Wozu eine Darstellung führt, die von den meisten mit Worten wie leer und kalt beschrieben wird, hat niemand so deutlich gemacht wie Ben Willikens. Der Malende stürzte sich auf Gemälde – in den siebziger Jahren auf Leonardos »Letztes Abendmahl«, in den achtziger Jahren auf Raffaels »Schule von Athen« –, befreite die Fresken von allem Subjekt und fast allem Objekt, entfernte das Ornament der Renaissance und machte die Räume ganz licht. So haben die Hochwand in Fronleichnam und die Leinwand von Willikens etwas gemein: die Konkretion der Transzendenz.

Mit diesem Ausblick könnten wir schließen, wenn nicht die Behauptung von Schwarz – wie gesagt: »das Kompromißloseste« – noch eines letzten Beweises bedürfte. Ist Fronleichnam unter den Kirchen der zwanziger und dreißiger Jahre tatsächlich einmalig? Sinnvoll scheint allein doppeltes Vergleichen: einerseits mit J.J.P. Ouds Apostolischer Kirche in Rotterdam, andererseits mit Dominikus Böhms Kirche Beata Maria Virgo Stella Maris auf Norderney. Ouds Architektur steht frei auf einem Platz der von ihm entworfenen Siedlung Kiefhoek im Süden der Stadt. Es handelt sich um einen Kasten über dem Grundriß eines Doppelquadrats von zwölfeinhalb mal fünfundzwanzig Metern. Der Eingang – betont durch ein Vordach über zwei Wangen und zwei Stützen sowie durch die Schriftzüge »Hersteld Apostolische Gemeente« links oben und »1929« rechts oben unter der Kante des flachen Daches – liegt im Nordosten des Grundstückes, eine durch den Kanal und die Straße vis-à-vis bevorzugte Perspektive. Von den Längsseiten fällt durch den Einschnitt der sieben Fenster, die zu Bändern sich reihen, Licht nach innen. Aber die dichten, dunklen Bänke machen den Einraum so eng, daß selbst Kanzel und Orgel sich drängen müssen. Während eine frühe Skizze den Betsaal von Kiefhoek als

Ben Willikens, Abendmahl, 1979

reine De-Stijl-Architektur präsentiert, hat das spätere, schlichtere Gebäude die Eigenschaften der holländischen Avantgarde weitgehend verloren. Durch die Publikation im Katalog der New Yorker Ausstellung »The International Style« 1932 erlangte der weiße Putzbau allerdings eine Prominenz, die Fronleichnam eher verdient gehabt hätte. Doch bedingt durch die Unbekanntheit ihres Baumeisters und ihres Bauortes sowie durch die Machtübergabe an die Partei der Nazis, hat das Aachener Gotteshaus niemanden zur Nachfolge anregen können.

Einzig Böhm hat Fronleichnam auf seine Art rezipiert. Für die Stella-Maris-Kirche von 1931 gibt es drei Entwürfe, davon der zweite wegen der beiden Scheiben seitlich des Eingangs ähnlich dem Projekt Vierwand, das Schwarz 1928 zum Wettbewerb um die Aachener Heilig-Geist-Kirche eingereicht hatte. Gebaut wurde auf der Insel über einem Grundriß, bei dem ein größeres Rechteck durch je ein kleineres Rechteck im Nordwesten und Südosten ergänzt wird und sich alle Linien in ein Raster fügen. Ein solcher Plan findet sich übrigens auch auf jenem Blatt von Anfang 1929, das kreuz und quer neun Studien für Fronleichnam bietet. Stella Maris betritt der Kurgast von Südwesten, durch ein zwischen Torbogen und Glockenturm changierendes Architekturelement. Beim Schritt nach rechts folgen, in gleicher Breite, vorne das höhere und hinten das niedere Schiff. Wie Fronleichnam durch den Schwarz-Weiß-Kontrast, so lebt Stella Maris durch den Rot-Weiß-Kontrast. Denn der Boden ist aus roten Ziegeln, der Altar aus rotem Marmor; Bänke und Wände sind weiß. Damit aber hört der Vergleich auf. Schon das Nebeneinander von Pfeiler und Stütze zwischen den Teilen der Kirche ist eine Lösung, die es mit der Marmorwand in Fronleichnam nicht aufnehmen kann. Auch das Pultdach und das Chorbild von Richard Seewald – Gottesmutter und Gottessohn schweben über der Insel und den Wassern – haben mit dem rationalen Vokabular von Schwarz wenig gemein.

Mit dem Gedanken, daß die Verknüpfung des architektonisch hoch Modernen mit dem politisch hoch Konservativen zwar nicht in Italien, doch in Deutschland einmalig sei, schloß das Kapitel über das philosophisch inspirierte Buch *Wegweisung der Technik*. Diese Behauptung läßt sich nun aufgreifen und fortführen: im Wagnis eines Vergleichs zwischen Rudolf Schwarz und Giuseppe Terragni. Obwohl zwischen beide der Unterschied von sieben Jahren und zwei Ländern tritt, berührt das Schaffen der Männer einander mehr, als man bei Formulierung der Hypothese glaubt. Das fängt mit ihrer Erscheinung als Visionär und Meteor an, die beim jungen Schwarz durch die Nazis, beim jungen Terragni durch den Weltkrieg zu jähem Ende kam. Das geht weiter mit ihrem Katholizismus, der den einen die Tradition der mittel-

alterlichen Bauhütten, den andern die Tradition der Maestri Comacini schätzen ließ und der beide Architekten in dem Bemühen einte, ihren rigorosen Rationalismus historisch zu fundieren. Auch wenn das Vergleichen sich verbietet, das Haus der Jugend und die Casa del Fascio greifen auf den Typus des Palazzo zurück. In Aachen haben wir es mit dem Viertel, in Como mit der Hälfte eines Würfels zu tun. Hier wie da weist die Front sieben Achsen auf. Und hier wie da kommt es auf die Gestaltung der Bewegung, auf das Fließen der Masse von außen nach innen nach außen an.
In seiner von der Linguistik geprägten Interpretation der Casa erläutert Peter Eisenman, Terragni habe jede Einzelheit des Gebäudes der Komposition subsumieren wollen, weshalb zum Beispiel Türen und Fenster primär als ästhetische Gegebenheit und nicht als funktionale Notwendigkeit erschienen. Terragni – so 1970 sein Verehrer aus Amerika, dessen Frühwerk dem italienischen Rationalismus vieles verdankt – habe im Laufe der Arbeit am Entwurf von Material und Konstruktion gleichsam Abschied und bei Idee und Konzept gleichsam Zuflucht genommen, um der Exaltation des Politischen eine Architektur zu geben, das heißt, um der neuen Gemeinschaft unter Führung des Duce ein Denkmal zu setzen. Verwandtes könnte mühelos über das Castrum und Claustrum der Sozialen Frauenschule in Aachen geschrieben werden. Hätte Schwarz noch werden können, was Terragni schon war? Daß diese Möglichkeit seiner Entwicklung keine Wirklichkeit wurde, ist der deutschen Geschichte geschuldet. Doch den Abbruch des linksrheinischen Architekturexperiments zu beklagen, fällt schwer. Heißt es nicht auch zu bedauern, daß die Nazis mit dem Pöbel auf du und du standen, die Avantgarde also verfluchten? Während die evangelische Brenzkirche am Stuttgarter Weißenhof ihres modernen Charakters durch Straßengiebel und Satteldächer beraubt wurde, blieb Fronleichnam unberührt. Ein Glück; Gott Lob. Es hätte anders kommen können. Denn mit Kaplan Peter Josef Hilmer wirkte an dieser Gemeinde in den dreißiger und vierziger Jahren ein Spitzel, dem es gewiß Vergnügen bereitet hätte, die Kirche im Stile der Partei zu verändern.

Haus Schiffner, Offenbach 1937, Foto: Artur Pfau

Standhalten und mitlaufen

Auf der Suche nach Architekten etwa gleichen Alters wie Rudolf Schwarz führt die Lektüre der Lexika zu einer traurigen Erkenntnis. Während in den sechziger Jahren mit Peter Behrens und Hans Poelzig die erste, in den achtziger Jahren mit Bruno Taut und Erich Mendelsohn die zweite Generation der Modernen geboren wurde, stößt man bei den Jahrgängen von 1890 bis 1904 kaum auf große deutsche Namen. Ein bis sieben Jahre älter als Schwarz sind Fritz Schupp, Joseph Op gen Oorth, Richard Döcker, Hans Scharoun, Karl Schneider, Hans Döllgast und Otto Ernst Schweizer; ein bis sieben Jahre jünger als Schwarz sind Ferdinand Kramer, Hans Schwippert, Paul Baumgarten, Konrad Wachsmann, Herbert Rimpl, Bernhard Hermkes und Egon Eiermann. Wer von den Genannten um 1930 schon etwas gebaut hatte – naturgemäß die Älteren –, genoß regionale Reputation. Doch bis auf Scharoun hatte noch keiner von ihnen zur Garde der Großen aufrücken können.
Bei Schwarz spürt man freilich den Wunsch und die Kraft zum Sprung nach vorn. Aus jedem seiner Essays tönt die Kritik des Jungen an den Alten. Ihren als bloß expressionistisch oder bloß konstruktivistisch oder bloß funktionalistisch empfundenen Gebäuden antwortet er mit einer durch und durch rationalen Architektur. Den Terminus des Rationalen auch zu verwenden, war ihm allerdings so gut wie unmöglich. Einerseits hätte sein mit dem Genius der Moderne nie versöhntes Milieu – die katholische Lebensbewegung – das Wort stets nur mit Atheismus assoziiert, andererseits war das Rationale, verkürzt zum Rationellen und also bloß Effizienten, eine Losung am Bauhaus, dessen Führung laut Schwarz Sympathien mit dem Kommunismus hegte. Zur Kennzeichnung seiner Vorhaben bedurfte es folglich einer anderen Vokabel. Statt von Rationalismus hätte er von Geometrie sprechen können, hätte sich dabei sogar auf *Die belehrte Unwissenheit* des Nikolaus von Kues berufen und behaupten können, die Mathematik leiste den größten Beitrag zum Verständnis des Göttlichen.
Tatsächlich sieht man den Direktor der Kunstgewerbeschule Aachen in Heft 3/1928 der *Schildgenossen* mit dem Entwurf einer Kirche bei genau diesem Versuch eines Quidproquo. Die drei Modellfotos zeigen einen klaren Körper,

bestehend aus einer flachen runden Scheibe, über der sich drei gleich hohe Zylinder erheben. Der breitere dient dem Gottesdienst; die schmaleren nehmen das Taufbecken und den Glockenstuhl auf. Weiße Platten hätten das Gerüst verkleidet, jede ein mal ein Meter groß. Hätte die Demonstration der Geometrie genauer geraten können?

Die runde Kirche war Utopie. Ein Projekt ohne Bauherr und Bauplatz kann sich solche Perfektion, solche Abstraktion erlauben. Ginge es allein um die Reinheit der Formen, wäre schon Fronleichnam ein schmutziges Gebilde. Wer aber nach dem Staunen über die Pfarrkirche in Aachen sein Auge auf die Sankt-Albert-Kapelle in Kreuzau-Leversbach wirft – sei es auch nur, weil die Chronologie der Architektur es will –, der hat Mühe, hinter dem einen wie andern Entwurf den selben Verfasser zu entdecken. In der Stadt glatter weißer Putz und ein Marmorblock, auf dem Dorf rauher roter Stein und zehn Holzstützen: Hätte das Exempel schon 1932 Prominenz erlangt, die Kritik hätte geschäumt und den Verräter geprügelt. Im Rückblick seiner 1960 publizierten populären Werkschau *Kirchenbau. Welt vor der Schwelle* sah Schwarz die Sache anders. Doch das wieder und wieder zitierte »Fronleichnam hat ein Schwesterchen bekommen« wird dem Wandel nicht gerecht. Vielmehr kaschiert der kindliche, ja kindische Vergleich eine Krise, an deren Ende Gotteshäuser standen, die statt nach dem Rationalen nach dem Gestalthaften suchten, weil der Widerstreit zwischen Architekt und Katholik, zwischen dem Baumeister und den Bauherren sich nur so in Eintracht lösen ließ.
In Heft 13/1930 der vom Bund Deutscher Architekten herausgegebenen Zeitschrift *Die Baugilde* findet sich unter dem Titel *Ländlicher Kirchbau* ein Aufsatz, dessen Autor die evangelischen Kleinkirchen German Bestelmeyers zur Nachahmung empfiehlt. Mit den mal romanisierenden, mal barokkisierenden Architekturen, die das Gotteshaus zur Wohnstube machen, hatte Schwarz indes nichts gemein. Das Anspruchslose und Urtümliche, Schwerfällige und Gemütliche, das dem Leben auf dem Lande seinerzeit noch eignet und das der Artikel von Siegfried Scharfe würdigt, war ihm fremd. Von den offenbar zahlreichen Entwürfen, die er und Johannes Krahn Mitte 1931 für die Kapelle in der Voreifel skizzierten, haben sich nur drei erhalten. Der älteste ist radikal, ein Flachbau auf dem Grundriß eines Quadrats, Hauptschiff und Nebenschiff samt Nebenraum im Verhältnis von zwei zu eins, getrennt durch eine schlanke Stütze, die den Blick vom Eingang zum Altar mit Absicht verstellt. Das war: Fronleichnam gedrungen; freilich ohne Chance, auf der Anhöhe am Bleigraben gebaut zu werden, weil der Kasten die Dörfler nicht an eine Kirche, ja nicht mal an die Scheunen und Schuppen ihrer Heimat zu

erinnern vermochte. Was Schwarz den Leversbachern später als Vorentwurf A und Vorentwurf B präsentierte, glich schon eher einer Kirche. Variante A wahrt das Vorbild des Einraums, während Variante B die Klarheit des Kastens an der Westwand durch einen Vorraum, an der Südwand durch einen Windfang aufgibt und innen zwei Stützenreihen ein Hauptschiff und zwei Nebenschiffe andeuten.

Kein Wunder, daß der rührige Bauverein der winzigen Gemeinde die letzte Lösung zur Ausführung bestimmte. Dem Heutigen erscheint diese Architektur eher konventionell, obwohl von schöner Reinheit der Maße. Etwa halb so hoch wie breit und halb so breit wie lang, teilt das Innere der Kapelle Hauptschiff und Nebenschiffe im Verhältnis von eins zu drei zu eins, Laienraum und Priesterraum im Verhältnis von zwei zu eins. Westlich und östlich des Altars strömt das Licht durch Glaswände, die von unten bis oben reichen. Noch die Fugen auf dem Boden und die Balken an der Decke fügen sich dem Raster des Quaders. War es dieser, aus Fronleichnam kommende Wille zur Ordnung, der die Bewohner der Voreifel verstörte? Trotz seiner dicken Mauern und ihrer Stützen an der Nordwand – der Grundstein trägt das Datum des 14. August 1932 – brach der Neubau mit mancher Tradition. Hätte nicht Dorflehrer Hans Hilger den *Schildgenossen* geschrieben, was in jenem Sommer auf dem Bauplatz geschah, unsere Vorstellung müßte der Anschauung entbehren. *Wie die Leversbacher ihre Kapelle gebaut haben,* so nannte Hilger seinen Bericht in Heft 2/1933 der Quickbornzeitschrift. Der Beitrag handelt nicht allein von den wirtschaftlichen Bedingungen – welche die Arbeit teils leichter, teils schwerer machten –, sondern auch von den Künstlern aus Aachen, die der kleinen Kirche zu kultischen Objekten verhalfen, und von der dauernden Leidenschaft für ein Gebäude, das in der Umgebung jedermann befremden mußte. Man stelle sich vor: »Nach Feierabend stand das halbe Dorf am Bau und musterte mißtrauisch dieses ganz Andere. Wer aber das Volk kennt, weiß, daß es ein sehr großes Mißtrauen gegen jegliches Andere hat, daß es eine Angst hat vor dem Anderssein.«

Wohnhäuser aus dem Westdeutschland der sechziger bis achtziger Jahre haben dem Flecken südlich von Düren alles Ländliche geraubt und der Kapelle von Kreuzau-Leversbach ein adrettes Ambiente verschafft, wo der mal rötliche, mal bräunliche Bruchstein der wenigen älteren Gebäude wie ein Zeugnis der Vorzeit wirkt. So deutlich die Gegend heute nur eine Mischung aus Vorstadt und Siedlung ist, so heftig war der Kontrast zwischen dem Ruralen und dem Urbanen noch zu Beginn der dreißiger Jahre. »Jegliches Andere« war auf dem Dorf mit Angst, in der Stadt mit Lust besetzt. Ja, in der durch Freund-Feind-Fühlung erregten, politisch und kulturell agonalen Atmosphäre der Weimarer

Sankt-Albert-Kapelle, Kreuzau-Leversbach 1932, Rückseite mit Stützmauern und Sakristei

Sankt-Albert-Kapelle, Kreuzau-Leversbach 1932, seitlich des Altars vom Boden zur Decke die Glaswände

Republik reifte die Stimmung für ein Machtwort. Die radikale Intelligenz, vom Gären der Masse mehr angezogen als abgestoßen, hoffte auf den Sprung vom Protest zur Aktion.

»Etwas Großes geschieht unter uns«. Kann ein Essay mit dem Titel *Baustelle Deutschland* lauter starten als mit solchem Pathos? Wer Heft 1/1932 der *Schildgenossen* zur Hand nahm, stieß gleich auf der ersten Seite auf diese Worte. Schwarz greift um sich. Aus der Perspektive des Architekten deutet er das Hier und Jetzt. Im ganzen Reiche handelten willige Bauleute ohne fähige Bauleiter. Kein Entwurf, kein Grundriß, kein Aufriß der Zukunft! Dabei dränge die Gesellschaft zur Sachlichkeit. In den Fabriken und Stadien, vor allem in den Kraftwerken der jüngsten Jahre sieht Schwarz deren Inbild. Aber nicht allein, wo Erkenntnis und Erscheinung des Gegenstands in eins fallen – also nicht allein bei den besten Produkten der Industrie –, sei das »Köstliche« der Sachlichkeit. Nur das Vorurteil halte sie stets für das Objektive statt für das Authentische. Starke Gefühle könnten so sachlich werden wie kluge Gedanken. Mehr und mehr falle aus der technologischen Sphäre die Funktion und steige das Symbol; mehr und mehr falle aus dem proletarischen Milieu der Vierte Stand und steige der Neue Mensch. Unterzeile: *Herrschaft und Gestalt.* Oberzeile: *Der Arbeiter.* Mit der martialischen Studie von Ernst Jünger teilt der missionarische Essay von Schwarz nicht nur das Druckjahr 1932, sondern auch die klandestinen Sympathien für das Egalitäre und Etatistische der modernen Diktaturen im Osten und Süden Europas. Erst am Ende von *Baustelle Deutschland* wird klar, was trotz aller Hoffnung auf den großen Umschlag den einen vom andern scheidet. Totalität, eine Sehnsucht von Jünger, ist bei Schwarz nicht mehr als eine teuflische Versuchung. Dagegen fordert er Platz für das Nichtfertige und Nochmögliche. Der launige Rheinländer bescheinigt dem Fetisch der Ordnung das Defizit der Ironie. Als ob er im Kino schon über »Modern Times« und »The Great Dictator« von Charles Chaplin gelacht hätte.

Doch die Einsicht der Spezifika von Totalität wich dem Druck der Zeit. 1933 war auch für Schwarz eine Zäsur. Nicht Parteigänger noch Regimegegner, oszillierte sein intellektuelles und architektonisches Engagement künftig zwischen Anpassung und Widerstand. Daß seine kulturelle Identität als Essayist und Redakteur der rechtslastigen *Schildgenossen* ihn eher zur Koalition als zur Opposition bestimmte, liegt auf der Hand. Von seinen Freunden sagte niemand klipp und klar nein. Im Gegenteil, die Umgebung gehorchte, mancher vielleicht wider Willen. Ob Schwarz im Sommer 1933 nach Maria Laach fuhr, um an der »Dritten Soziologischen Sondertagung« des Katholischen

Akademikerverbands teilzunehmen? Immerhin war er Mitglied des Vereins. Und immerhin begaben sich auch Bekannte in die Abtei, wo die katholische Intelligenz, unter den Prominenten Franz von Papen und Carl Schmitt, der neuen Herrschaft ihr Jawort gab. Der ausführliche Tagungsbericht in der *Kölnischen Volkszeitung* vom 30. Juli 1933 dokumentiert den Konformismus von Katholiken, die von der Moderne wie von Luzifer sprachen. Ildefons Herwegen – seit dreißig Jahren Abt des Klosters in der Hohen Eifel und mit seinem Plädoyer für die Reform der Messe von Einfluß auf die sakrale Architektur im Deutschland des zwanzigsten Jahrhunderts – grüßte die Gäste des Hauses mit deutlicher Ansprache. Was in der Religion die liturgische Bewegung sei, sei in der Politik die faschistische Bewegung. So sprang die Faszination des Pantokrators von der kirchlichen auf die staatliche Ebene. Am Schluß der drei Tage in Maria Laach war ein Redner drauf und dran, im Reichskanzler den Christkönig zu bejubeln.

In Gefahr geriet derweil die Kunstgewerbeschule Aachen. Leere Kassen hatten in Preußen schon 1932 zur Schließung von Akademien geführt; Adolf Rading und Hans Scharoun etwa hatten Breslau verlassen. Um die Lehranstalt im Aachener Südviertel zu retten, publizierten Schwarz, Professor René von Schöfer aus Aachen und Architekt Hans Spiegel aus Düsseldorf in privater Edition eine *Werkschulung und Staat. Organischer Aufbau der Werkschulung in der Rheinprovinz* genannte Broschüre. Die ab August 1933 an zahlreiche öffentlich tätige Personen versandte Denkschrift – als Beilage von Heft 12/1933 machte sie *Der Baumeister* weiten Kreisen bekannt – schlägt die Integration aller Bildungsstätten der gegenständlich gestaltenden Berufe in eine Hierarchie lokaler, regionaler und nationaler Werkhütten vor. Mit der Vision des ordo und der Dombauhütten des Mittelalters im Kopf, plädieren die Autoren für eine Kapitalismus und Liberalismus wehrende »völkische Gemeinschaft« als Teil eines göttlichen Gesetzes, dem jede Schulform und jeder Lehrplan zu dienen hätten. Erstens müßten die materiellen, zweitens die kulturellen Bedürfnisse des deutschen Volkes befriedigt werden. Drittens aber müsse man die Städte auflösen und die Städter umsiedeln. Auf kultivierten Bruch- und Moorflächen sollten »rassisch wertvolle Familien« an den Grenzen des Reiches einen »Wall« von Leibern bilden.

Eine perverse Phantasie. Hilfe brachte dieser Kotau jedoch nicht. Auch die Versuche eines Arrangements mit dem Kampfbund für Deutsche Kultur scheiterten. Direktor Schwarz wurde im Februar 1934 entlassen, seine Schule im April 1934 geschlossen. Mit siebenunddreißig Jahren weit älter als andere Kollegen bei diesem Schritt, machte sich der rheinische Architekt selbständig. Unterstützt von Johannes Krahn – 1908 geboren und seit dem Wettbewerb

Heilig-Geist-Kirche Aachen 1928 mit Schwarz gut bekannt –, betrieb er ein Büro erst in Offenbach, dann in Frankfurt am Main. Der Ausbau von Burg Rothenfels, der Umbau von Kirchen sowie der Entwurf und Neubau von achtzehn Wohnhäusern für Bekannte verschafften beiden bis 1940 ein sicheres Einkommen.

Auch den *Schildgenossen* spürt man die Schwierigkeit mit dem Bewußtsein an. War es Zufall, daß der Untertitel ab 1933 nicht mehr *Zeitschrift aus der katholischen Lebensbewegung*, sondern nur noch *Katholische Zweimonatsschrift* lautete? Stärker als früher nahmen die Texte Bezug auf den Glauben. Das Religiöse und das Historische dominierten; durch Aufsätze wie *Karl der Große, Deutscher oder Welscher?* bekundeten die Herausgeber, daß sie bloß nicht aus dem Gleichschritt kommen wollten. In Heft 2/3/1936 steht *Ein Brief über volkstümliche und über volksverbundene Kunst an einen Freund, der in Zweifel geraten war*. Absender und Empfänger heißen: Schwarz. Kein Aufrechter, ein Gekrümmter ergreift das Wort. Wo er kühne reine Formen als »mißraten« bezeichnet, da verdrückt er sein Eigenes, da verdammt er sein Fronleichnam, ohne daß der Name fallen müßte. Die Anstrengung der Anpassung erfolgt wie unter Tränen. Das Bekenntnis begleiten die Phrase von den Gebildeten als den Unrechten und Herzlosen, das Lob für die kleinen Leute und die Sucht nach dem großen Volke. Stammen diese Topoi nicht alle aus den im zwanzigsten Jahrhundert so häufigen Ritualen der Autokritik des radikalen Intellektuellen vor den Fratzen der Herrscher? Ähnelt diese Haltung nicht jenem kollektiven »Peccavimus« – auf deutsch: jenem einmütigen »Wir haben gesündigt« –, das der Generalsekretär des Katholischen Akademikerverbandes schon auf der Laacher Tagung gefordert hatte? Die Konversion zur Konvention, die Schwarz dem Schwarz als Weg wies, fand ihren Ausdruck auch in der *Liturgie und Kirchenbau* genannten *Denkschrift aus Anlaß des Neubaus der Sankt-Annen-Kirche in Berlin-Lichterfelde* von 1936. Auf einer Skizze mit der Ansicht und dem Grundriß einer modernistischen und einer historistischen Kirche wird das zeitgenössische Gotteshaus durchkreuzt, weil es einen liturgisch regressiven Grundriß hat, während das altertümliche Gotteshaus verbleibt, weil es einen liturgisch progressiven Grundriß hat. Aber diese Alternative war blanke Legitimation. Als ob Schwarz nicht gewußt hätte, daß es in Wahrheit um die Einheit von Außen und Innen, von architektonischer und liturgischer Botschaft ging.

Das erwähnte Doppelheft der *Schildgenossen* versammelt die Beiträge einer Tagung des »Studienkreises für Kirchenkunst« auf Burg Rothenfels im Sommer 1936. Den Aufruf zur Gründung des Zirkels hatten Schwarz und der Frankfurter Architekt Martin Weber verfaßt, dabei zur eigenen Sicherheit

Clemens Holzmeister, Sankt-Adalbert-Kirche, Berlin 1933

alles vermieden, was der kleinen Runde den Charakter einer Sezession hätte geben können. Die Kirche fühlte sich aus den Mitten der Städte gedrängt; Aktivisten sahen die Katholiken auf dem Weg in die Katakomben. Das Beispiel der Sankt-Adalbert-Kirche in Berlin, von Clemens Holzmeister entworfen und 1933 konsekriert, wurde für die Zukunft als Vorbild empfunden. Das Bauwerk steht auf schmalem Grundstück; von drei Seiten rücken ihm Häuser auf den Leib. Aus dem Backstein der Südwand schält sich eine Apsis. Mehr nicht. Was die Kirche zur Kirche macht, ist von außen nach innen gekehrt. Sogar den Eingang muß man suchen. Wer weiß schon, daß die Tür im Hof liegt?

Schwarz war mental viel zu agil, als daß er sich nach dem Ende der sieben Jahre in Aachen mit dem Entwerfen und Ausführen von Wohnhäusern begnügt hätte. Auch die Tätigkeit auf Rothenfels füllte die Zeit nicht aus. So schrieb er. *Vom Bau der Kirche* wurde sein Hauptstück. Beide Male – erst 1938, dann 1947 – kam das Buch zu falscher Stunde, wurde also wenig gekauft. Kurz vor wie kurz nach dem Krieg hatten die Deutschen anderes zu besorgen. Der Band habe »kaum ein Gespräch erregt«, notierte der Kölner Stadtdechant Robert Grosche im *Hochland*. Kein Wunder. Œuvre und Autor, vom Alltäglichen weit abgehoben, fordern vom Leser herkulische Konzentration. Doch der Eindruck hermetischer Argumente, auf den die Rezensionen mit Paraphrasen reagierten, macht die Rückkehr der Sache wie der Sprache dieses Buches an den Ort und in die Zeit seines Ursprungs um so notwendiger.
Mit Worten wie Verhängnis und Verderbnis, wie Versagung und Verzweiflung meint Schwarz die Lage des Menschen, mit Worten wie Leere und Lücke die Aufgabe des Kirchenbaus, die der Architekt und Katholik – anders als die vollmundig bejahenden Zeitgenossen – letzten Endes für unlösbar hält. Wer sagt, das Eingeständnis der Unmöglichkeit sei Voraussetzung für die Arbeit am Entwurf einer Kirche, der glaubt nicht an das Heilende der Geschichte. Tatsächlich machte die Okkupation des Historischen durch die Nazis jeden Rekurs prekär. Während Wilhelm Pinder 1933 in seinem Vortrag *Die bildende Kunst im neuen deutschen Staat* dank Adolf Hitler die Wiedergeburt des ob seiner Geschlossenheit gewürdigten Mittelalters kommen sah, während Dominikus Böhm 1936 mit Sankt Engelbert in Essen und Albert Boßlet 1938 mit Sankt Salvator in Münsterschwarzach einer trutzigen Romanik huldigten, lehnt Schwarz solche Reprisen energisch ab. Derlei Kopien seien nur »Attrappe«, nur Suggestion des Sakralen, die statt nach dem Äquivalent nach der Identität einer früheren, allerdings herrlichen Epoche suche.

Lehrbücher des Kirchenbaus gehorchen der Gewohnheit. Sie reichen das Wissen von den Alten zu den Jungen. Nicht so der Band von Schwarz. Schon im Vorwort steckt der Vorwurf. Denn Romano Guardini sagt Man und denkt Ich, wenn er schreibt, im Traktat des Freundes rückten allgemeine Behauptungen an die Stelle von Erfahrung und Geschichte. Dabei wird die Beobachtung des Theologen durch die Lektüre bestätigt. Erstens: Wo der Autor von greifenden Händen und sehenden Augen als dem A und O wirklicher Wahrnehmung spricht, da teilt er die tabula rasa der Modernen; Architektur an und für sich sei Bauen aus der Gestalt, die zwar ein Vorher und Nachher, doch kein Warum habe. Zweitens: Wo die Erfahrung der Gesellschaft kaum noch ästhetische Areale hat, die frei von Kontamination durch Ideologie sind, da drängt nicht allein der literarische, sondern auch der architektonische Diskurs auf das Terrain von Natur und Mythos. Beide bindet und deutet die Gestalt. Deshalb taugt ihre Lehre auch so gut als Grundlage des Kirchenbaus. Die sieben »Pläne« von Schwarz meiden Riß und Schnitt; wo Altar und Bänke stehen, lassen sie nur ahnen. Abstrakte Schemata verräumlichen Verhältnisse zwischen Mensch und Gott. Es handelt sich um Architektur im Potentialis, erst um zirkuläre, dann um axiale, dann um aszendente Formen. Kreis/Halbkreis/Gerade/Halbkreis/Kreis oder Ruhe/Ausfahrt/Reise/Einfahrt/Ruhe oder Samen/Stengel/Blüte: Mit solchen Reihen schildert Schwarz Architektur als Analogon der Onto- und Biogenese, die er natürlich »Schöpfung« heißt. Erst am Ende des Buches kehren Worte wieder, die der Autor während seiner Jahre in Aachen häufiger benutzte. Man müsse eine Kirche wie einen Motor aus inneren Gesetzen ableiten. Das sei: »sakrale Sachlichkeit«.
Die Worte kehren wieder, aber mit verschobenen Bedeutungen. Wurde in den späten zwanziger Jahren die Sachlichkeit als Objektives und das Gebäude als Stereometrisches bestimmt, wurde in den späten dreißiger Jahren jenes als Authentisches und dieses als Choreographisches bestimmt. Die Lichtdome von Berlin und Nürnberg faszinierten den Architekten so stark, daß er die unter Leitung von Albert Speer realisierten, transitorischen Architekturen der Liturgie erschließen wollte. Übrigens, das Fluten der Massen begeisterte nicht allein politische Extremisten, sondern auch: Hans Scharoun. Auf den zahllosen Zeichnungen der Kriegsjahre wehen Bauten wie Tücher; vor und in den Hüllen scharen und schlängeln sich Mengen von Menschen; am Kreuzzeichen sind Großkirchen zu erkennen. Regt sich da schon die Feiertagsgesellschaft im Wirtschaftswunderdeutschland? Scharoun wird bei Schwarz nicht erwähnt. Warum auch. Von den lebenden Baumeistern gönnte dieser Autor nur einem Manne solche Ehre: Ludwig Mies van der Rohe. Jahre zuvor, in einem Brief an Werner Becker vom 1. Mai 1929, hatte Schwarz die Herausgeber der *Schild-*

genossen für den Gedanken gewinnen wollen, Mies um einen Beitrag gleich welchen Inhalts zu bitten. Ohne Erfolg. Erst in Heft 6/1935 wurde das Projekt von Haus Hubbe in Magdeburg dargestellt. Dafür bietet nun *Vom Bau der Kirche* unter dem Kursivtitel »Die Formel« eine wahre Hommage à Mies. Denn mit der Relation von Technik und Klassik, von Skelett und Membran, von Innen und Außen wandert sie durch ein Thema, das den 1938 nach Amerika Emigrierten wie keines beschäftigt hat.

So sehr das Buch Büchern aus ferner Ferne gleicht und Schwarz – um diesen Eindruck zu stärken? – mit der Nennung von Namen geizt, so sehr ist der Traktat ein Produkt aus dem Deutschland der braunen Horden. Die Sklavendiktion, der Opponenten folgen mußten, wenn sie das Imprimatur haben wollten, schimmert durch die Kritik am Geschmack der Herrschaft. Vom Sozialen isoliert, wird Religion zum Refugium. Plötzlich mutiert Hausbau zum Kirchbau und jedes Wohnhaus zum »Denkmal der Ehe«, wo sich das Alltägliche als Offenbarung geriert. Der Essay *Das Haus der Christen* in Heft 1/1940 der *Schildgenossen* wirkt ungemein verschroben, weil die Nostalgie der Familie Satz für Satz tränkt. Allein das Interesse am chinesischen und japanischen Wohnhaus, dessen Akkord mit der Natur seinerzeit auch Bruno Taut bewegte, zeugt von Aufgeschlossenheit trotz Eingeschlossenheit.

Daß er selber zuvor ein Haus nach dem andern entworfen und ausgeführt hat, das sagt der Briefschreiber dem Briefleser nicht. Bis zur Mitte des Jahrzehnts folgten diese Bauten den harten Formen, die Schwarz für die Wohnungen der Geistlichen von Sankt Fronleichnam gewählt hatte: glatte Flächen, scharfe Kanten, Türen und Fenster mit dem Raster spielend. Später tauchten Satteldächer und Fensterläden auf; die Körper wurden zwar nicht bodenständig, doch gefälliger und gediegener. Im Vergleich mit den Maskeraden scharounesker Organismen, also in Betracht der Komplexität von Haus Baensch oder Haus Moll in Berlin, erscheint diese Architektur konventionell. Aber winzige Ausbrüche – etwa das Freistellen der Fallrohre und das Vorkragen des langen Balkons auf dünnen Stützen über der Türe in den Garten von Haus Schiffner in Offenbach 1937 – sorgen hier und da für eine Verbindung des Raffinierten mit dem Komfortablen, die der Kollege Heinrich Tessenow wohl geschätzt hätte.

Die Aufträge schwanden mit dem Einmarsch deutscher Truppen in Polen und Frankreich. Aufgrund ihres raschen Erfolgs schuf die Aggression der Militärs einen Sog des Ja zum Reich, von dem auch Schwarz nicht frei blieb. *Die Schildgenossen* sprachen die Sprache der Mitläufer. Im letzten Heft – die Bezieher bekamen es im Mai 1941 – rezensiert der Redakteur ein Buch von

Werner Picht, dem Förderer der Volksbildung in der Weimarer Republik. Titel: *Der soldatische Mensch*. Alle Deutschen müßten nun den Charakter von Soldaten annehmen, sagt Picht. Und sagt Schwarz. Niemand habe noch das Recht auf ein nobles Leben; die Aufgabe entscheide. »Und diese Aufgabe wird hart sein, auch nach dem Sieg.« Im Juni 1941 beginnt der Architekt eine neue Karriere. Erst in Thionville, dann in Metz, dann in Saarbrücken leitet Schwarz den Auf- und Umbau des annektierten Lothringen.

Aufbauplan der Stadt Köln, 1948

Die Stadt um den Dom

Später hielt er die Zeit wohl für Glück im Unglück. Nach einem Dreivierteljahr bei den Pionieren und einem Dreivierteljahr in französischer Gefangenschaft kam Rudolf Schwarz Anfang Februar 1946 frei. Pendelnd zwischen Köln und Frankfurt, bahnte er sich neue Wege. Berufliche Möglichkeiten gab es nicht bloß an Rhein und Main. Angeboten wurden ihm auch Posten in Hamburg und Lübeck, in Karlsruhe und München. Und in Ulm. Dort hatte Inge Scholl, ältere Schwester der im Widerstand der Weißen Rose ermordeten Studenten Hans und Sophie Scholl, die Ulmer Volkshochschule gegründet. Am 13. Oktober 1946 trug sie Schwarz ein größeres Anliegen vor. Der Brief ist so kurz und knapp wie frank und frei. Sie habe ihn auf einer »wichtigen Besprechung« als den »Baumeister« der Donaustadt empfohlen; die Stellung sei gewiß, falls er kommen wolle. Doch Schwarz kam nicht. Als er dem »verehrten Fräulein Scholl« am 26. Oktober 1946 deutlich machte, daß auch andere Städte ihn zu gewinnen versuchten – weshalb er sich wie der Esel zwischen mehreren schmackhaften Heuhaufen fühle –, da hatte er sich eigentlich längst entschieden: für Köln. Denn die Domstadt war ihm Heimat, seit die Mutter dort lebte. Und nur hier, im Schatten des romanischen Mittelalters, also im Halbkreis von Sankt Kunibert im Norden bis Sankt Severin im Süden, konnte Alltag werden, was Schwarz vor Augen schwebte: die Utopie katholischer Urbanität.
An der Umsetzung dieser Vorstellung in ein zur Wirklichkeit taugliches Vorhaben arbeiteten der Generalplaner und die ihm unterstellte Wiederaufbau GmbH von Ende 1946 bis Anfang 1952. Der Kirchenbauer und Landesplaner sah sich für die riesige Aufgabe nicht zuletzt durch sein Buch *Von der Bebauung der Erde* gerüstet. Das Hauptstück des Bandes resümiert und abstrahiert die Lothringer Planungen und entstand bereits während der zweiten Hälfte des Krieges. Vorne und hinten um je ein Kapitel ergänzt, erschien das Werk 1949. Das Buch ist lang. Und lang sind seine Sätze; auf Seite hundert quält sich ein Bandwurm über zwanzig Zeilen. Dank solcher Worte wie »Gegangenheit« und »Zergangenheit« neben der uns geläufigen Vergangenheit klingt das Vokabular mitunter so prätentiös wie die Sprache der Hütte bei Todtnau. Man-

ches hüllt sich in Rausch und Rauch; Homiletisches und Tautologisches bedingen einander. Obwohl mit kunstvollen Zeichnungen bereichert, fand der Band kaum Käufer, wie der Verleger Lambert Schneider mehrfach klagte. Allein, aus den USA schrieb Martin Wagner dem Autor am 4. März 1950, das Werk habe ihn »von der ersten bis zur letzten Seite gefesselt«.
Ob Wagner dieses Lob auch auf die Einleitung bezog? Was Schwarz unter dem Titel »Raumplanung« notiert, das läßt sich – die Genauigkeit der Wissenschaft mißachtend – als grün und rechts bezeichnen. Schwarz betrachtet die Erde als Oikos und wünscht ihr das Vorgehen der Haushälter, die mit dem Bestand zu rechnen wissen. Die Gesellschaft folge nicht dem Rousseauschen Sozialkontrakt noch der Hegelschen Dialektik; sie bedürfe einer »völkischen« und »ständischen« Ordnung. Darin müsse der Planer Herrscher und Diener in einer Person werden; sein Platz sei landauf landab und reiche von den tiefsten Wurzeln zu den höchsten Wipfeln. Mit der Erwähnung Lothringens schwenkt der Autor auf ein neues Thema um: das Wesen der Deutschen. Hatte das Buch *Vom Bau der Kirche* noch mit Anstrengung und Versenkung jede Nähe zum Jargon der Nazis gemieden, so spürt man nun, wie stark die Jahre in der »Westmark« das Denken getrübt haben. Plötzlich hantiert Schwarz mit zugleich ordinären und barbarischen Argumenten, die Aggression und Expansion entschuldigen. Seine Rede von den Deutschen als einem großen Volk auf kleinem Raum, sein doppeltes Verlangen nach Harmonie und Destruktion, ja seine Wollust an Kitsch und Tod oder Sätze wie »Gestellt auf das Schwert ist das Reich« geben dem Heutigen, der Gewohnheit zu eiliger Verdammung entwachsen, die Schwierigkeit der Erklärung auf. Was lesen wir? Meinungen eines Verstörten, den die Konfrontation mit der Realität des Holocaust zu Abwehr nötigt statt zu Trauer befreit?
Ähnliche Gedanken über die Deutschen hatte Schwarz schon in einem Brief an Eugen Kogon geäußert. Nachdem er dessen Essay *Gericht und Gewissen* in der ersten Nummer der *Frankfurter Hefte* studiert hatte, schrieb er dem Verfasser des Aufsatzes am 20. Mai 1946, Deutsche und Juden seien von Gott zum Höchsten berufen gewesen, hätten aber ihre Berufung verfehlt und müßten künftig beide wie »Ahasver« durch die Lande streifen. Kogon antwortete am 12. Juli 1946. Wütend hätte er den Mythomanen in die Schranken weisen können. Doch nein, gelassen wies der Publizist die Vorstellung von einer Mission der Deutschen zurück; die Reichsidee sei nicht erst seit 1933 »vertan«.
Ein sensibler Redakteur hätte Schwarz geraten, auf politische Instruktionen zu verzichten und gleich zu Beginn des Bandes *Von der Bebauung der Erde* jenes Loblied auf den Erdball zu singen, das dem heiklen Kapitel über die

Georg Meistermann, Zeichnung aus dem Buch *Am Museum*, Köln 1949

Ordnung des Raumes folgt. Das polyphone Jubilate der Geologie – diese schöne Rede von Becken und Buchten, Flechten und Flözen, Kämmen und Küsten, Schlingen und Schluchten! – hat zum Continuo eine Analogie. Das Geschichte der Mauern und die Geschichte der Menschen seien wie eins. Und als ob der Autor spüre, daß jedes Farnkraut und jeder Weißkohl vom Kleinen zum Großen durch und durch eigenähnlich bleibt, sieht er die Formen der Natur allenthalben aus dem Immergleichen, aus dem »Stufenturm als Weltgestalt« wachsen. 1928 hatte die *Wegweisung der Technik* ihre Leser mit vier »Werdewünschen« bekannt gemacht, mit der Wohlfahrt, der Herrschaft, der Bildung, dem Gebet. Nun heißen die Werdewünsche »Werdeworte«. Die Wohlfahrt heißt Arbeit; die Herrschaft heißt Hoheit. Neu ist nur, daß Schwarz die angenommene Hierarchie des Sozialen und die angenommene Hierarchie des Natürlichen durch das Zeichen der Gleichung einfach verknüpft. Die Arbeit sei auf dem Lande, die Bildung auf den Hügeln, die Hoheit auf den Bergen, das Gebet auf den Gipfeln. Auf schmalen Höhen und in dünnen Lüften steht der Mensch vor Gott wie »Der Wanderer über dem Nebelmeer« eines Caspar David Friedrich.

Und die Stadt? Die sei der Ort, wo Landschaft dichter und dichter wird, wo Arbeit und Bildung, Hoheit und Gebet einander Tag für Tag begegnen. Stadt und Land hätten, durch die schleunige Entwicklung von Ökonomie und Technologie, ihre starre Grenze mählich gelöst. Doch habe die trübe Mischung des Urbanen und Ruralen auch Vorteile. Denn die Peripherie entlaste die Metropole vom Schmutzigen der Arbeit und vom Niedrigen der Masse – »Manche freilich müssen drunten sterben« seufzte droben Hugo von Hofmannsthal – und erlaube den alten Mitten die Rückkehr in das Stille. So könne sich im Stadtherz die »Hochstadt« bilden. Sie sei wie früher, möge folglich allein seltenen und kostbaren Nutzungen dienen. Freiheit meint dort laut Schwarz nicht jenes Gefühl des Unbetroffenseins und Unbehelligtseins, das in den Feuilletons der Flaneure oft gewürdigt wurde. Nein, die Hochstadt braucht die Gemeinde der Besseren; sie braucht das Reservat der Eliten.

Wer 1949 das Werk *Von der Bebauung der Erde* las, dem ging es wohl nicht anders als dem Leser von heute. Das Buch ist fern. Und so negativ die Reaktion auf sein erstes, so positiv die Reaktion auf sein letztes Kapitel. Gedruckt schon 1947 in der neuen Zeitschrift *Baukunst und Werkform*, steht dieser Essay unter dem Titel *Das Unplanbare* quer zum Frischwärts der Planer jener Jahre. Man dürfe die Erde nicht zum Ganzen machen wollen und müsse Städtebau rückgängig machen können. Vor die Wahl zwischen Kristall und Chaos gestellt, hebt Schwarz die Hand für die Anmut des Wirren. Sein Plädoyer für Planwerk als Stückwerk, für das Nebeneinander des Unvereinbaren negiert die Order zur Ordnung, die den Band bis dahin bestimmt. Es ist, als ob der Autor Karl Raimund Poppers *Die offene Gesellschaft und ihre Feinde* studiert hätte, um den Chiliasmus der Utopiker zu kritisieren. Erst auf den allerletzten Seiten fällt Schwarz aus englischem Pragmatismus in deutschen Pessimismus. »Schaffen heißt sinken.« Sagt er. Und schweigt.

Mit dem Kölner Alltag hatten solche Sätze wenig gemein. Denn Ideen und Pläne für den Aufbau der Großstadt am Rheinstrom gab es hier, lange bevor die letzten Bomben fielen. Im Sommer 1945 lagen Oberbürgermeister Konrad Adenauer zwei Memoranda in Köln ansässiger Architekten vor, eines von Karl Band und eines von Wilhelm Riphahn. Band war eher der Tradition, Riphahn eher der Moderne verpflichtet; Band dachte eher an Heimat, Riphahn eher an Verkehr. Und wenn es um Architektur ging, zielte Band eher auf Rekonstruktion, Riphahn eher auf Typologie. Ausgreifender als die handlichen Vorschläge der Architekten waren zwei Bücher, die zwar noch während des Krieges verfaßt, doch erst 1946 gedruckt wurden. Eines stammt von dem Publizisten Carl Oskar Jatho und heißt *Urbanität. Über die Wiederkehr einer Stadt;* eines stammt von dem Journalisten Hans Schmitt und heißt *Der Neuaufbau der Stadt Köln*. Jatho läßt eine Gruppe melancholischer Intellektueller in einem als Wohnhütte genutzten Bienenhaus auf einem Weinberg im Rheintal an einem sommerlichen Nachmittage über die Kölner Zukunft räsonieren. Urs und Ursula, Severin und Sibylle sowie Der Fremde träumen von Köln als einem »Stadtkunstwerk«, das im Grunde keiner spezifisch kulturellen und spezifisch politischen Institution, schon gar keiner touristischen Attraktionen bedarf, weil die kölnische Gesellschaft in der Ordnung Gottes lebt. Deshalb müsse die ganze Mitte um die romanischen Heiligtümer eine große stille »Immunität« werden. Auch Schmitt wünscht allen Verkehr aus dem Halbkreis der Altstadt verbannt, die er gehobener Kultur und gehobenem Kommerz widmen möchte. Arkaden, Passagen und Terrassen sowie Wohnhäuser mit Flachdächern und Dachgärten sollen künftig das Flair der Stadt bilden.
Trotz des Unterschieds zwischen Band und Riphahn als Bauenden einerseits, Jatho und Schmitt als Schreibenden andererseits: Die vier Herren teilen manche Meinung. Alle wollen den Kölner Grundriß wahren, die enge Hohe Straße also nicht breiter machen. Alle wollen ein Zentrum, aber keine City. Alle wollen Grundstücke enteignen, um besser planen zu können. Alle wollen Gebäude wie das Domhotel, das mit den Formen des Barock ein so üppiges wie prächtiges Spiel treibt, lieber heute als morgen abreißen und statt Historismus moderat moderne Architektur. Alle wollen die Dombrücke und den

Beginn der Schreinprozession an Sankt Maria Lyskirchen, Köln 1948, Foto: Theo Felten

Hauptbahnhof verlegen, weil sie den Norden der Altstadt mit Sankt Ursula und Sankt Kunibert von den südlichen Partien trennen. Was der elsässische Expressionist Ernst Stadler mit seinem Gedicht *Fahrt über die Kölner Rheinbrücke bei Nacht* 1914 noch feierte – die Attacke der Lokomotive auf das Sanktuarium, der Profile auf die Fialen –, das hielten Jatho und Schmitt für einen Frevel am Glauben. In der gewaltigen Eisenbahn hatte ihr durch die Erfahrung des Nazismus geprägter Affekt gegen alles Preußische und alles Technische wohl das rechte Objekt gefunden.
Keine Frage, Schwarz kannte Konflikt und Konsens von Band bis Schmitt. Manche Idee und manches Detail seiner Planung beruht auf deren vorlaufenden Vorstellungen. Was er selber dachte und was Jatho dachte, das ähnelt der Opposition von Argumenten, bei welcher hier der Pragmatiker und dort der Idealist sich äußert. Doch auch bei Schwarz leuchtet am Horizont die Utopie. Sonst hätten nach seinem Referat *Gedanken zum Wiederaufbau von Köln* – gehalten anläßlich einer Tagung des Deutschen Verbands für Wohnungswesen, Städtebau und Raumplanung im April 1947 – die Zuhörer nicht so aufbrausend und anhaltend geklatscht. Sonst hätte der Hessische Staatsminister Gottlob Binder auch nicht für die »Andacht« und die »Ehrfurcht« gedankt, die der Redner zu wecken vermocht habe. In der Tat enthalten die Gedanken von Schwarz, erläutert kaum ein Halbjahr nach Beginn seiner Arbeit am Kölner Auf- und Neubau, beinahe sämtliche Grundzüge jenes Projekts, das erst 1950 mit der vorzüglich redigierten Publikation *Das Neue Köln. Ein Vorentwurf* außerhalb der Fachkreise bekannt wurde.
Erstens: die politische Föderation größerer und kleinerer, links- und rechtsrheinischer Kommunen zu einem Städtebund. Zweitens: die Hochstadt als Ort des Hohen mit den die Altstadt gliedernden Kirchspielen. Drittens: die Auffassung eines mal museal, mal maschinell bestimmten doppelten Alltags, dem die strikte Trennung des Verkehrs, das meint der Wege auf Füßen und der Wege auf Rädern, Geltung verschafft. Viertens: die Konzeption einer Architektur, die auf Rekonstruktion verzichtet und die »fränkische Gesinnung« etwa des Kölner Drei-Fenster-Hauses entwickelt. Fünftens: die Gründung einer durch Industrieproduktion beherrschten Nordstadt für gut dreihunderttausend Einwohner, deren Anfang die Gemeinde Fühlingen mit vierzigtausend Bewohnern bildet. Sechstens: der Vorschlag organischer Wohnviertel statt monotoner Siedlungen, wobei das Bourneville des englischen Schokoladefabrikanten Cadbury als Beispiel dient, jeder also im eigenen Hause mit eigenem Garten lebt. Siebtens: die Landschaftsplanung der Trümmerberge am grünen Gürtel und die Gestaltung der Rheinufer.

Von Süd nach Nord läuft durch Köln eine Bewegung der Landschaft und Nutzung, die mit der Villa in Koblenz anfängt und mit der Fabrik in Duisburg aufhört. Denkt man an die Viererreihe der Werdewünsche oder Werdeworte – im Vortrag von 1947 heißen Wirtschaft/Bildung/Hoheit/Gebet schlicht »Ursachen« – und denkt man an die Entsprechung von Bedeutung und Ansiedlung dieser Dienste aus dem Buch *Von der Bebauung der Erde,* dann fällt auf, daß die Kölner Planung dieser Logik folgt. Die Wirtschaft ist im Norden bei Chorweiler, die Bildung im Süden bei Lindenthal, die Hoheit am Alten Markt, das Gebet am Dom. Schwarz wollte die linke und die rechte Hälfte der Stadt mit Straßenschwüngen umgeben, die ein falsches S geformt hätten, das den urbanen Nukleus vom Durchgangsverkehr befreit hätte. Dort sollten die neun Kirchspiele von der Nord-Süd-Straße und der West-Ost-Straße sowie von weiteren Fahrbahnen nur umrandet, nie durchzogen werden. Das Terrain rund um die Kirchen sollte ja der humanen und nicht der technischen Seite des Menschen gewidmet sein.

Plötzlich stehen wir mitten in der Hochstadt. Leider seien die alten kölnischen Familien an die grünen Ränder und leider sei »entwurzeltes« Volk in die alten Häuser gezogen. Die Hochstadt müsse aber von denen bewohnt werden, die für das Ganze das Hohe leisten, weshalb Schwarz auch keine Skrupel hatte, für soziale Segregation zu plädieren. Das Höchste des Hohen sei die Metropole an der Kathedrale. Den Planenden ärgerte schon, daß der Domhügel im Kaiserreich unter Stufen und Straßen verschwunden war. Um das Areal wieder zum geistigen Eigentum der Katholiken zu machen, trug sich Schwarz 1947 mit der Idee einer Aufwertung des Geländes: nordwestlich vom Dom durch eine als Universitas und Monasterium gedachte Akademie, die in Sankt Andreas das Erbe des in der Krypta ruhenden Gelehrten Albertus Magnus hüten möge; südöstlich vom Dom durch ein Gehäuse für kultische Objekte, die dort wie in einer Sakristei bewahrt werden müßten und nicht wie in einem Museum gezeigt werden dürften, auf daß ihr Eigentliches, das Religiöse und nicht das Ästhetische, wieder vor aller Augen treten könne. Obwohl die Kathedralsakristei dem Diözesan-, dem Schnütgen- und dem Wallraf-Richartz-Museum ihr Wertvollstes entrissen hätte, hielt Schwarz noch zehn Jahre später, beim Internationalen Städtebaulichen Ideenwettbewerb Domumgebung, an dieser Sache fest. Sein Interesse galt primär den beiden Plätzen an der westlichen und südlichen Seite, wo die Fronleichnamsprozession mit dem Segen des Bischofs enden sollte. Für die schwierige nördliche und östliche Seite aber hatte Schwarz keine Lösung. Er hängte sie ab, mehr nicht. Das Wimmeln der Menschen vor dem Hauptbahnhof und der Wagen auf der Trankgasse im Norden sowie das An- und Abfahren auf den riesigen Stellflächen im Osten

Karl Band und Hans Schilling, Umbau und Neubau von Bürgerhäusern in der Kölner Altstadt, 1951

verbarg er hinter langen Riegeln, weil solche Nutzungen seiner Vorstellung von einer stillen »Kircheninsel« heftig widersprachen. Wo bei Schwarz nur die Omnibusse und Limousinen der Touristen verkehrt hätten, wäre nach dem Projekt der Kölner Fritz Schaller und Hans Schilling eine lockere Formation von Wohnungen und Geschäften entstanden. Das Terrain zwischen Dom und Rhein dürfe nicht als Parkraum mißbraucht werden. Doch das war gegen die Vorgaben der Auslobung! Und brachte nur einen Ankauf. Schwarz indes bekam den Zweiten Preis. Und war sicher, daß seine Vorschläge verwirklicht werden würden. Noch in seiner Monographie *Kirchenbau. Welt vor der Schwelle* ruft er laut: »Die Großstadt ist tot, es lebe die Hochstadt!«

Das war 1960. Doch kehren wir an den Beginn der Planung zurück. Als im März 1945 die Amerikaner in Köln einrückten, wohnten links- und rechtsrheinisch noch etwas über hunderttausend Menschen. Neun Zehntel der Altstadt lagen in Trümmern; zweiunddreißig Millionen Kubikmeter Schutt füllten die Straßen und Plätze. »Schöppe schöppe es jitz Trump!« hieß es in einem Schlager, der die Kölner beim Ehren- und Sühnedienst der Aufräumung munter machen wollte. Gut drei Jahre nach Ende des Krieges waren die Straßen wieder sauber. Im August 1948 feierte Köln das Jubiläum der Grundsteinlegung seines Domes vor siebenhundert Jahren. Als ob es um die Exequien für Tausende Verschütteter und Verschollener ginge, bahrte man die Gebeine der Heiligen an der Ruine von Sankt Maria Lyskirchen auf. Von Trümmerhügeln und aus Fensterlöchern schaute die Menge auf die purpurne Prozession. Männer senkten die Köpfe, Frauen zogen die Hüte, Kinder beugten die Knie, als die Geistlichen hinter Vortragskreuzen und Weihrauchfässern mit den Schreinen der Toten über den Heumarkt und den Alten Markt zur Kathedrale zogen.

Derweil hatten das Bahnhofs- und das Bankenviertel im Nordteil der Altstadt sich schon kräftig belebt; wo Geld fließt und Leute strömen, kommt alles schneller voran. So provisorisch die Herrichtung einzelner Gebäude und der Schienen und Straßen auch war, so sehr hinderten diese Maßnahmen die Vorschläge zur weiteren Entwicklung. Schwarz und sein Stab machten den Plan des altstädtischen Wiederaufbaus im Herbst 1948 in der Deutzer Messe publik. Besucher dieser Kundgebung staunten, daß die Westseite der Dombrücke nicht mehr axial auf das Polygon der Kapellen führte, sondern ein Stück nach Norden gerückt war. Mehr noch staunten sie, daß der Hauptbahnhof seine Stellung hatte räumen müssen und sich an den Hansaring hatte drängen lassen. Bravo und Beifall tönten durch die Halle. Denn aus der Gewalt ihres lauten Nachbarn befreit, stand die größte Kölner Kirche wieder

H. Waltenberg/O. Schmitt/H. Brunner, Hauptbahnhof Köln, 1957, Foto: Karl-Hugo Schmölz

allein. Niemand außer ihrer gotischen Herrlichkeit bestimmte die Bedeutung der Umgebung.
Am 9. Oktober 1948, drei Tage nach der Präsentation des Generalplans, wandte sich Schwarz in einem Brief an Ludwig Mies van der Rohe. Ja, der Glaube an die Visionen der Modernen falle ihm schwer. »Furchtbar viel Gewachsenes« sei »roh zerstört« worden, »jede Erinnerung an das Gewesene kostbar«; wobei der Autor primär an die Blessuren der Gesellschaft und nicht an die Ruinen der Gebäude dachte. Den Kölnern nah, den Planern fern? In einem winzigen Augenblick mangelnder Sicherheit machte Schwarz sich Sorge. Dieser Abstand zu den Konzepten der Kollegen in anderen Großstädten! Würde der Emigrant in Chicago seine Planung gutheißen? Schwarz bat um Kritik; aber dazu kam es nicht. Mies war Mies. Und schwieg.
Fehl schlug das Projekt, die Dombrücke zu verschieben und den Hauptbahnhof zu verlegen. Fehl schlug auch das Projekt, die neue Nord-Süd-Straße möglichst geschlängelt und gewinkelt durch die Mitte zu führen, damit keiner die glatte Bahn zur raschen Fahrt durch die teure Altstadt nutze. Die Gründe für solches Scheitern sind von Mal zu Mal verschieden; stets haben sie erstens mit dem Vorrang des persönlichen vor dem öffentlichen Eigentum und zweitens mit dem Fetisch Auto zu tun, dessen Lobby in den westdeutschen Großstädten für immer längere und breitere Straßen sorgte. Hätte man bei siebenundfünfzig Kraftfahrzeugen pro Tausend Kölner im Jahr 1952 ahnen können, daß später jeder Dritte oder Vierte ein Auto haben würde? In seinem Essay über *Das Unplanbare* hatte Schwarz einen reversiblen Urbanismus gefordert, der den Konflikt zwischen dem Utopiker und Realisten in einer Person eigentlich erträglich hätte machen können. Doch Schwarz – viel zu häufig Mann der Provokation, viel zu selten Mann der Diplomatie – kam mit Frustration und Turbulenz als Element kommunaler Aktivität nicht gut klar. Daß er zur Baukunst mehr als zum Stadtbau neigte, ja daß er genuin Architekt war, muß er bald gespürt haben, spätestens nach den Wettbewerbserfolgen etwa um den Aufbau des Gürzenich oder den Neubau des Wallraf-Richartz-Museums. Dem sozialdemokratischen Bürgermeister Robert Görlinger schrieb er am 25. Februar 1952, er habe die Kölner Planung »in der hohen Hoffnung auf eine neue Ordnung begonnen, die auch dem kleinen Mann seinen Platz an der Sonne geben sollte«. Übrig werde bleiben, daß die Autos »besser durch unsere Stadt fahren können«.

Nach Joseph Stübben im letzten Viertel des neunzehnten und Fritz Schumacher im ersten Viertel des zwanzigsten Jahrhunderts war Schwarz der dritte große Planer von Köln. Davon ist Stübben mit den Neustädten und Ringstraßen besonders sichtbar, Schumacher mit dem Grüngürtel weniger sichtbar. Und Schwarz? Auf den ersten Blick scheint es, als habe er im städtischen Gewebe keine Fäden und keine Knoten gelassen, was angesichts der gewaltigen Möglichkeiten nach den ungeheuren Zerstörungen erstaunt. In Heft 11/1960 der Londoner Fachzeitschrift *Town and Country Planning* schrieb Ernest Thomas Greene, Dozent am Massachusetts Institute of Technology, er habe den Dom schon durch die gläserne Fassade des schwungvollen Hauptbahnhofs bewundert und sei dann voller Neugier durch die Hohe Straße und die Schildergasse zum Neumarkt geschlendert. Aber der Eindruck eines wie vorläufigen, wie zufälligen Aufbaus habe ihn schließlich enttäuscht. Suchte der junge Greene vielleicht die eine starke Geste, die – bei aller Differenz – der Prinzipalmarkt in Münster und das Hansaviertel in Berlin gemein haben? Schwarz hätte dem Fremdling aus Cambridge mit der ganzen Verve seiner Worte sagen können: erstens, daß der Eigensinn des Kölnischen aus der zugleich institutionell und architektonisch mächtigen Gegenwart der Kirche rühre; zweitens, daß diese Präsenz das Vergleichen einerseits mit dem eher auf Tradition bedachten Vorgehen in Nürnberg und Freiburg, andererseits mit dem eher auf Moderne bedachten Vorgehen in Braunschweig und Kassel verbiete; drittens, daß am Ende der Broschüre *Das Neue Köln* Carl Oskar Jatho von »Dignität« gesprochen und früher sogar gefordert habe, das Gebiet der zwölf großen Kölner Kirchen immun zu machen. Der Planer hätte gestutzt und gefragt, ob denn das westdeutsche Grundgesetz in Köln nicht gelte. Schwarz hätte die kleine Frechheit sofort gespürt. Er hätte die frommen Wünsche von Jatho zwar sympathisch, doch irreal nennen und dann – um das Thema zu wechseln – dem Autor an ein paar Bauten von Karl Band die Typologik des Kölner Geschäftshauses zeigen können: schmaler Rechtkant mit Erdgeschoß und drei oder vier Obergeschossen; Fachwerk mit tiefliegenden und hochstehenden Fenstern samt Brüstung; spitzes Walmdach, das gleich in Höhe der Traufe nach hinten springt. Nur die Inseln um die Kirchen hätte Schwarz bei der Führung besser nicht erwähnt. Der Gast hätte die hohen Anteile von Wohnungen bei den Gebäuden um Sankt Maria im Kapitol sicher freundlich bemerkt. Aber »ins Stille gebracht« war da nichts. Auf der West-Ost-Fahrt der Pipinstraße rauscht der Verkehr Richtung Deutzer Brücke. Erst in den siebziger Jahren entstand nördlich von Groß Sankt Martin mit den Giebelhäusern von Joachim und Margot Schürmann ein Ensemble, das mitten im Klang der Stadt eine jener Inseln schuf, die Schwarz in der Altstadt um alle Kirchen gewünscht hatte.

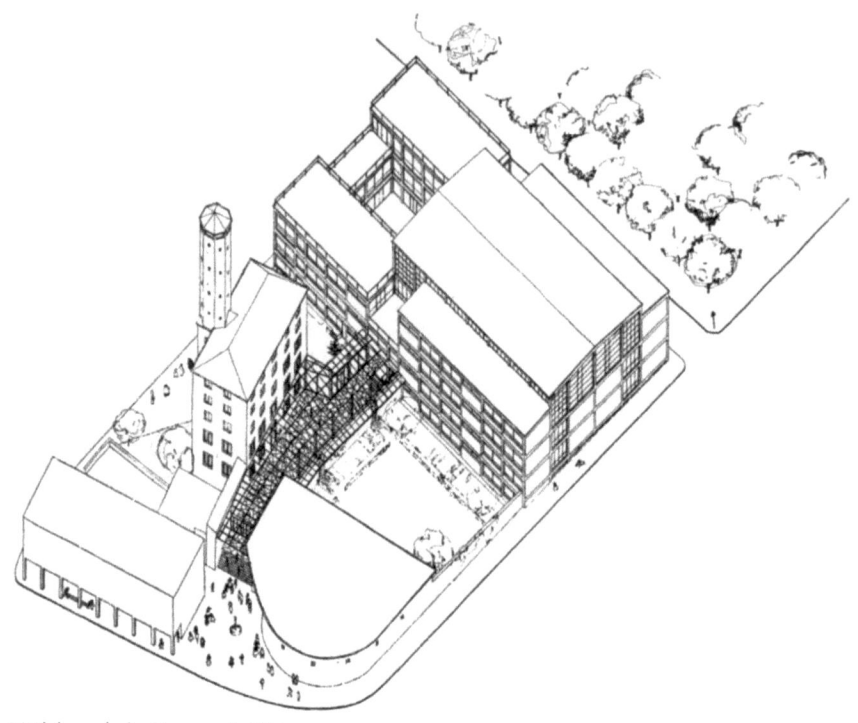

Mädchenschule, Darmstadt 1951

Meinung machen

Auferstehung der Kultur in Deutschland? Schon das Fragezeichen gab die Antwort: Nein. In Nummer 5/1950 der aus dem Geist katholischer Opposition gegründeten *Frankfurter Hefte* schilderte Theodor W. Adorno auch seine Wahrnehmung einer Hochschule. Im Herbst 1949 aus Amerika nach Europa gekommen, rührte ihn der an geistigem Bedürfnis und geistiger Entbehrung reiche Alltag von Dozenten und Studenten. Doch die Leidenschaft in den Hörsälen schien dem Soziologen und Remigranten verdächtig geborgen. Der ästhetischen Aktivität selbst in den großen deutschen Städten eigne etwas Epigonales und Provinzielles. Statt nach dem Warum der jüngeren Geschichte zu forschen, suche man »Schutz beim Herkömmlichen und Gewesenen«.
Adorno meinte Frankfurt. Hätte er auch Köln meinen können? In der Hoffnung auf den Sitz von Regierung und Parlament der künftigen Republik hatte man am Main mit dem Aufbau der Paulskirche durch Rudolf Schwarz und mit dem Neubau des Plenarsaals durch Gerhard Weber starke Zeichen gesetzt. Am Rhein fehlten solche Gesten. Allein im Staatenhaus der Kölner Messe, über die Dombrücke auch von der linken Flußseite wieder mühelos erreichbar, gab es zaghafte Versuche, das Publikum für die Moderne zu gewinnen. In der zweiten Jahreshälfte 1948 gab es dort »Christliche Kunst der Gegenwart« und »Schweizerische Architektur«, in der ersten Jahreshälfte 1949 gleichzeitig »Deutsche Malerei und Plastik der Gegenwart«, von der Redaktion *Baukunst und Werkform* »Deutsche Architektur seit 1945« und vom Deutschen Werkbund »Neues Wohnen«.
Am eifrigen Nachholen des Versäumten war auch Schwarz beteiligt. Für das schmale Beiheft der Ausstellung mit über fünfhundert Fotos und Plänen von Schweizer Bauten der dreißiger und vierziger Jahre schrieb er einen kurzen Essay unter dem Titel *Helvetia docet*. Was die Schweiz damals lehrte, lehrte schon das bloße Blättern in der Zeitschrift *Werk*. Auf ihren Seiten bot sich das Bau- und Kunstschaffen des Landes Monat für Monat in Worten und Bildern von hohem Geschmack. Daß die Bindung an das Ganze persönliche Unterschiede erlaube, daß die besseren Gebäude bis zur winzigen Einzelheit klaren Ausdruck hätten, daß die Eigenschaft des zugleich Wert- und Maßvollen vom

Diktat der Mode befreie, all das lobte Schwarz in warmen Tönen. Diese Merkmale des Gebauten – fünf Jahre später wird der Architekt Max Frisch die Schweizer Freude an Qualität durch Kompromiß als den Verzicht auf das Wagnis des Neuen glossieren – fand der Autor etwa im Bürgerspital Basel von Hermann Baur und Hans Schmidt oder in der Universität Fribourg von Fernand Dumas und Denis Honegger. Zum Vokabular der drei Fakultäten gehören die betonierte Kassette und die betonierte Kannelur aus dem Œuvre von Auguste Perret. Schwarz mochte die Mixtur von Klassik und Raster. Auf einer Reise durch Frankreich konnte er im Mai 1949 das Musée des Travaux Publics in Paris bewundern und Perret im Büro besuchen. Mit fünfundsiebzig Jahren war der alte Mann noch aktiv; Projekte für Le Havre und Amiens lagen auf dem Tisch.

Die Reise, an der übrigens auch Richard Döcker aus Stuttgart und Otto Ernst Schweizer aus Karlsruhe teilnahmen, war kein Vergnügen von Touristen mit Interesse für Architektur, sondern die Exkursion einer kleinen Runde westdeutscher Fachleute, der die Militärregierung im Verlauf einer Woche zeigen wollte, nach welchen Ideen und Plänen sich der Aufbau von Stadt und Land in Frankreich vollzog. Vor dem Rat der Stadt Köln faßte Schwarz seinen Eindruck von Urbanismus und Architektur der Grande Nation in einen Bericht, der gleich zu Beginn die politische und kulturelle Isolation der Deutschen eine Gefahr nannte, die der Entwicklung Europas drohe. Noch im August 1951, beim zweiten »Darmstädter Gespräch«, das sich unter Leitung Otto Bartnings dem Thema »Mensch und Raum« widmete, war deutlich spürbar, daß die Deutschen im Abseits standen. Die Teilnehmer dieser Folge von Lektionen und Debatten stammten aus dem Kreis derer, die während des Hitlerregimes zwischen Anpassung und Widerstand sich behauptet oder als Mitläufer sich erwiesen hatten. Berühmt wurde Martin Heideggers Vortrag unter dem Titel *Bauen Wohnen Denken*. Der Schwarzwälder Philosoph wünschte Heimat für die materiell Wohnungslosen wie für die spirituell Obdachlosen und führte seine Rede in einem Jargon, der den Widerspruch einholte wie der Igel den Hasen. Allein Dolf Sternberger, unter den politischen Publizisten durch seine Artikelserie *Aus dem Wörterbuch des Unmenschen* bekannt, warnte vor der Liebe zur Scholle und wollte Mobilität statt Quietismus.
Dem Architekten und Protestanten Bartning hatte Schwarz am 4. Juni 1951 geschrieben: erstens, daß echte Baukunst nur in Sakralformen sei; zweitens, daß diese Meinung »katholisch und dogmatisch« sei. Was der Kölner Planer dann in Darmstadt vortrug, mied solchen Grundsturz. Beinahe beliebig schöpfte sein Kopf aus dem Katalog der Themata, die das vage Rubrum

Fernand Dumas und Denis Honegger, Universität Fribourg, 1941

Mensch und Raum möglich machte. Mit den älteren und jüngeren Kollegen teilt er den Haß auf die Stadt des neunzehnten Jahrhunderts – »Die Welt lag in Gittern und Kerkern« –, doch nicht seine Ablehnung des Funktionalen auf der einen, des Organischen auf der andern Seite der Profession. Auch nicht seine Auffassung von der Bedeutung kirchlicher Gebäude als der wahren Stätten des Hohen. Und auch nicht seine Vorstellung, ohne Heirat und Ehe komme niemand zu einem guten Hause. Zu schweigen vom Ideal der Transparenz wandhoher Glasflächen, über die Schwarz kaum so gespottet hätte, hätte er schon jenen luftigen Bungalow auf grüner Wiese gekannt, der wenig später unter dem Namen Farnsworth House zur Ikone des Fragilen wurde.

Wie 1901 die Ausstellung »Ein Dokument deutscher Kunst« in der Künstlerkolonie auf der Mathildenhöhe die Besucher mit wirklichen Gebäuden samt wirklicher Einrichtung lockte, so 1951 das Darmstädter Gespräch wenigstens mit Entwürfen. Elf »Meisterbauten«, davon allein sechs Schulen, sollten das Gesicht von Darmstadt prägen. Schwarz projektierte eine Doppelschule für die allgemeine und berufliche Bildung junger Mädchen. Wäre sie gebaut worden, sie stünde in der Achse zwischen dem Ludwigsplatz im Westen und dem Kapellplatz im Osten. Ihr Eingang läge an der von Nord nach Süd laufenden Kirchstraße, würde die Bewegung der von West nach Ost laufenden Schulstraße aufnehmen, mit einem gläsernen Wandelgang fortsetzen, mit einem kräftigen Geschoß- und Rasterbau abschließen. Links vom Entree wäre ein Rechtkant mit Bürgersteig als Bogengang, rechts vom Entree das Vollrund einer Turnhalle zu sehen. Ginge man weiter, träten links ein Stück Stadtmauer aus Bruchsteinen und das Pädagog, rechts ein Spielhof vor Augen. Im 1629 erbauten Pädagog – die Architektur des Gymnasiums war seit dem Krieg nur Ruine der Renaissance – hätten Direktoriat und Sekretariat sowie die Bibliothek ihren Ort. Nach wenigen weiteren Schritten käme man in den auffällig gerasterten und gestaffelten Hauptbau, dessen Grundriß einem großen H gliche, der gerade Querbalken als Fortsetzung des gekrümmten Wandelgangs, der vordere westliche und der hintere östliche Längsbalken für je eine der beiden Schulen mit dem Drum und Dran ihrer Klassen- und Wirtschaftsräume. Am schönsten wäre wohl die Pausenhalle zwischen den Südteilen der Längsbalken. Die Mädchen sähen vom ersten in das zweite und dritte Obergeschoß bis unter die Decke mit breitem Fensterband und flachem Satteldach. An den langen Seiten dieser lichten Aula würden Treppen und Flure alles tun, um den Ausdruck von Galerie nicht durch den Eindruck von Korridor zu stören.

Bei irgendeiner Feierstunde würden die Mädchen von beiden Galerien nach unten schauen und Iphigenie klagen hören. An den Schluß der Erläuterung seiner Doppelschule gerückt und mit dem gewünschten Gelächter der Zuhörer bedacht, war die Phantasie des Klassischen doch kein Hohn und Spott auf den Bildungsbürger. Nein, daß an der Kirchstraße südlich der Stadtkirche Flachbauten wegen der Dichte des Programms und der Steigung des Terrains nicht in Frage kamen, schuf der großen Form erst den rechten Grund. Vom Niederen zum Höheren wüchsen Gebäude und Bedeutung. Unten das Entree, oben die Aula: Schwarz verglich das Ensemble – die Turnhalle mit einem inneren Durchmesser von 15,6 Metern, der Geschoßbau 60 Meter lang und 35,2 Meter breit – mit der athenischen Akropolis. Er folgte dabei jenen Bildern von Bergen, die schon bei den Entwürfen der Aachener Frauenschule eine Rolle gespielt hatten und, den Darmstädter Raster- und Stufenbau umwandelnd, noch bei der Aachener Sankt-Bonifatius-Kirche eine Rolle spielen würden. Die Mädchenschule hat dänische und schwedische Vorgänger; unter den Darmstädter Projekten aber möchte dieser Vorschlag lieber allein bleiben. Zwischen subordinierender Architektur, das heißt dem Über- wie Untereinander der Tonhalle von Paul Bonatz einerseits und koordinierender Architektur, das heißt dem Neben- wie Gegeneinander der Volksschule von Hans Scharoun andererseits liegt Schwarz genau da, wo er seit den späten vierziger Jahren immer sein wollte: in der Mitte.

Also jenseits von Tradition und Moderne, jenseits rechter Volkstümler und linker Bauhäusler. Um diesen Ort zu erkunden, entfachte Schwarz in Nummer 1/1953 von *Baukunst und Werkform* eine furiose Kontroverse. Alfons Leitl, zuständig für Konzeption und Redaktion der Hefte, hatte auf einen Beitrag über das Verhältnis von Bauen und Schreiben am Beispiel eigener Entwürfe und Gebäude gehofft. Aber dieses Thema rührte Schwarz gar nicht an. Nachdem Leitl den Aufsatz *Bilde Künstler, rede nicht* studiert hatte, fühlte er sich düpiert. Die Enttäuschung, daß der Text nicht von ihm als Architekten und Journalisten handelte, die Vermutung, daß der Text Ärger bringen würde, über beide Schatten mußte der Arme springen, um das Pamphlet in Satz und Druck zu geben.
Im ersten und zweiten Drittel nimmt Schwarz ein paar Fäden auf, die er schon beim Darmstädter Gespräch geknüpft hatte. Er schärft die Kritik der Architekturfotografie als einer fälschenden Darstellung und lobt die Baumeister des Jugendstils, vorab den Wiener Otto Wagner. Ohne den alten Essay *Neues Bauen?* und seinen Begriff vom immanenten Historismus zu erwähnen, verteidigt er Haltungen zur Geschichte des Gebauten, die Ludwig Mies van der Rohe aus dem klassischen, Otto Bartning aus dem gotischen, Hans Poelzig aus dem barocken Kanon schöpfen ließen. Sein Plädoyer für die Raffinesse der

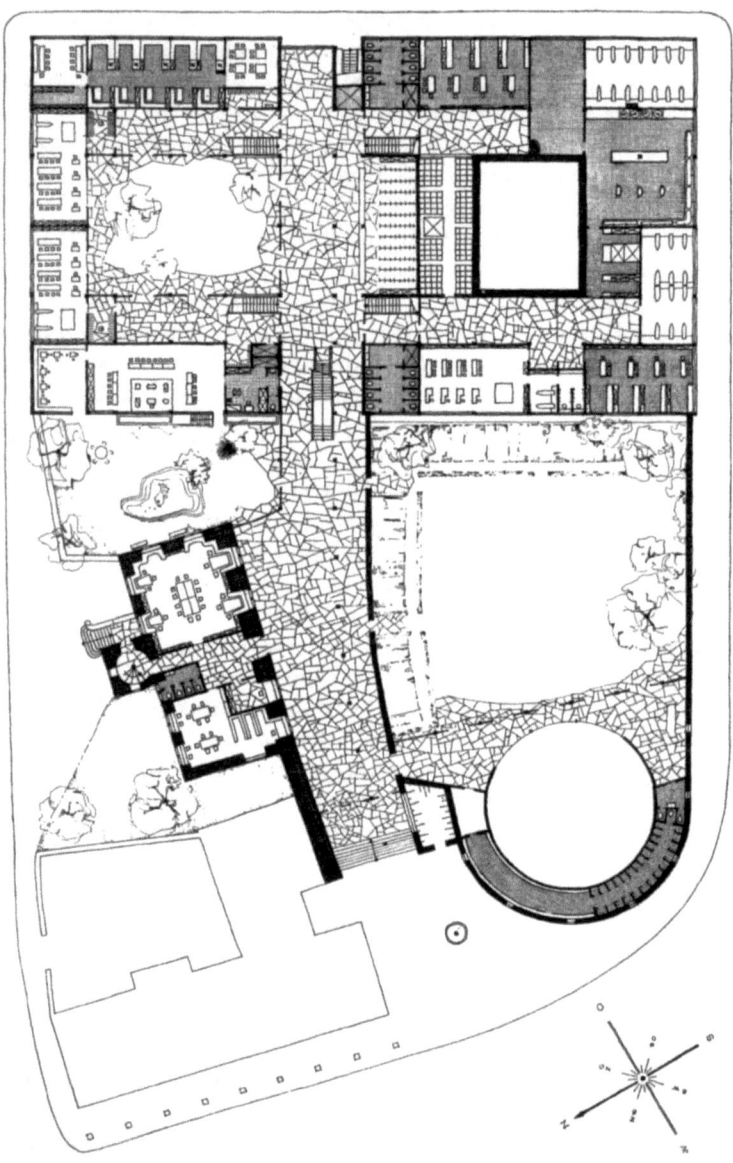

Mädchenschule, Grundriß Erdgeschoß mit gläsernem Wandelgang, kreisrunder Turnhalle und Geschoßbau

Konvention – »duldsame Vornehmheit« nannte sie der Soziologe Alfred Weber in Darmstadt – hätte Wirkung gehabt, wenn nicht der Autor wenig später tief Luft geholt und gebrüllt hätte, Walter Gropius sei zwar ein Künstler, doch könne der Mann nicht »denken«. Nach so frivoler Attacke auf einen Heros der Moderne mochte niemand noch hören, das Bauhaus habe durch seine Negation der Historie das Kontinuum der Architektur brechen, alles Eigene exklusiv und alles Andere marginal machen wollen. Der Schaum vor dem Mund brachte Schwarz um die Achtung seiner Meinung; die Essenz seiner Kritik war im Nu perdu.

Gropius tat, was kluge Köpfe in solchem Falle tun. Er schwieg. Seinen Brief an Richard Döcker vom 14. März 1953 schmückte der Souverän mit Johann Wolfgang Goethe: »Laß dich nur zu keiner Zeit/Zum Widerspruch verleiten,/ Weise fallen in Unwissenheit,/Wenn sie mit Unwissenden streiten.« Manche indes spielten Wie du mir, so ich dir. Und glaubten, den Störfall durch Invektiven und Anekdoten lösen zu können. Keine der sieben Antworten auf Schwarz, alle in Nummer 2/3/1953 von *Baukunst und Werkform*, ging auf sein Verständnis von Geschichte ein. Sicher, die Reputation des Provokateurs litt unter dem Paroli der Kollegen. Aber, wessen Tage sich nur in Gegnerschaft entfalten, dessen Worte bedürfen heftiger Anlässe. Weit gedanklicher und weit gelassener als der erste war der zweite Essay, den Schwarz dem Leitl sandte und den *Baukunst und Werkform* unter dem Titel *Was dennoch besprochen werden muß* in Nummer 4/1953 druckte. Das Bauhaus habe den Anspruch auf Baukunst verdrängt, ihn durch Technik und Funktion ersetzt. Authentische Architektur aber sei anders. Sie steige aus der Niederung von Baustoff und Tragwerk zu großen Formen. Etwa beim IG-Farben-Haus in Frankfurt. Daß Poelzig dem Chemiekonzern keine Synthese von Instrument und Monument, sondern allein das Kraftmal der freien Wirtschaft bot, hält Schwarz für einen Gewinn. Zu solchem Ideal der Permanenz – Sonderheit aus der Erfahrung mit dem Kirchenbau – gehört auch, daß der Autor den Begriff Neues Bauen ablehnt und doch das Jahr Null aktueller Architektur auf die Schwelle um 1900 legt. Womit er wider Willen die Position der Moderne fixiert.

Die umstandslose Wiederholung ein und derselben Vorwürfe an die Adresse von Gropius – in den *Schildgenossen* 1927 der Angriff auf die »Sprache der Komintern«, in *Baukunst und Werkform* 1953 der Angriff auf den »Jargon der Komintern« – hat etwas Merkwürdiges, ja Lächerliches. Ungeachtet aller Entwicklung der Kulturen Europas fuhren die Streitenden in den frühen fünfziger Jahren fort, wo sie in den späten zwanziger Jahren standen. Das Engagement ach so groß, der Horizont ach so klein! Nicht mal das Beispiel J.J.P. Oud, der die Probleme der Avantgarde in den dreißiger und vierziger

Oswald Mathias Ungers, Mietwohnhaus, Köln 1951, Foto: Karl-Hugo Schmölz

Jahren durch Klassik und Dekor hatte lösen wollen, nach dem Shellhaus in Den Haag aber wieder zur Moderne fand, kam in den feurigen Beiträgen vor. Wer wissen möchte, woher im deutschen Westen die Bauten der Jahre nach dem Krieg ihre Gestalt hatten, der werfe einen Blick in das Buch *Schweizer Architektur* von Hans Volkart. Was immer der Professor in den reichen Band von 1951 aufnahm, der heutige Betrachter sieht bei jedem Wohnhaus und jeder Siedlung, bei jeder Schule und jeder Kirche, bei jedem Büro und jeder Fabrik jene Mischung harter Raster und weicher Kurven, die auf die Architektur der Ära Adenauer starken Einfluß hatte. Werke »vergnügter Kubisten« aber muß man lange suchen. Welche Bauten hatte Schwarz im Visier? Etwa den Eingang der Johann-Wolfgang-Goethe-Universität in Frankfurt? Etwa den Berliner Pavillon auf der »Constructa« in Hannover? Dachte er gar an jene durch und durch rationale Architektur, die im Kölner Stadtteil Braunsfeld aus dem Einerlei der Umgebung ragte? Der kleine Neubau mußte ihn an ein paar eigene Wohnhäuser der dreißiger Jahre erinnern. Von den drei mal drei Quadratfenstern an der Straßenseite rutschen drei nach unten zur Tür. Und auf dem Foto von Karl-Hugo Schmölz strahlt der weiße Körper hinter schwarzen Bäumen wie auf dem Foto von Albert Renger-Patzsch: Sankt Fronleichnam.

Ob Schwarz den Ferdinand Kramer, die Brüder Luckhardt und den noch unbekannten Oswald Mathias Ungers ein Quartett »vergnügter Kubisten« genannt hätte? Jedenfalls wollte er in den wohligen Fünfzigern von Manifesten der Geometrie nichts mehr wissen. So stand der Architekt vor einem Dilemma. Er mochte sein Frühwerk. Und mußte von dieser Liebe doch Abschied nehmen, wollte er die neue Stellung in der Mitte halten. Sein Verhältnis zu Fronleichnam ist die heimliche Geschichte einer Bedeutung und Umdeutung des Eigenen. Das Versteckte zu verstehen, müssen wir Jahre zurück. Während der Werkwoche auf Burg Rothenfels hatte der junge Schwarz dem Quickborn im August 1924 erklärt, architektonisch qualifizierter Raum weite den Körper des Menschen. Und er hatte diese Vorstellung erst durch einen Umbau, dann durch einen Neubau, erst im Rittersaal, dann in Fronleichnam verwirklicht. Man müsse das Gebäude mit den Gläubigen sehen, hatte der agile Direktor erläutert, als er den Romancier Alfred Döblin im Januar 1931 durch die kahle Kirche führte. »Das hier ist nur ein Kleid, man muß es am Körper sehen.« Weder das Historische noch das Ästhetische der Architektur, sondern Ereignis und Gemeinde standen im Mittelpunkt, wenn es um Kirchenbau ging.

Von dieser Haltung, die sämtliche Entwürfe der avancierten katholischen Architekten während der zwanziger und dreißiger Jahre bestimmt hatte, rückte Schwarz nach dem Krieg immer weiter ab. Zuerst in Heft 4/1949 der Zeitschrift *Werk*. Auf Burg Rothenfels und in Sankt Fronleichnam habe man so getan, als ob eine Kirche allein durch die Handlung von Priestern und Laien eine Kirche werde. Dieser »liturgische Funktionalismus« habe das Dauernde der Gegenwart des Göttlichen in seinem Hause geleugnet; er habe auch im Aachener Ostviertel zu mangelnder Beachtung der Architektur als Architektur geführt. Zwei Jahre später baute Schwarz in Köln seine erste neue Kirche nach dem Krieg. Die All Saints' Church der britischen Garnison hat mit Sankt Fronleichnam nichts mehr gemein. Wütend hängte Hermann Mäckler diesen Wandel an die große Glocke. *Baukunst und Werkform* brachte in Nummer 2/3/1953 nicht allein den Beitrag *Praeceptor Germaniae et Europae?* als eine der sieben Antworten auf das *Bilde Künstler, rede nicht*, sondern fügte den bitteren Einwänden des Frankfurter Architekten zwei Artikel aus alten Heften der *Schildgenossen* bei, worin Schwarz das Projekt der runden Kirche und Sankt Fronleichnam beschrieb. Neben Bildern dieser beiden Bauten stand ein Foto der All Saints' Church, artig aus Backsteinen errichtet und artig mit Satteldach versehen. Außen fallen die Halbtonne vor der Holztüre, die schrägen Pfeiler und die runden Bögen, innen fällt die handwerkliche Gediegenheit der Orgelbühne auf.

Von Mäckler um ein Bekenntnis, um eine Entscheidung für die Fronleichnamskirche oder für die Garnisonskirche gebeten, blieb Schwarz die Meinung schuldig. In Briefen an den Verleger Woldemar Klein, datiert auf den 6. April und den 5. Juni 1954, meinte der durch die Debatte lädierte Architekt, man hätte bei Fronleichnam dasselbe »ungefähr auch mit älteren Bauweisen erreichen können«. Den bei Mäckler zitierten Satz von Schwarz – das Thema dieser Kirche sei der Kasten – hielt Schwarz für einen Satz von Mäckler! Noch in seinem dritten Buch, Werkschau und Rückblick aus dem Jahr 1960, wird er auf den »sakralen Kubismus« der Aachener Anfänge nur unter Vorbehalt eingehen.

Verspätet wie das Wortgefecht war, hatte das Reden und Schreiben in Sachen Bauhaus keine Folgen. Nach Leitls langen letzten Worten in Nummer 10/11/1953 von *Baukunst und Werkform* gingen alle ihrer Wege; das Wirtschaftswunder lockte mit Aufträgen noch und noch. Schwarz blieb allein, doch in seinem Wirkungskreis mit hohem Wirkungsgrad. Er hatte Einfluß, vor allem als Lehrer an der Staatlichen Kunstakademie Düsseldorf, aber auch an der Rheinisch-Westfälischen Technischen Hochschule Aachen und beim Kulturkreis im Bundesverband der Deutschen Industrie Köln. Die Warnung vor Konstruktivismus und Technologismus sowie vor Materialismus und Kollektivismus – man hört das Dröhnen Kalter Krieger – wurde sein ceterum censeo, das er bei keiner öffentlichen Gelegenheit zu rufen vergaß. Nur, solche Kritik der mediokren Moderne ließ jene gähnen, die lieber vom Neuen lernen wollten: von den Architekten des London County Council, von Le Corbusier in Chandigarh, von Kenzo Tange in Japan.

Aus dem Büro und aus der Klasse von Schwarz wurde niemand berühmt. Nur eine Geschichte lohnt die Umstände der Erzählung. Geboren 1909 in Aachen, ging Peter Getz auf die Baugewerkschule und die Kunstgewerbeschule seiner Heimat. Während der dreißiger Jahre leitete der junge Architekt, Ingenieur und Praktiker den Bau erst der Sankt-Albert-Kapelle in Kreuzau-Leversbach, dann einiger Wohnhäuser von Schwarz. 1937 trat er in den Dienst der Post; 1946 nahm er diese Arbeit in Koblenz wieder auf. Aber die Planung von Büros und Schaltern wie von technischen Zentralen konnte ihn nicht füllen. Allein in seiner Wohnung sah er die Möglichkeit eigener Gestaltung; bei aller Einrichtung und bei jedem Gegenstand wollte er reine Formen. 1948 und 1949 hatte der so asketische Angestellte dann und wann die Hilfe eines Studenten mit Namen Oswald Mathias Ungers, den er für seinen Aachener Lehrmeister zu begeistern versuchte.

Offenbar erfolgreich. Einerseits haben die frühen Bauten von Ungers mit den frühen Bauten von Schwarz manches gemein; andererseits riet Schwarz dem Kulturkreis in einem Brief vom 26. März 1957, Ungers durch größere Aufgaben zu fördern. Der junge Kölner habe »bildschöne« Gebäude errichtet und sei mit dem Oberhausener Institut zur Erlangung der Hochschulreife beschäftigt. Aber: »Es fehlt ihm an Freunden, die ihn verstehen und empfehlen.« Ob das half? 1959 wurden beide sogar Nachbarn. Ihre Wohnhäuser in Müngersdorf trennt ein Fußweg; vom Besuch des Älteren weiß der Jüngere mit Achtung zu reden. Zwei Jahre nach dem Tod seines heimlichen Förderers wirkte er an der Rudolf-Schwarz-Gedächtnis-Ausstellung des Bundes Deutscher Architekten mit. Und im selben Jahr wurde er an die Technische Universität Berlin berufen. In seinem ersten Vortrag sprach er dort 1963 kontra Funktion und kontra Technik, für die »Kunst zu bauen«. Da hätte auch Schwarz mit der Hand auf den Tisch geklopft. Was besprochen werden mußte, war ja schon 1953 nur ein Satz: »Die Architektur ist eine freie Kunst.«

Sankt-Michael-Kirche, Frankfurt am Main 1954, Foto: Artur Pfau

Kitsch oder Bild

Erneuerung des Kirchenbaus? Nach einer Antwort auf diese Frage suchten in Heft 21/22/1930 der *Form* Walter Riezler und Rudolf Schwarz. Der Redakteur und der Architekt verwarfen das rein Historische, das rein Romantische, das rein Technoide; aber wohin die Wege der Kirche führten, mochte keiner sagen. Während Riezler auf Gebäude von heute für Gemeinden von heute hoffte, fühlte sich Schwarz – einen Monat bevor Sankt Fronleichnam geweiht wurde – seiner Sache so sicher, daß er auch an heikle Dinge rührte: den Kitsch. Sein Rat, die neuen Kirchen nicht allein mit den Augen des fortschrittlichen Architekten, sondern auch mit den Augen des gewöhnlichen Katholiken zu betrachten, war indes kein Vorschlag zur Güte. Die Bitte folgte nur der Einsicht, daß zwischen der Andacht des Gläubigen und der Schönheit des Gebauten kein Mittler, zwischen dem Authentischen und dem Ästhetischen kein objektiv Sakrales mehr war. Auch in Fronleichnam nicht. Denn wo die Vorhalle in den Mittelgang reicht, stellte man bald eine Plastik des heiligen Josef mit dem Modell der Kirche auf. Und an die Rückseite der Wandscheibe hängte man bald ein Pastell der heiligen Theresia von Lisieux. In seinem langen *Brief über volkstümliche und über volksverbundene Kunst* klagte Schwarz 1936 über das »teure« und »süße« Bild, wo ein Portraitfoto der jungen Nonne echter und frömmer wäre. Noch zwanzig Jahre später griff er in Heft 3/1956 von *Baukunst und Werkform* das alte Thema auf. Ulrich Conrads hatte zuvor in einer Kritik notiert, Notre Dame du Haut befreie den Besucher zum Gebet. Wie um diesen großen Eindruck kleiner zu reden, nahm Schwarz in seinem *Brief über Ronchamp* auf das »Problem des Kitsches« Bezug. Nicht daß er die Kapelle ob ihres expressiven und organischen Charakters kitschig genannt hätte; die Attacke auf Le Corbusier hob Schwarz für das Gespräch unter Freunden auf. Nein, im Konflikt des Authentischen mit dem Ästhetischen schien er die Seiten wechseln zu wollen. War die Torheit der Herzen etwa stärker als die Mühe der Künstler?
Notre Dame du Haut wurde bekannt und beliebt wie wohl keine Kirche im zwanzigsten Jahrhundert. Möglich war der Auftrag für den Atheisten Corbusier, weil die Zeitschrift *L'Art Sacré* unter Federführung der beiden Mönche

Marie-Alain Couturier und Pie Régamey schon seit Mitte der dreißiger Jahre für Entspannung im Verhältnis der Kirche und der Künste geworben und die Nachfolger der französischen Symbolisten für die Mitwirkung bei der Ausstattung neuer Kirchen gewonnen hatte. Notre Dame de Toute Grâce in Assy, Sacré Cœur in Audincourt und die Chapelle du Rosaire in Vence gingen während der frühen Jahre nach dem Krieg aus diesem renouveau catholique der französischen Architektur hervor. Allerdings wirken diese Häuser Gottes, wo hier der Tempel das Chalet und dort der Tempel das Kino streift, heute wie eine nur aparte Moderne, ja wie eine hübsche Mischung des irgend Falschen mit dem irgend Frommen. Die dem täglichen Rosenkranz geweihte Kapelle in Vence schmückte der greise Henri Matisse mit biblischen Szenen auf weißen Fliesen und floralen Dekors auf bunten Gläsern. Unter der Sonne der Côte d'Azur schimmert der kleine Raum in Gelb und Grün und Blau. Nach dem Besuch soll Pablo Picasso gesagt haben: »Sehr schön, sehr schön. Aber wo ist das Badezimmer?«

Daß Schwarz ein Organ wie *L'Art Sacré* kannte, ist wahrscheinlich. Unwahrscheinlich ist, daß er die Richtung mochte. Selbst wenn die drei erwähnten Gebäude schon gestanden hätten, als der rheinische Architekt 1946 aus französischer Gefangenschaft nach Köln kam, er hätte die frohe Botschaft aus dem Osten und Süden Frankreichs nicht hören noch sehen wollen. Bei allem Abstand zu seinen weißen Werken in Aachen, der Buntglanz von Sgraffito und Mosaik hatte mit seiner Vorstellung des Bildlichen als Räumlichen wenig gemein. Doch die Qualität seiner Projekte litt auch ohne die Bilderlust von Wandbildern. Man schaue auf die Arbeit der Jahre bis 1950. Etwa auf den Betonraster der vier plus neun Einheiten mit je drei Geschossen und Bogenabschluß an den Seiten von Sankt Mechtern in Köln: So heroisch hätte Paul Bonatz entwerfen können. Oder auf den Überstand des Walmdachs und das Halbrund des Glockenturms der Pfarrkirche in Herkersdorf und Offhausen: So schweizerisch hätte Hermann Baur entwerfen können. Oder auf die Kurvatur von Hauptschiff und Umschiff der Pfarrkirche in Eschweiler-Dürwiß: So organisch hätte Hugo Häring entwerfen können. Oder auf das Satteldach und den Binnenhof, den Bruchstein und Schlämmputz der Pfarrkirche Zum Heiligen Franz in Köln: So idyllisch hätte Emil Steffann entwerfen können. Oder auf die Vielzahl der Wandpfeiler und Quermauern, der Tor- und Rundbögen von Sankt Maria Himmelfahrt in Wesel: So romanisch hätte Dominikus Böhm entwerfen können.

Gewiß, die Einfälle der Entwürfe zeugen von Talent. Aber die stilistische Operation bleibt typisch für jene Jahre, die aus dem Schatten des »Dritten Reiches« treten wollten: alle Male originell und epigonal, Monumentales in

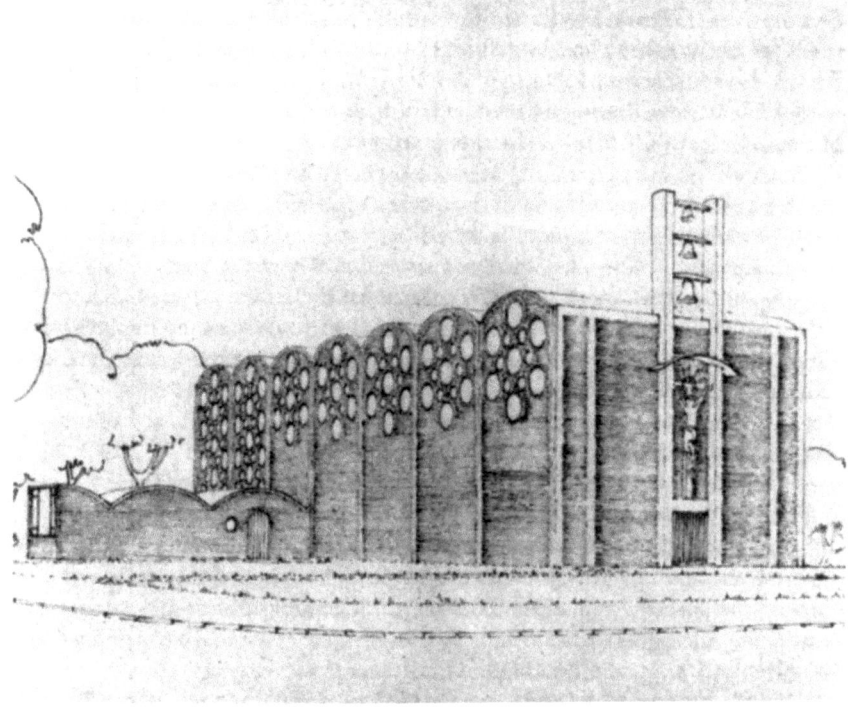

All Saints' Church Köln, Entwurf 1950

Dekoratives, Dekoratives in Monumentales führend. Der Architekt als Kitschier wider Willen? Der Heidelberger Philosoph Ludwig Giesz nannte den Kitsch das Untere und Flüchtige, den Paria und Proteus der Ästhetik. Mehr subjektive Wahrnehmung denn objektive Eigenschaft, hat das Kitschige doch Merkmale. Es greift Platz nicht allein, wo Souvenir und Devotion sind, sondern auch, wo eine Gestalt aus Natur und Technik drastisch vergrößert oder verkleinert wird, wo Motive transportiert und Effekte kumuliert werden. »Kampf dem Kitsch« lautete die Parole von Alfons Leitl im Mai 1951; dabei dachte der kluge Schreiber in *Baukunst und Werkform* bloß an harmlose Kronleuchter, Bierseidel und Weingläser im Eigenheim von Biedermann. Aber, ein gutes Jahr später sorgte der Autor durch seine Stimme für den Erfolg eines Projekts, das dem Kitsch so nahe rückt wie die Katachrese dem Rhetoriker.

Zu den Juroren des Beschränkten Wettbewerbs um die Sankt-Josef-Kirche in Köln gehörten außer Leitl auch der Aachener Dombaumeister Felix Kreusch und der Kölner Dombaumeister Willy Weyres. Im Oktober 1952 wurde Schwarz von den Kollegen für seine Entwürfe mit dem Ersten Preis bedacht. Eine der Arbeiten hat ihren Ursprung im Projekt der All Saints' Church. Die Perspektiven vom August 1950 offerierten der britischen Garnison ein Betonskelett mit sieben Jochen und sieben Kappen. Auf den zwei mal sieben Wandfeldern unter den Flachbögen der Schalendecke prangen größere und kleinere Rundfenster, die zu Rosetten sich formieren und an beiden Seiten des Altars von oben bis unten reichen. Nach mühsamer Verhandlung verworfen, weil das Militär partout Tradition wollte, kehrte die Gestalt der Joche und Rosen bald wieder. Die Ansicht von Entwurf A der Josefskirche zeigt einen Bau mit fünf ganzen und zwei halben Jochen unter der leichten Wölbung dünner Kappen. Runde Fenster löchern alle Wände. Mal wie Blumen wachsend, mal wie Sterne leuchtend, wirken die Kreise auf den Flächen, als ob wir es mit Papier- oder Textilmustern zu tun hätten.

All Saints und Sankt Josef, auch die Beiträge zu den Wettbewerben um den Kölner Gürzenich und das Kölner Wallraf-Richartz-Museum entstanden in Partnerschaft mit Josef Bernard. Der 1902 geborene Architekt – in den zwanziger Jahren von Martin Elsaesser geschult und von Dominikus Böhm geprägt, in den dreißiger und vierziger Jahren im Stab von Herbert Rimpl für die Heinkel-Flugzeug-Werke tätig, nach dem Krieg mit Designs für Tapeten und Teppiche von Produzenten aus Amerika beschäftigt – wurde von Schwarz für die Arbeit an den Plänen zum Aufbau der Stadt Köln gewonnen. Bei All Saints und Sankt Josef ist das Repetitive in bezug auf Konstruktion und Ornament

wohl eine Mitgift von Bernard, dem das industrielle Gebäude und der industrielle Gegenstand einfach besser vertraut waren als dem Kirchenbauer Schwarz.
Gebaut wurde auf dem Karree südlich der belebten Aachener Straße im Stadtteil Braunsfeld aber weder Entwurf A noch Entwurf C, sondern Entwurf B. Von schmucken Wohnhäusern umgeben, in das Grün von Büschen und Bäumen getaucht, steht die Kirche frei auf einem Rechteck von 45,2 mal 14 Metern. Ihre Schmalseiten weisen nach Norden und Süden, ihre Langseiten nach Westen und Osten. An der Westseite gibt es einen Anbau mit drei Flügeln, davon einer für den Taufort, einer für den Beichtort und einer für die Sakristei. An der Ostseite gibt es einen Kirchturm und einen Vorbau für den Eingang. Wer aus dem einen in den andern Stadtraum, aus der lauteren Aachener Straße in die leisere Braunstraße biegt, der trifft gleich hinter ihrer Kreuzung mit der Christian-Gau-Straße rechterhand auf die Hauptseite von Sankt Josef: auf den Windfang mit Eichentür und Satteldach, auf die vier Betonpfeiler des Glockenständers mit fünf offenen Umläufen unter der Spitze. Während die Nord- und die Südwand durch vier senkrechte Stützen und einen waagrechten Balken auf eher schlichte Art bestimmt werden, haben die West- und die Ostwand reiche Struktur. Sechs Betonstützen in der Form je eines sehnigen Ypsilon bilden fünf ganze Giebelfelder von 7,6 Metern und zwei halbe Giebelfelder von 3,8 Metern Breite. Durch das Vorkragen je eines Läufers und zweier Binder geben die mattbraunen Backsteine allen sieben Flächen einen Rapport flacher Steinkreuze. Auf den Armen eines jeden Ypsilon liegt ein leicht gedrücktes Hexagon mit vertikalen Sprossen aus Beton und diagonalen Stäben aus Metall. Über dieser Fensterreihe faltet sich das Dach auf und ab. Im Süden der Ansicht von West oder Ost liegt über dem hier verglasten Giebelfeld und den beiden Waben eine dritte Wabe; wo der Chor ist, ragt die Kirche höher.
Der Saal wirkt leer. In der Mitte vor den Wänden steht im Norden die Orgel und im Süden der Altar. Der körnige Terrazzo auf dem Boden fällt nicht auf. Aber Tragwerk und Faltdach strahlten – jedenfalls ursprünglich – in hellem Weiß auf glattem Putz, die Wände in zartem Blau. So halfen die Farben den konstruktiven Elementen, die Länge in lauter Queren zu teilen. Leuchten wie Glocken aus Milchglas hängen in Reih und Glied über den Kirchbänken und dem Mittelgang. Im Süden der dreizehn Meter hohen Joche führen sechs Stufen erst zu einer Schranke und dann zu einem Podest mit einem Altar aus grünlichem Dolomit; Reliefs von Ähren und Trauben schmücken die runden Stümpfe unter der dicken Platte. An beiden Seiten sichern zierliche eiserne Geländer mit Stämmen und Ästen dürrer Bäume den lichten Hoch- und

Sankt-Josef-Kirche, Köln 1954, Foto: Artur Pfau

Freiraum um die Mensa; niemand soll links oder rechts auf die Treppen zur Krypta stürzen.
Aber zurück. Man kommt von der Kreuzung der Straße, geht durch den Vorbau am Kirchturm, drückt im Windfang eine der beiden Doppeltüren in Metallrahmen auf und rührt dabei an Griffe, die Ohren aus mattem Silber ähneln. Vorbei an der Orgel- und Sängerbühne rechts führt der Weg in den Anbau. Das rundliche Taufbecken füllt eine weiße Apsis, betont durch die Symmetrie zweier wandhoher Glasscheiben gleich daneben und einer hölzernen Dachschleppe gleich darüber. Um die Ecke links stehen die Beichtstühle, hinten ein kleiner Altar. Von hier schweift der Blick auf den stillen grünen Hof, auf den Backstein der Westwand, auf die Balken und Sparren des Dachstuhls. Gediegener, ja gemütlicher könnte die Kapelle kaum sein.

In den Jahren des Aufbaus wurden Kirchen gern als Bilder entworfen und gedeutet. Zum Bildrausch trieben mal die Architekten, mal die Katholiken. Manchmal erinnern die neuen Bauten an Theater oder Stadien oder Pavillons. Hier und da krachen die Bilder, etwa bei den kupfernen Schalen und gläsernen Fugen der Düsseldorfer Rochuskirche von Paul Schneider-Esleben. Auch wer im Kopf keinen großen Bildervorrat hat, hat den Mythos der Potenz – konkret: den Meiler und die Eichel – bald vor Augen. Wo die Form den Phantasien des Maschinellen und Sexuellen keinen Widerstand leistet, da entgleist sie in das unsagbar Peinliche.
Schwarz kannte die Tücke der Gefahr und konnte die Willkür der Bilder doch nicht bannen. Für das Braunsfelder Gebäude – geweiht am 19. September 1954 – fand er ein halbes Jahrzehnt später in seinem Buch *Kirchenbau. Welt vor der Schwelle* einander kaum verwandte Vergleiche. Das Äußere nannte er die »braune Kutte« von Sankt Josef, das Innere einen »Tag des frühen Frühlings mit blauem Himmel und weißen Wolken«. Für solche Katachrese der Architektur gibt es weitere Beispiele. So verträgt sich das durch Dekor und Farbe bestimmte barocke Element im Hauptbau schlecht mit dem wie romanischen und rustikalen Charakter im Anbau. Ähnlich der Eindruck draußen. Nicht daß historische und organische Formen unvereinbar wären, nicht daß die Betonrahmen an die Giebel der Kirchen von Braunschweig und an die Waben von Bienen erinnern, empfindet der geschulte Betrachter als fragwürdig. Doch daß jede graue Stütze auch den Buchstaben Ypsilon zeichnet und die Teile wie Knochen und Sehnen wirken, ist ein Zuviel des Guten. Und das Dekor der Läufer und Binder auf den langen Wänden? Wie hübsch! Schwarz mochte das nicht. In seinem Vortrag *Liturgie und Kirchenbau*, gehalten wohl im Herbst 1954 vor Aachener Studenten, klagt er zum Schluß über die »Un-

menge von Kreuzen«, die in manchen Kirchen sich »zu ganzen Rapporten verweben«.

Kitsch oder Kunst? Während der österreichische Romancier Hermann Broch den Kitsch noch für das »Böse« in der Kunst hielt, hat die Alternative nach Parolen wie Anything goes! und Less is a bore! etwas leidig Akademisches. Und in den frühen Jahren der durch Wohlstand formierten Gesellschaft – wo der deutsche Städter die Italianità der Gelateria wie Eis am Stil genoß – hätte niemand Sankt Josef mit dem Kitschigen verbunden. Ob jünger oder älter, namhafte Kritiker empfanden das Gebäude als beinahe puritanisch, beinahe industriell. Der Kölner Eduard Trier würdigte die »nüchterne Ehrlichkeit«, der Stuttgarter Richard Biedrzynski die Haltung »fern von allem Verblümten«. Erst mit dem Auge von heute sieht man Sankt Josef anders. Unter den zahllosen Entwürfen von Schwarz steht diese Kirche an einem Ende. Was folgte, war nicht mehr so gesucht und gewollt, war härter und klarer bis an die Rippen der Decken aus Beton, war auf dem Grundriß des großen T gebaut wie Sankt Andreas, Sankt Franziskus und Sankt Antonius in Essen.

Für Schwarz hätte der deutliche Unterschied vom einen zum andern Projekt nicht gegolten, sah er doch seit Ende der Jahre in Aachen alles echte Bauen nur als den immer neuen Versuch, »Geschöpfe« zu entwerfen, wobei Material und Konstruktion allein der Bedeutung zu dienen hatten. Die Ursprünge dieser Auffassung weisen in die Jugend des Architekten. Um 1920 hatte Schwarz neben Büchern zu Themata der Philosophie und Psychologie auch ein paar Schriften von Max Wertheimer und Wolfgang Köhler gelesen. Durch die Freundschaft mit Romano Guardini gefördert, führte das Interesse an der Gestaltlehre anderthalb Jahrzehnte später zum Studium der Hauptwerke von Max Scheler. Aus der Kritik am Idealismus der Kantianer geboren, hatte die katholische Variante der Phänomenologie Einfluß erst auf das Buch *Vom Bau der Kirche*, dann auf das Buch *Von der Bebauung der Erde*. Unter dem zarten Titel »Landschaft der Bildung« bietet uns der Autor eine zugleich denkwürdige und eingängige Erklärung, was seine in den Vorträgen und Aufsätzen der Jahre nach dem Krieg so häufige Rede vom Bauen in Bildern meint.

»Rundum waren Sachen gehäuft«. Mit der plötzlichen Wahrnehmung von riesigem Überfluß nahm laut Schwarz das ganze Leid seinen Lauf. Von allem Inhalt befreit – also ohne die Sekurität historischer und funktionaler Signifikanz –, wurden die Artefakte so belanglos wie erdrückend, bis der Mensch auch sich selbst für eine »Sammlung von Trümmern«, ja für »Abfall« hielt. Aus dem objektiven Chaos und der subjektiven Panik hilft nur das gute Beispiel

Paul Schneider-Esleben, Sankt-Rochus-Kirche, Düsseldorf 1955

des Geduldigen und Gehorsamen. Ein Training der Nerven? Zum Teil. Die Augen müssen hinnehmen, dürfen nicht belauern, müssen auf den Dingen ruhen, dürfen nicht durch die Dinge bohren. Das hätte Antoine Roquentin in Bouville, hätte Jean-Paul Sartre in Le Havre schreiben können. Mit dem stillen jungen Helden aus dessen frühem Roman *Der Ekel* teilt Schwarz nicht allein die der Moderne typische Perzeption der Kontingenz, sondern auch die Mißachtung alles Begrifflichen, die Hochachtung alles Anschaulichen und die Vorstellung vom unmittelbar Sinnlichen als unmittelbar Sinnhaften. Was dem Intellektuellen Roquentin der Jazzsong »Some of these days« offenbart, offenbart dem Intellektuellen Schwarz das »Strömen und Weben von Bildern«. Beide Male gilt: Die Rettung der Menschheit wird Gabe der Künstler. Erst an dieser Stelle scheiden sich die Geister links und rechts vom Rhein. Aus der Transformation der Melancholie durch Intuition der Phänomene folgt in Frankreich die Attacke auf die Bourgeoisie, in Deutschland die Hoffnung auf den Sehenden und Kündenden, den Weisenden und Führenden, auf menschliche Bildung nach göttlichem Bilde.

Vertrauen auf das Strömen und Weben von Bildern meint die Fähigkeit, lassen zu können statt machen zu wollen. Aber die Handskizze und das Holzmodell fallen nicht vom blauen Himmel des lieben Gottes. Nein, nach dem Krieg brauchte Schwarz lange Jahre der Suche, bis ein Projekt stand, das einerseits vergleichbar bedeutend wie die weißen Würfel von Sankt Fronleichnam war und andererseits dem neuen Leitbild ein schönes Beispiel gab. Ende 1951 wurde Sankt Anna in Düren, Ende 1952 Sankt Michael in Frankfurt entworfen, beide Male ein Durchbruch zu der von Schwarz gewünschten permanenten Architektur. Zur Teilnahme am Wettbewerb um Sankt Michael waren die katholischen Architekten aus dem Bistum Limburg geladen. Dreißig Arbeiten lagen den Juroren vor; Alois Giefer und Hermann Mäckler bekamen den Zweiten Preis; Schwarz bekam den Ersten Preis. Am 27. Januar 1953, kaum eine Woche nach dem Votum der Jury für den Vorschlag mit dem Kennwort »Vierpaß«, schrieb der Architekt an Heinrich Kamps, die »nackte große Form« rage aus einem »Meer von montierten Entwürfen«. Daß Schwarz im selben Brief an den Direktor der Staatlichen Kunstakademie Düsseldorf den Schweizer Einfluß auf die Konkurrenz moniert, zeigt nur, wie stolz der Mann – vier Jahre nach dem Artikel *Helvetia docet* – auf das endlich erreichte Eigene war. Ein Glück, daß die nackte große Form nackte große Form blieb, daß die Kirche wie entworfen ausgeführt wurde. Genau fünf Wochen nach dem ersten Hochamt in Sankt Josef wurde Sankt Michael am 24. Oktober 1954 geweiht.

Südöstlich des Frankfurter Hauptfriedhofs, an der Kreuzung von Rotlintstraße und Gellertstraße, umgeben von Wohnbauten verschiedener Dekaden und verschiedenen Charakters, hat die Kirche einen starken Grundriß. Aus einer länglichen Ellipse stülpen westlich und östlich ihrer breiteren Nordspitze je ein Oval, westlich und östlich ihrer schmaleren Südspitze je ein Zirkel. Natürlich, auf der Ellipse steht das Langschiff, auf jedem Oval ein Querschiff, auf jedem Zirkel ein kleiner Vorbau mit Eingang. 51 Meter lang, 17 Meter breit, 16 Meter hoch: Sankt Michael ist eine durch und durch symmetrische Komposition. Gleichwohl sieht man ein Gebäude in Bewegung, das vor allem an seinen drei nördlichen Rundungen lieber mehr Spielraum, mehr Umraum hätte. Immer möchte ja dieser Körper aus Klinker vorwärts und aufwärts fahren. Doch im Abstand von je fünf Metern hält ein Korsett von achtundzwanzig Streben aus Beton die dynamische Architektur auf dem flachen Boden. Um die Kurven der Kirche läuft oben ein Glasbausteinband von drei Metern Breite; nur an den beiden Spitzen reichen die Ziegelsteine bis unter den Betonstreifen, der den Hohlraum zwischen innerer und äußerer Dachdecke schließt.

Sankt Michael ist von reiner Gestalt; jeder Makel schadet ihrer Wirkung. Da der Architekt die Ellipse aus der Flucht genau nach Norden und Süden rückte, blieb an der Kreuzung ein Dreieck für den Kirchturm. Schwarz hatte ihn – anders als bei Sankt Josef – aus dem Genius entworfen, der auch den Hauptbau bestimmt. Vier schräge Pfeiler mit Treppe und Glocken sollten den Blick auf den Vierpaß lenken. Leider wurde der transparente Campanile nicht gebaut. Was dort seit 1962 steht, ist Architektur von Karl Wimmenauer. Mit Sankt Michael hat der 34 Meter hohe Rundturm allein den Baustoff gemein.

Prächtige Eingänge mal über Treppen mal unter Bögen hat Schwarz seinen Kirchen nie gebaut; auch in Frankfurt gleichen die beiden Windfänge Schlupflöchern. Außen roter Ziegel, innen weiß verputzt, außen grauer Beton, innen grün gefärbt: Zwar bleiben Material und Konstruktion präsent, doch machen sie je neuen Eindruck. Durch den Vorbau am Rundturm führt der Weg aus einem Körper von eher harter in einen Körper von eher weicher Substanz. Lang- und Querraum haben eine Struktur, die bald wie der stete Wechsel hellerer Flächen und dunklerer Striche, bald wie das Wabern und Wogen einer Membran vor das wache Auge tritt. Während die Südseite das Taufbecken mit weiter Schutzhülle umfängt – der Eingang in die Kirche und der Eingang in den Glauben sind räumlich und sachlich verwandt –, hat die Nordseite größere Bedeutung. Aus dem Schieferboden ragt die Altarinsel mit roter Mensa. Der Block steht frei; die Seiten buchten tief ein. Betont wird der Ort vor allem durch die Trias der Konchen im Norden, Westen und Osten. Gleich über dem Lichtband schwebt eine flache Decke in Blau mit Flanschen in Gold. Auf

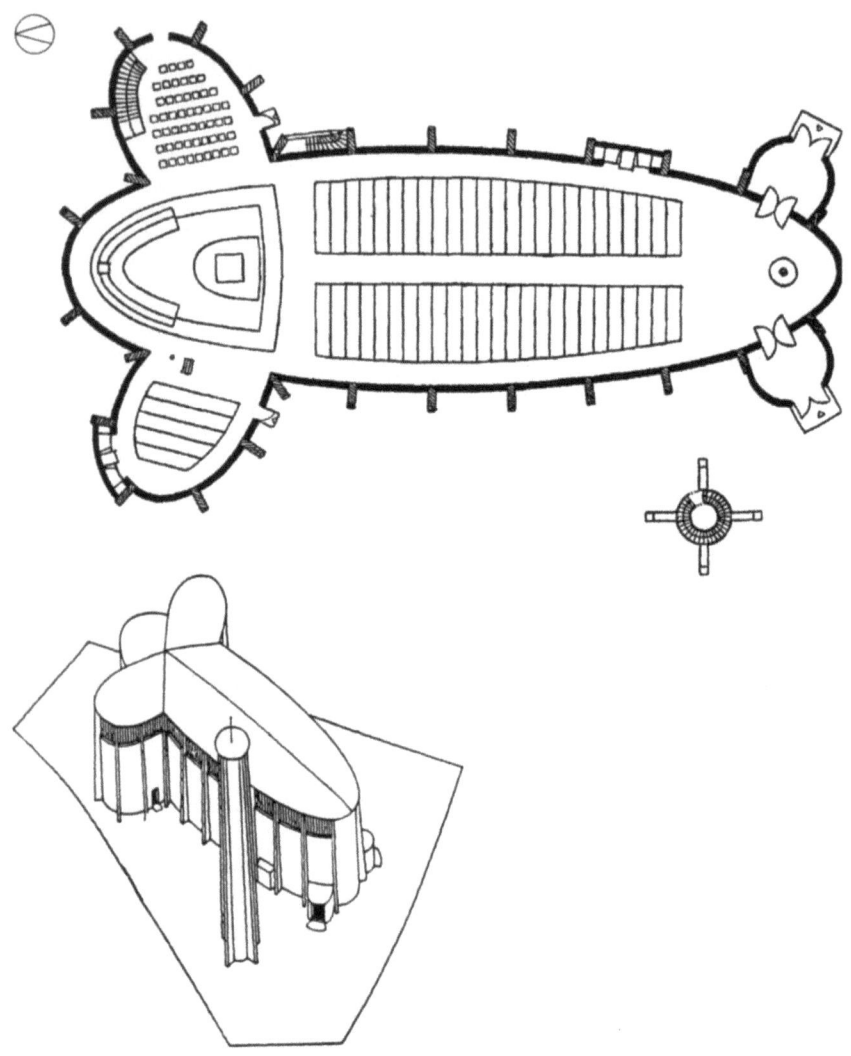

Sankt-Michael-Kirche, Grundriß und Ansicht mit dem nicht gebauten Glockenturm

älteren Detailskizzen sieht man die Reihe der Binder im rechten Winkel zur langen Achse der Kirche. Gebaut wurde anders. Die Träger kreuzen sich, bilden Rauten, drängen nach vorn und weisen aus der Ellipse in die Apsiden, so daß auch von oben her die Raumteile zum Raumganzen sich formieren.

An dieser Stelle hört die Wahrnehmung von Sankt Michael nicht auf. Nein, erst durch die Erscheinung des Sinnhaften hinter dem Sinnlichen – erst mit dem Strömen und Weben von Bildern, das Schwarz in seinem Buch *Von der Bebauung der Erde* unter die Bedingungen künstlerischer Tätigkeiten reiht – fängt das Leben dieser Kirche an. Fern von der Priorität des Materiellen und Konstruktiven einerseits, des Liturgischen als des Funktionalen andererseits, enthüllt die eine große Form dem gewährenden und gelassenen Betrachter Blick für Blick Bild um Bild. Sie kommen von hier und da, aus dem Historischen, dem Rationalen und dem Organischen.

Gewiß, man sieht nur, was man weiß. Das gilt vor allem für die von der Geschichte der Architektur wie von der Geschichte des Architekten bestimmten Teile der Gestalt. So haben die Frankfurter Apsiden mit den rheinischen Triconchae zu tun. Die nördlichen Rundungen haben Vorfahren, auf die Schwarz schon in jenem Typoskript rekurriert, das sein Modell unter dem Kennwort »Vierpaß« beschreibt. In Neuß und Köln, in Bonn und Mainz stehen Kirchen, wo sich um den Altar ein Kleeblatt formt; erbaut im elften und zwölften Jahrhundert, gehören die Kölner Chöre von Sankt Maria im Kapitol und von Groß Sankt Martin zu den mächtigen Beispielen dieser Anlagen. Außer dem romanischen Vokabular war für den Grundriß von Sankt Michael ein Projekt von Dominikus Böhm und Martin Weber von großem Belang. Mehrere Zeichnungen der für eine Gemeinde in Amerika gedachten Kirche unter dem Namen »Circumstantes« nahm der rührige Gladbecker Geistliche Johannes van Acken 1923 in die zweite Auflage seiner Broschüre *Christozentrische Kirchenkunst,* die ob ihres Manifestcharakters auf Liturgiker wie Architekten Einfluß hatte. Um der Eucharistie der Circumstantes, um der Mahlgemeinschaft der Umstehenden eine adäquate Architektur zu schaffen, verbanden Böhm und Weber Kegel- und Kugelschnitt, ergänzten eine Ellipse durch vier Trabanten; der Opfertisch hätte frei im östlichen, das Taufbecken frei im westlichen Brennpunkt gestanden. Zwei Jahre später, als Böhm und Schwarz beide an den Technischen Lehranstalten Offenbach wirkten, entwarfen der Ältere und der Jüngere eine ähnliche, von barocken Ovalen bestimmte Pfarrkirche, die wohl in Menden gebaut werden sollte.

Allein mit seinem schwarzen Umriß auf weißem Papier gibt Sankt Michael eine Botschaft. Wer von der historischen Qualität gar nicht weiß, den rührt das

Sankt-Michael-Kirche, Foto: Artur Pfau

Pappeln auf Wiesengrund bei Volkmarsen, Foto: Albert Renger-Patzsch

rationale und organische Element der feinen Figur. Die symmetrische Disposition von Ellipse, Oval und Zirkel wirkt auf diesen stärker mathematisch, auf jenen stärker biologisch, je nach eigener Wahrnehmungsgeschichte. Der polare Charakter beider Gestaltwelten hat den Kirchenbauer schon früh beschäftigt. Im dritten Aufsatz der *Wegweisung der Technik* – unter dem Titel *Vom Sterben der Anmut* erschien dessen zweiter Teil in Heft 4/1928 der *Schildgenossen* – plädiert der Autor für die Integration des Rationalen und Organischen. Großer Architektur eigne seit je die Aufhebung des Widerspruchs im Ganzen der Gestalt.
Diesem Anspruch wurde Schwarz erst mit Sankt Michael gerecht. Was dem Architekten beim Entwurf vor Augen stand und dem Rezipienten beim Besuch vor Augen steht, das ist gleich nur im Glücksfall. Von den Bildern, die den Grund- und Aufriß der Kirche von Beginn an prägten, muß an erster Stelle die Aareschlucht genannt werden. Weit südlich von Luzern, zwischen Innertkirchen und Meiringen, quält sich der Fluß durch sein Bett in den Rhein; links und rechts halten ihn Felsen in Schach. Schwarz und seine junge Frau Maria sahen den Ort während eines Urlaubs im Sommer 1952. Die räumliche Erfahrung schmaler Wege, steiler Wände und eines hohen Himmels formte nach der Heimkehr das Projekt Sankt Michael; beim Wettbewerb offerierte Schwarz eine Variante mit tragendem Bruchstein und leuchtendem Glasdach, die aufgrund technischer Probleme Entwurf bleiben mußte. Doch an der Kreuzung von Rotlintstraße und Gellertstraße ist das Drama der Natur auch ohne dicke Mauern präsent. Mattweiß auf den Wänden, Mattgrün auf den Pfeilern, Mattschwarz auf dem Boden, Mattblau auf der Decke: Könnte das Innere irdener sein? Zeichnen die Farben und Formen – die weißen Felder, die grünen Striche, die hellen Strahlen von oben – etwa eine Lichtung am frühen Morgen?
Einer sagt es, einer sieht es, das ist der einzige Unterschied der Gleichaltrigen, wenn es um die Dinge auf Erden geht. Der Satz stammt aus dem Kapitel Vom Aufstand der Dinge und sollte die geistige Verwandtschaft zwischen dem Architekten Schwarz und dem Fotografen Renger-Patzsch in Worte fassen. Beide gingen während der dreißiger und vierziger Jahre ihrer Wege und suchten Gefallen an ruhigen Landschaften, nachdem das Hitlerregime alles Technische und Urbane in Verruf gebracht hatte. In den fünfziger Jahren traf einer den andern kaum. Doch blieben sie durch ein paar Briefe im Gespräch. In seinem Aufsatz *Was dennoch besprochen werden muß* kommt der Baumeister auf den Lichtbildner voller Achtung zu sprechen. Und in einem Brief vom 12. Oktober 1957 nennt er ihn lächelnd einen »Kauz«. Einer baut es, einer sieht es, das ist der einzige Unterschied der Gleichaltrigen, wenn es um die Gestalt von Sankt Michael und die Gestalt jener Pappeln geht, die auf einem

Wiesengrund bei Volkmarsen sanfte Bögen in Form eines flachen S bilden. Renger-Patzsch hat die Szene 1960 fotografiert. Wie graue Striche zwischen weißen Feldern reihen sich die Stämme; wie schwarze Hälften länglicher Ellipsen reihen sich die Kronen.
Außen hält man die Kirche wegen der schrägen Pfeiler leicht für eine Burg – die Stützmauer an der Südseite von Rothenfels? – und innen leicht für ein Zelt, dessen Wände kräftig bauschen. Der Blick nach vorn macht die Rauten bald zu Stangen, zwischen denen das Tuch hängt. Und wirft man den Kopf nach hinten und die Augen nach oben, dann werden die Konchen bald zu Rudern eines Ballons, der auf und nach Süden fliegt. Waldschlucht, Burgwall, Zeltdach, Luftschiff: Was ist das? Archetypik und Typologik? Zitat und Collage? Die Architektur ein Konglomerat? Der Architekt ein Vater Aldo Rossis? Ja und nein. Der Bau ist ein Guß. Die enorme Suggestion rührt aus der Homogenität des Heterogenen, die Robert Venturi Jahre später *Complexity and Contradiction in Architecture* nennen wird. Solchen Abstrakta konfrontiert, hätte Schwarz gleich den Apparat der Ästhetik verworfen und behauptet, die Häuser Gottes müßten Zeichen des Anderen und Ewigen sein. Dennoch sind Komplexität und Kontradiktion Qualitäten auch seiner Architektur. Im Sommer 1956 standen mit Sankt Michael in Frankfurt und Sankt Anna in Düren zwei so verschiedene wie bedeutende Kirchen, die sein Ideal von Monument Wirklichkeit werden ließen. Im vollen Bewußtsein dieser glücklichen Erfahrung hielt er beim 77. Deutschen Katholikentag in Köln einen großen Vortrag, plausibel und kohärent vom ersten zum letzten Wort. *Architektur als heiliges Bild*, der Titel war auch das Thema. Für den Gottesdienst müßten »Sinnräume« gebaut werden. Deren Bilder müßten den Menschen bilden. Sie müßten einerseits offen und genau sein, andererseits vor Architektur und Theologie Bestand haben.
Baukunst und Werkform druckte den Vortrag in Heft 3/1957. Den Umschlag ziert eine Fotografie jener Dornenkrone riesigen Durchmessers, die Theo Heiermann entworfen hatte und die – nach einer Idee von Schwarz – beim Hochamt im Stadion Müngersdorf an drei Stahlseilen von drei Baukränen über der Altarinsel hing: temporäre Kathedrale für Tausende von Gläubigen. Auf Seite 152 lesen wir von Kunst und Kitsch, von »Formen und Förmchen ohne Ende«. Dann blättern wir um. Auf Seite 154 lesen wir, warum die Burg keine Zinnen und das Schiff keine Masten haben darf. Das Bauen in Bildern verfahre analog und nicht mimetisch. Unter den beiden Spalten wirbt die Anker-Teppich-Fabrik aus Düren. »In Qualität verankert«, hat die schon hundert Jahre alte Firma für jede Kirche den rechten Teppich auf Lager. Ob gotisch oder barock oder modern: »Verlangen Sie von uns Spezialprospekt«.

Sankt-Anna-Kirche, Düren 1956

Das Memento der Ruine

»Weg damit«, sagt Robert Fähmel und malt ein dickes schwarzes X auf den Plan an der Wand. »Um Gottes willen«, jammern die Kollegen im Atelier. Doch der Statiker bleibt hart. Er hat eine Leidenschaft für Dynamit. Auch als der Krieg schon aus ist, kann er die Hand von dem Zeug nicht lassen. Man braucht ihn für den großen Abbruch vor dem großen Aufbau. Denn die Stadt ist eine wüste Landschaft von Kratern und Hügeln. Fähmel aber findet: Sie hat kein Recht auf neues Leben. Sollen die Häuser bei der Sprengung rufen: Memento, homo, quia pulvis es! Die Stümpfe müssen fallen, so oder so. »Da ist noch der Rest eines Fenstersturzes aus dem sechzehnten Jahrhundert und noch der Teil einer Kapelle aus dem zwölften«, flehen die Kollegen, weil sie der lieben Heimat das schöne Alte retten wollen. »Sie können uns doch nicht im Stich lassen.« Fähmel wirft die Kreide auf den Boden. »Aber ich lasse Sie im Stich, wenn ich auf jeden Hühnerstall aus der Römerzeit Rücksicht nehmen muß. Sprengen Sie und schaffen Sie Luft.«
Wo und wann sind wir? In Köln. Im Sommer 1945. Und im Roman *Billard um halb zehn* von Heinrich Böll, einer deutschen Geschichte von Architekten und Architektur, von Anpassung und Widerstand zwischen Beginn und Mitte des Jahrhunderts. Wenn in den frühen Jahren nach dem Kriege um einzelne Gebäude gestritten wurde, war freilich niemand so moralisch, niemand so destruktiv und niemand in beidem so radikal wie Robert Fähmel. Nein, nach all den Bomben und Bränden wollten die Kölner das Erbe hüten, so gut es ging. Noch mit achtzig Jahren wandte sich Paul Clemen – sein Inventar *Die Kunstdenkmäler der Rheinprovinz* ist ein opus magnum von zwanzig Bänden – an die schweigende, weil schüchterne Öffentlichkeit. Nachdem das Münster von Neuß vorläufig gerettet war, bat der Klerus im Juni 1946 zur Feier. Unter den Konchen von Sankt Quirin hielt Clemen seine Rede: *Rheinische Baudenkmäler und ihr Schicksal. Ein Aufruf an die Rheinländer.* Der Autor neigte zu den konservativen Konservatoren. Aber er teilte die Kritik an Historismus und Rekonstruktion, die damals in weiten Kreisen mal aus eher ästhetischen, mal aus eher politischen Gründen auf mitunter heftige Ablehnung stießen. Trümmer dürfe man räumen;

an die Ruinen dürfe man eine Weile nicht mal rühren. »Aber vor allem nicht sprengen!«
Der Aufruf des alten Clemen hatte Wirkung. Denn bald lud die Gesellschaft für Christliche Kultur zu einer Reihe von Referaten und Diskussionen. Sie galten einer Sorge: Was wird aus den Kölner Kirchen? Vom 19. Februar bis 2. April 1947 traf man sich jeden Mittwochabend im bitterkalten Auditorium Maximum der Universität. Es sprachen dort Publizisten, Historiker und Architekten. Den Anfang aber machte ein Pfarrer. Robert Grosche verwarf die Alternative von Kultort oder Kunstwerk; die Kirchen müßten Kirchen bleiben, rief er unter starkem Beifall. Rudolf Schwarz, der als nächster Redner vor die Gemeinde der Zuhörer trat, mochte schon das Wort vom »Genuß der Dome« nicht dulden. Der Städtebauer ließ das Urbane im Sakralen und das Sakrale im Urbanen münden, als ob nicht das eine vom andern notwendig geschieden werden müsse. Ähnlich Grosche und Schwarz dachten auch die anderen Beiträger. Alle hielten den völligen Abriß oder den getreuen Aufbau für einen falschen Umgang mit den herrlichen Triconchae oder dem herrlichen Dekagon. Alle wünschten die romanische Architektur aus dem Hier und Jetzt, bescheiden und dauerhaft erneuert. Einmütig verfluchte man das neunzehnte Jahrhundert, weil es die Gläubigen abtrünnig, die Kirchen nur hübscher gemacht habe. Der kölnische Katholik hatte seine Vorstellung von Geschichte. Am Horizont der Ruinen sah er nicht 1933, nicht 1914, nicht 1871, sondern 1802: die Sünde der napoleonischen Säkularisation.
Die Polemik gegen Imitat und Surrogat, gegen Attrappe und Kulisse, ja das Niedermachen der Denkmalpflege war bei keinem der Redner so scharf wie bei Hans Schmitt. Noch hatte Walter Dirks seinen Essay *Mut zum Abschied* nicht geschrieben, seine Gedanken wider den Auf- und Neubau des Frankfurter Goethehauses nicht gesammelt, da äußerte Schmitt in bezug auf die Kölner Kirchen im Halbkreis von Sankt Kunibert und Sankt Severin verwandte Bedenken. Die heimlichen Hoffnungen auf eine Explosion des Religiösen nach der Implosion des Politischen mochte der versierte Journalist nicht leiden. Noch lange müßten wir ohne Mitte leben; die Gewinnung geistiger Gemeinschaft brauche Zeit. Sein Ideal – das Alte wahren und das Neue wagen – konnte Schmitt, gut drei Jahre nach seinem Plädoyer für das Autonome der Architektur und das Produktive der Architekten, vor und in Sankt Kolumba bewundern. 1950 hatte der junge Gottfried Böhm das kirchliche Gemäuer am Dischhaus in genau jenem Geiste verändert, den die Vorträge 1947 beschwört hatten. Böhm hatte den Turmstumpf durch ein Blechdach zum Vorbau eines Achtecks hinter einem spitzen Bogen gemacht. In das Oktogon der Kapelle hatte er jene gotische Madonna gehängt, die der Zer-

störung wunderbar entgangen war. Das Gehäuse der Mutter mit dem Kinde glich einem lichten weißen Zelt. Durch die Streifen der Fenster zwischen den Rippen aus Beton führte der Blick auf die Trümmer der Kirche. Sie blieben, wo sie lagen.

Die Ruine war Thema der Renaissance wie der Romantik. Aber anders als für die Maler und Dichter jener Epochen war sie für die Kölner Künstler nach dem Krieg eine tägliche Wahrnehmung. Nur, Gleiches sahen ihre Augen nicht. Zwischen der Grafik von Heinrich Schröder und der von Georg Meistermann etwa liegt nicht allein die Spanne von Sommer 1945 bis Sommer 1949, nicht allein der dünne kurze Strich der früheren und der dicke lange Strich der späteren Zeichnungen, je mit Ansichten der Stadt um den Dom. Schröder suchte das redliche Abbild, Meistermann die südliche Anmut, einer die Katalepsie, einer die Resurrektion der Metropole. Von Germania nach Italia? Von Tränen zu Träumen?
Die Entwicklung der Lichtbilder war kaum verschieden. Es begann mit flötenden Engeln, die auf Trümmer schauen, und mit lachenden Kindern, die von Trägern rutschen. Oder mit Karneval und Fronleichnam, mit Guitarre und Baldachin vor schütteren, steinernen Gestalten. Nie war die Kamera objektiv; der Fotograf hatte Wünsche. Frei vom Glauben an die Katharsis nach dem Inferno war in Köln nur ein Projekt, das den Lichtbildner Karl Heinz Hargesheimer und den Buchhändler Günther Weiß-Margis verband. Die Männer lernten sich 1949 in der Kunsthandlung Boisserée auf der Hohen Straße kennen und schätzen. Bohémiens auf terrain vague und beide unter dreißig, arbeiteten sie bald gemeinschaftlich an einem Buch. Nach heftigen, nächtlichen Gesprächen standen Titel und Design. Der Band sollte *form und urform* heißen und vorn den Torso des Apollo vom Belvedere zeigen. Die Publikation hätte aus dreißig Fotos von Ruinen sakraler und profaner Architektur in Köln sowie aus sieben knappen Texten bestanden. Bild und Wort einte die avancierte ästhetische Position. Von allem Historischen emanzipiert, sollte das Ruinöse der Altstadt neue, weite Räume öffnen. Jedes Foto war ein Genuß, frei von moralischem Lamento wie von politischer Attacke. Statt dessen boten die Bilder Teile vom Ganzen. Gurte schwingen aus; Rippen brechen ab; Türen kippen um; Fenster stürzen ein. Architektur diagonal und dekonstruktiv.
form und urform kam nie auf den Markt. Der Fotograf – unter dem Künstlernamen Chargesheimer wurde er berühmt – hat von den dreißig Bildern nur eines später in einem Buch verwandt. Waren die Fotos dem Kölner Alltag zu entrückt? L'art pour l'art? Bizarre Ruinen wie archaische Architektur zu betrachten war doch während jener Jahre ein Topos, ja ein Klischee der Kritik.

Kölner Trümmer, 1949, Foto: Chargesheimer

Im Feuilleton geläufig war der Gedanke, durch die Brandnächte seien zahllose Gebäude von Pomp und Kitsch, von der Unform zur Urform befreit worden. Auch Schwarz sprach dann und wann von Urform, etwa in bezug auf das Oval der Paulskirche und das Karree des Gürzenich. Vom Rohen und Reinen dieser Mauern, vom Stein ohne Putz mochte er sich bei Entwurf und Aufbau der beiden alten Gehäuse gar nicht trennen. Dafür baute er mit dem roten Mantel von Sankt Anna der Mitte von Düren eine neue Urform, deren Suggestion vom Charakter der Ruine borgt.

Aber zurück in das Jahr 1946. Frankfurt wollte Zeichen setzen. Die Paulskirche – zwischen Barock und Klassik changierende Architektur aus dem ersten Drittel des neunzehnten Jahrhunderts – sollte wieder heile stehen. Nicht allein, weil der hundertste Geburtstag der Nationalversammlung nach den Jahren der Hitlerei besonders gefeiert werden sollte; sondern auch, weil Frankfurt Hauptstadt eines neuen Deutschland werden wollte. Engagierte Demokraten dachten bei der Paulskirche immer an beides, die sakrale und profane Architektur auf der einen, das Parlament von gestern wie von morgen auf der andern Seite. Schon im Juni 1946 lobte der Magistrat einen Wettbewerb aus. Doch die 109 Arbeiten mit Vorschlägen zum Auf- und Umbau der Kirche am Römer waren bloße Konvention und Tradition. Ja, sie standen dem Geschmack des »Dritten Reiches« so nahe, daß die Kommune auch den Urhebern der siegreichen Entwürfe keinen Auftrag geben mochte. Statt dessen wurden der Stadtbaurat Eugen Blanck und der Preisträger Gottlob Schaupp sowie Rudolf Schwarz und Johannes Krahn in eine Planungsgruppe berufen, die der Kirche neue Gestalt geben sollte.

Keine Frage, wer von den vier Köpfen die Meinung machte. Der Bau ist ein Werk von Schwarz. Er nahm der Kirche das hohe Mansarddach und die schmale Freitreppe; die Mauerschale mit Achsen von etwa sechsunddreißig und neunundzwanzig Metern wirkt daher stärker als früher. Der rötliche Solitär hat ein Untergeschoß für die Nebenräume wie Garderoben und Toiletten und eine Wandelhalle mit geschlossener Zelle und umstehenden Säulen in der Mitte. Die Balance von Repetition und Konzentration, von Symmetrie und Dynamik der Form sucht ihresgleichen; bei kontemporären Architekturen gibt es kein Pendant. Noch in der sanften Biegung der zwei mal zwei Treppen, vorne nach unten und hinten nach oben, fühlt man auf Schritt und Tritt das Erstarren und Entspannen der Ovalfigur. Im Augenblick der Untersicht hat der Saal eine fast irre Höhe. Man sieht ja erst die Latten der Kuppel nach oben steigen, dann die Ketten der Lichter nach unten fallen, dann die beiden Folgen der kleineren und der größeren Rundbögen und Wandflächen,

dann die schwarzen Stuhlreihen auf dem grauen Fußboden und dann vis-à-vis die marmorne Tribüne mit dem Prospekt der Orgel.
Von Beginn an war der Auf- und Neubau der Paulskirche für alle Beteiligten eine Botschaft an die Siegermächte und die Nachbarstaaten. Die Deutschen, so hieß es, wollten Freiheit und Frieden, wollten beides trotz aller Not mit aller Kraft. Im politischen und kulturellen Bewußtsein der Bundesbürger steht die Kirche am Römer seither für Demokratie und Föderation wie für die Einheit von Macht und Geist; diese Aura weht bis heute um den Bau. Als hohe Herren aus Stadt und Land im März 1947 um den Grundstein und im November 1947 um den Richtkranz sich scharten, da nahmen sie große Worte in den Mund. Der Frankfurter Oberbürgermeister Walter Kolb sprach von einem »heiligen Monument«, der Hessische Ministerpräsident Christian Stock von einer »Ruhmesstätte« der Demokratie. Fritz von Unruh, Literat und Pazifist, nannte die Paulskirche bei der Feierstunde im Mai 1948 eine »Zelle der Entsühnung und Versöhnung«. Architekturhistoriker nahmen die gute Absicht der Politiker für die gute Absicht der Architekten und kümmerten sich nie um den Widerspruch zwischen den Bauherren auf der einen und den Baumeistern auf der andern Seite der Geschichte. Doch was die Planungsgruppe Blanck/Krahn/Schaupp/Schwarz der Zeitschrift *Die Neue Stadt* zum Druck in Heft 3/1948 gab, das teilte mit den Reden von Kolb und Stock nur das Objekt der Vision.
Mit drei Aufnahmen erinnert Schwarz – wer anders hätte den Aufsatz *Die neue Paulskirche* schreiben können? – an die erste Wahrnehmung des hohlen Frankfurter Gemäuers. Empfindsame Beobachter fühlten sich in der Nähe des Ovals in der Nähe von Aquädukten und Kaldarien. Auch Schwarz notiert das Römische der Ruine. Seine und seiner Kollegen Tätigkeit galt indes nicht allein dem Erhalt des Eindrucks von Gewalt und Größe am Ort, sondern auch der Umnutzung wie Umdeutung der noch existenten Architektur. Nach der Intervention durch die Planungsgruppe bilden der schmale Torweg, die enge Halle und der weite Festsaal eine Folge dreier Räume. Ihr Programm braucht niemand lange suchen. Denn Punkt für Punkt macht uns Schwarz mit seiner Utopie vertraut. Nur an einer Stelle nahm die Redaktion dem Typoskript eine wichtige Kleinigkeit. Das »Bildwerk« über dem Portal hinter dem Entree hat bei Schwarz ein Thema: Sankt Michael, den Gotteskrieger und Seelenwäger und den »Engel der Deutschen« in schwerer Stunde. Auf der Ovalzelle der Wandelhalle möchte der rheinische Architekt das Volk im Glück der Herrschaft sehen. Die Reliefs auf dem Parthenon und auf der Ara Pacis Augustae, attische und römische Prozessionen zu Ehren dort einer Göttin und hier eines Kaisers, werden zum Vergleich genannt. Durch die Entasis der Säulen unten

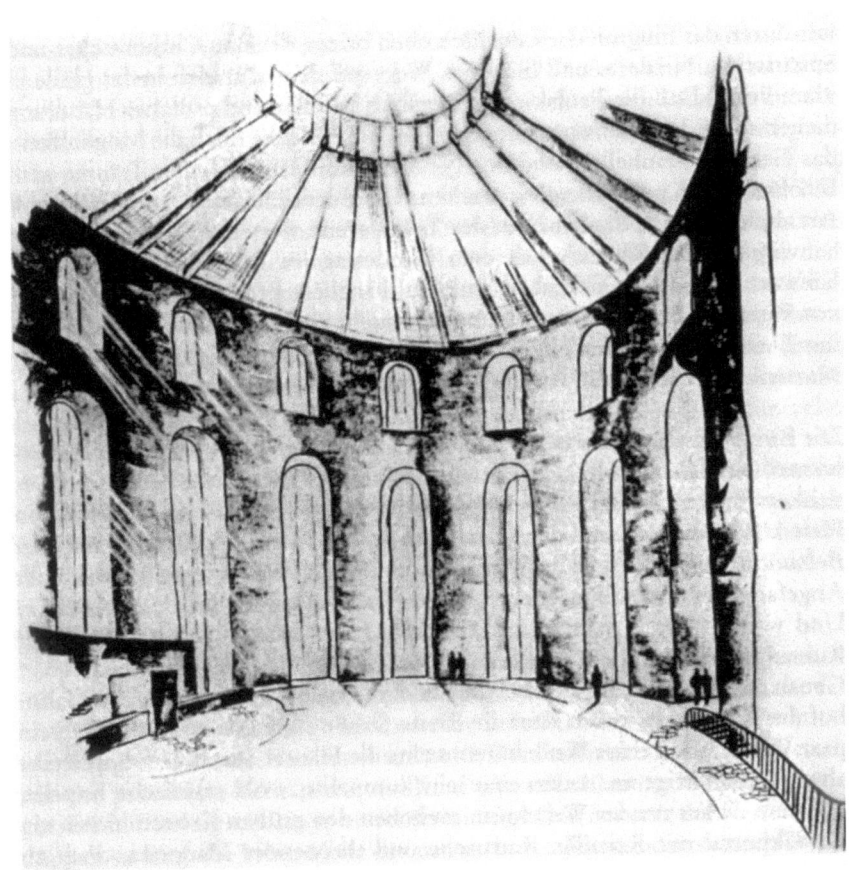

Paulskirche, Frankfurt am Main, Entwurf 1946

wie durch das Filigran der Leuchten oben bringe der Bau Chthonisches und Sphärisches, Niederes und Höheres, Wege aus dem Dunklen in das Helle in klare Form. Daß die Paulskirche eigentlich sakraler und profaner Handlung dienen sollte, kam Schwarz nur recht, bot die Aufgabe doch die Möglichkeit, das Gebäude »einhellig« und den Neubau zum Denkmal alter Träume vom Reiche Gottes auf Erden zu machen. Die Identität von Demokratie und Architektur durch das Medium der Transparenz war ein Postulat von Hans Schwippert; der Wunsch galt dem Bundestag im Bundeshaus am Rhein. Schwarz fand solche Offenheit wohl aufdringlich. Er war auch kein Freund von Republik und Parlament. Seine Sehnsucht ging nach dem Ordo. Er habe den Deutschen dienen wollen. Und dann: »Wir traten in die große Schar der Namenlosen, die einmal diesem Volk seine Dome erbaut hat.«

Die Ruine war für Schwarz nicht allein architektonisch, sondern auch intellektuell ein Thema. Mit den Entwürfen für die Paulskirche reiften die Gedanken für den Aufsatz *Das Unplanbare*, den *Baukunst und Werkform* in Heft 1/1947 druckte und der später zum finalen Kapitel des Buches *Von der Bebauung der Erde* wurde. Was auf dem Boden liegt und steht, sei immer Angefangenes und Aufgegebenes, immer Nebeneinander des Unvereinbaren. Und was tut der Urbanist und Architekt? Der arbeitet in und mit lauter Ruinen, schöpft aus dem Rest der Welt den Stoff seiner neuen Bauten.
Genau das war die Lage im rheinischen Andernach. Sie kommen vom Bahnhof der Kleinstadt, gehen über die Breite Straße südwärts und vorbei an ein paar Villen. Nach einer Weile hören rechts die Häuser auf. Eine Doppelreihe alter Bäume steigt an, rechts eine sehr kompakte, wohl staufische Kapelle, links ein dicker runder Wehrturm, zwischen den grünen Kronen hinten ein Barockportal mit Rocaille, Kartusche und thronender Madonna, doch zu beiden Seiten Bruchstein und Rohglas. Was ist da alt? Was ist da neu? Hinweise bieten *Die Kunstdenkmäler der Rheinprovinz*. Band siebzehn erklärt das Gemenge der Gebäude, die Permanenz von Konstruktion und Destruktion seit den Tagen der Franken. Hier stand bis 1807 die Sankt-Thomas-Abtei mit imposanter Basilika. Und was Sie vor Augen haben, war früher der Eingang zum Wohnhaus der adligen Äbtissin. 1944 sank der Bau in Schutt. Nur Lochwände blieben über einem doppelten Gewölbe mit Kreuzgraten stehen. Heute sind diese Mauern Teil der 1954 geweihten Sankt-Albert-Kirche. Aber bis auf das Portal mit dem Relief der Maria negierte Schwarz den Charakter der Fassade. Das Gebäude der Äbtissin verwandte er nur, um seine eigene Anschauung einer zwar massiven, doch lädierten archaischen Architektur Wirklichkeit werden zu lassen. Die drei Meter breiten und zehn Meter hohen

Fenster reichen vom Boden zur Decke. Dank ihrer rauhen Scheiben und Sprossen, dank auch ihrer Stellung hält man die Wände leicht für Reste von etwas Altem, ja Uraltem. Helle Flächen von abgeschlagenen Pilastern auf der nördlichen Langseite und von abgerissenen Anbauten auf der östlichen Schmalseite suggerieren Ruinöses.
Auch der Turm, obwohl durch und durch neu, treibt das Spiel der Zeit. In den Winkeln eines Quadrats von achteinhalb mal achteinhalb Metern stehen vier Pfeiler. Ihr Bruchstein ist braun und flach; man kann den Mörtel aus den Fugen klauben. Unter dem Satteldach hängt der offene Glockenstuhl. Zwischen den Füßen der Pfeiler steht ein Kasten aus Stahl und Glas mit einem Boden aus Beton. Die Baustoffe berühren einander kaum; so macht der junge den alten älter und der alte den jungen jünger. Aus dem Kasten in die Kirche tretend – Länge und Breite verhalten sich bei knapp sechzig zu fünfzehn Metern wie vier zu eins –, fällt die Schräge der Ostwand hinter der Orgel auf. Auch sie eine historische Reminiszenz. Die Opposition und Demonstration von Material bleibt innen auf jene Stelle der Südwand beschränkt, wo eine gläserne Lotrechte Durchgang und Durchblick schafft. So wird Baustoff durch Klarglas gezeigt, vom Hauptschiff zum Taufort: der Stein, vom Taufort zum Hauptschiff: der Putz.

Nach der Paulskirche in Frankfurt und vor der Albertkirche in Andernach näherte sich Schwarz einer verwandten Aufgabe. Es ging um ein Gebäude, das im kölnischen Bewußtsein gleich nach den Gotteshäusern aus dem Mittelalter rangiert. Der Gürzenich entstand um 1445. Das Festhaus borgte seine Gestalt von den prächtigen Rathäusern und Kaufhallen der Flamen. Mit Kanten von gut vierundfünfzig mal knapp vierundzwanzig Metern wurde der Kasten etwa doppelt so lang wie breit. Mitte des neunzehnten Jahrhunderts durch Dombaumeister Ernst Friedrich Zwirner umgebaut und durch Stadtbaumeister Julius Carl Raschdorff erweitert, standen von den beiden Geschossen des gotischen Gürzenich fünfhundert Jahre nach den ersten Bällen in seinen Mauern nur seine Mauern. Doch gleich nach dem Brand wurde das geliebte Gebäude gesichert, im April 1949 ein Wettbewerb ausgelobt. Nur echte Kölner durften dem alten Gürzenich ein neues Interieur geben. Während auf den Märkten und Straßen Lotterie und Tombola für Aufsehen und Einnahmen sorgten – ohne Hilfe der Bürger konnte die Sache nicht gelingen –, tagte die Jury unter Vorsitz von Oberbürgermeister Robert Görlinger. Im September 1949 gingen zwei gleiche Preise an Karl Band und Hans Schilling sowie an Rudolf Schwarz und Josef Bernard. Die Ähnlichkeit der Entwürfe in »Dur und Moll« führte Band und Schwarz zu einer Angleichung ihrer Vorhaben.

Sankt-Albert-Kirche, Andernach 1954, Nördlicher Eingang und südlicher Ausgang, Fotos: Artur Pfau

Nach gut drei Jahren Aufbau und Neubau wurde der Gürzenich am 2. Oktober 1955 feierlich eröffnet.

In Frankfurt und in Andernach gab es je eine Ruine; in Köln gab es zwei: den Gürzenich und Sankt Alban. Die Nähe der profanen Architektur im Süden und der sakralen Architektur im Norden der Grundstücke am Quatermarkt gehörte schon zu den Themata der Konkurrenz. Die neunundsechzig Teilnehmer am Wettbewerb planten noch den Aufbau der Kirche; doch später kaufte die Kommune das Areal und die Ruine. Eine glückliche Entscheidung, auf die Band und Schwarz wohl gehofft hatten. Denn die neue Lage gab den beiden die Möglichkeit, den Gürzenich und Sankt Alban nicht mehr nur wie Gebäude in freundlicher Nachbarschaft zu behandeln. Nun konnten die Mauern Fleisch vom selben Fleisch und Blut vom selben Blut, konnten zwei Ruinen und ein Poché wirklich Ensemble werden.

Was wir heute in der Mitte der Mitte von Köln sehen, ist ein Bau aus der Zeit, kraft ihrer Authentizität und Homogenität eine singuläre Architektur. Die äußere Erscheinung der neuen Teile bleibt bescheiden. An der Ost- wie an der Westseite, beide etwa einundsechzig Meter lang, treten diese Stücke sogar leicht zurück. Die konstruktiven Elemente, der weiße Betonraster und die braunen Ziegelfächer, spielen den Mittler der Waagrechten und Senkrechten auf den gotischen Fassaden linker und rechter Hand. Man kann die dunklen Felder zwischen den hellen Linien zählen, elf mal vier an der Ost-, drei mal fünf an der Westseite. Da auch die wenigen Vor- und Rücksprünge nie aus dem Raster laufen und das Walmdach unten kaum auffällt, hat der Komplex zwar seine Breite, doch keine Tiefe. Obwohl der Neubau das Grundstück von Straße zu Straße durchquert, wirkt er an beiden Enden flach wie ein textiler Paravent. Auf seine Weise hatte *Der Spiegel* recht, als er mit Bezug auf die schmalere Rückseite am Quatermarkt – genau: auf die perforierte, betonierte, mal eher graue, mal eher grüne Hochwand – von einer »lustigen Tapete« sprach.

Draußen Rhythmus, drinnen Melos, die Komposition gibt den Ohren zu hören. Und den Augen zu sehen. Der Eingang ist ein Durchgang vom Harten zum Weichen. Keine Mühe, die Teile zu finden: links nach Süden den Gürzenich, rechts nach Norden Sankt Alban, vorn nach Westen das Foyer. Nach dem Krieg standen allein kahle Mauern, durch ein paar Streben und Anker vor dem Einsturz bewahrt. In manchem ähnelte das Karree des Gürzenich dem Oval der Paulskirche. Auch in Köln sah der moderne Architekt hinter allem Ruinösen und Chaotischen die Klarheit von Wand und Loch, die Reihung von Zinnen und Fenstern. Doch der Traum vom Einraum und Hohlraum – vom Rittersaal auf Rothenfels? – blieb Traum. Vom Wunsch nach dem großen

Gürzenich, Köln 1955, Treppenhaus an der Westseite, Foto: Artur Pfau

Gürzenich, Köln 1955, Ruine der Sankt-Alban-Kirche an der Nordseite, Foto: Artur Pfau

Kasten mußten Band und Schwarz bald Abschied nehmen. Schon wegen der zahlreichen Nutzungen, die das gotische Gemäuer behausen sollte: im Keller eine Kneipe, in Höhe des Eingangs vorne links ein Restaurant und hinten links eine Garderobe, darüber der Festsaal in voller Länge und Breite des alten Hauses. Restaurant und Garderobe sind weitläufig und vielfältig verbunden. Auf zwei Emporen und vier Balkonen kommt der Gast in Schwung. Hier oben, wo der Blick auf den Eingang und den Aufgang geht, darf jeder mal so tun, als gelte nur ihm das Wogen all der parfümierten Hälse und kostümierten Bäuche da unten.

Da unten? Das meint die Halle, auf dem Grundriß ein Winkel mit gleich langen Schenkeln, einer Richtung West, einer Richtung Nord. Beide enden an einer Treppe: die größere sehr breit, dann in der Manier des Barock vom Podest um die Ecke nach links oder rechts und weiter hinauf; die kleinere von unten nach oben schmaler werdend und immer nach links drehend. Die große Treppe führt vor die Türen zum großen Saal, die kleine Treppe vor die Türen zum kleinen Saal. So einfach wie die Worte sind die Wege. Band und Schwarz brachten Küche und Büro des Gürzenich im länglichen Mezzanin an der Ostseite unter. Die scharfe Trennung zwischen der Wandelhalle und den Nebenräumen hat schöne Folgen. Das Foyer darf ganz Foyer sein, darf mit der Menge fließen und fluten. Man fühlt sich drinnen wie draußen. Wegen der Ruine von Sankt Alban, wegen der langen Steinbänke an den beiden Altbauten, wegen des üppigen Ornaments. Von Ost nach West stehen schlanke Stützen auf Achse, im Querschnitt je eine Kreuzform aus Stahl und ein Kleeblatt aus Gips. Der Mittelpfeiler am Treppenaufgang reicht vom untersten zum obersten Geschoß. In den konkaven Partien der sieben Stützen steigen dünne Rohre und matte Birnen auf, greifen wie Zweige und Knospen unter die glatte Decke. Hinter der großen Treppe leuchten Gläser in Weiß und Gelb und Braun, fallen wie Blätter von Bäumen. Und in der geräumigen Garderobe blühen die Wände in Farben von Pastell. Lauten und Hörner, Geigen und Flöten hängen an Schleifen von Büschen. Rehlein so sanft, Vöglein so süß: Mit dem pastoralen Sgraffiato auf gutdeutschen Wohnhäusern teilen die Fresken von Richard Seewald das bemüht Ländliche und Heitere. Doch das Dekor aus Flora und Fauna – noch die Lüftungslöcher gleichen Schmetterlingen! – drängt seine Sommerstimmung niemandem auf. Während am Dom die Kölnisch-Wasser-Farben das Blau-Gold-Haus zur hübschen Packung »Für Sie« und »Für Ihn« machen, bleibt im Gürzenich die Kunst am Bau Kunst am Bau. Bei aller Freundschaft zu den Kölner Künstlern, das Prärogativ der Architekten hätten sich Band und Schwarz nie rauben lassen.

Neckischer Tändelei bietet schon Sankt Alban Kontra. Das Pläsier am Dekor hat ja im Vergleich mit dem wuchtigen Gemäuer keine Chance. Als ob die einst romanische Basilika expandieren wolle, drücken die alten Steine auf die neue Halle. Im Poché hält eine Wand diese Kraft nicht aus und gibt nach, während die Decke zwischen dem unteren und oberen Foyer vor der Ruine sich scheut und ihr weicht. Achtung wahrt Abstand. Wie von den Balkonen auf die Menschen, so wandern die Augen von der Galerie erst auf die prallen Mauern und Fenster, dann auf die losen Gurte und Bögen der Kirche. Hinten erscheinen Rathausturm und Domtürme. Vorne hängen kleine Leuchten an weißen Schnüren, folgen der Süd- und Ostseite von Sankt Alban, hüllen die Gestalt in einen Schleier und geben der schiefen Apsis eine Würde, die früher – als die Schale noch draußen war – an der Umgebung scheiterte. Um solcher Wirkung willen wurde die Ruine präpariert. Unter Protest der Konservatorin Hanna Adenauer räumten Band und Schwarz mit allen Trümmern auf. Wie beim Gürzenich das Werk der Zwirner und Raschdorff, so hatte auch hier das neunzehnte Jahrhundert keinen Kredit. Im offenen Gehäuse wurde Kiesel gestreut, wurden Altäre beseitigt und Profile verändert, wurde die Rahmung der Fenster unten geöffnet und oben geschlossen, um die Wandelhalle tageslichter zu machen. Was durch die Eingriffe gewonnen wurde? Die Konturen vagieren; Draußen und Drinnen wollen das je Andere sein. Der Neubau zwischen Gürzenich und Sankt Alban hat eine Botschaft. Sie handelt vom Lachen und Weinen, vom Leben und Sterben. Und sie steht im Hausbuch der Dichtung unter dem Titel: *Schlußstück*.

Wochen nach der feierlichen Eröffnung der innen so dynamischen Architektur wurde im Kölner Stadtteil Mülheim die Pfarrkirche Liebfrauen konsekriert. Wieder hatte Schwarz mit lauter Trümmern kämpfen müssen. Aber Trümmer und Trümmer waren zwei; ruinöse Neogotik war seinerzeit nirgendwo sakrosankt. Noch im Rückblick der Werkschau von 1960 meinte Schwarz, Dombauer und Baumeister Zwirner habe rechts vom Rhein die Reproduktion der Kathedrale links vom Rhein versucht. Solchen Historismus »mit allem Drum und Dran« hielt er für eine Degradation authentischer Architektur.
Also durften in Mülheim Querschiff und Hochchor fallen. Nun macht der Neubau den Altbau zum Vorbau; die gestutzten Langschiffe münden in einen Festsaal, dem nach Norden die Sakristei und nach Osten die Kapelle sich fügen. Der Festsaal um den Altar hat acht Fenster, die vom Boden zur Decke reichen. Je drei Vertikalen und sechs Diagonalen zeichnen Schemen von Bäumen und Ästen. Aber das Maßwerk ist Tragwerk! Eine tektonische Irritation?

Nur das Bild vom leichten lichten Zelt – wo die Stäbe Stangen und die Wände Tücher sind – befreit vom Irrtum flüchtiger Ansichten und erklärt auch den Dachstuhl aus Stahlrohr.

Hans Schwippert hatte Ähnliches entworfen. Die neogotische Sankt-Engelbert-Kirche in Mülheim an der Ruhr gliedert ein Spalier. Doch die Säulen auf dem Boden und die Rippen an der Decke wirken technischer und galanter als die Lösung von Schwarz. Ohne Wissen und Wünschen von Schwippert kamen die schneeweißen Stahlrohre wieder: auf den Bahnhöfen und Flughäfen der munteren Achtziger.

Im Œuvre von Schwarz taucht das Thema Ruine bei genau siebzehn Bauten auf. Trümmer begleiteten ihn seit Mitte des Krieges; Arbeit an Teilen von Altem beschäftigte ihn oft, von Schloßkirchen auf Weinbergen zu Rathäusern in Domstädten. Die erste Nummer der *Frankfurter Hefte* – die Schwarz voller Neugier Seite um Seite las – bot ihren Lesern unter dem Titel *Ketzerische Gedanken am Rande der Trümmerhaufen* aus der Feder Otto Bartnings einen Aufsatz, der dialogisch Position einnahm. Der Essay war Credo. Einerseits den Ruin der Moral, andererseits die Demontage der Industrie vor Augen, rief der in Heidelberg tätige Architekt seine Kollegen zu »eindeutigen« und »einfältigen« Entwürfen auf. Im Jahr nach dem Regime der braunen Horden schien Bartning eine Rückkehr von Spreeathen und Elbflorenz wie Lüge und daher Sünde. Der Zwinger in Dresden müsse liegen bleiben. »Die Ruinen werden eine starke und wahre Sprache sprechen«. Aber welche? Die von Denk- und Schuldmalen? In jedem Falle sollten die Gemäuer ästhetisch transformiert werden, das Lädierte und das Moderne den Eindruck äußerster Bescheidung gewähren. So lange noch heulende Sirenen Müttern und Vätern durch Mark und Bein gingen, so lange noch wirkten die hohlen Stümpfe wie eine stete Warnung. Aber mit den Jahren sahen die Augen der Deutschen solche Orte anders. Die Kriegswunden wurden Schandflecken, die Schandflecken wurden Baulöcher, die das Wunder der Wirtschaft gern mit Glamour füllte. Man denke bloß an die Magnikirche Braunschweig und das Stadttheater Münster. Beide waren Projekte mit Ruinen; beide trennen kaum fünf Jahre und doch der Abstand von Memento und Souvenir. Bernhard Dexel fügte das Neue dem Alten, Harald Deilmann das Alte dem Neuen. Dexel wollte die Joche hinter den Türmen wie Bogen stehen lassen und nur den Chor für eine zum Langschiff transparente Architektur nutzen; Deilmann machte den Romberger Adelshof zur noblen Kulisse, die dem Bürger vom Urlaub im Süden erzählt.

Hatte 1949 die Skizze von Dexel Ähnlichkeit mit Sankt Kolumba, hatte 1952 das Modell von Deilmann Ähnlichkeit mit dem Wallraf-Richartz-Museum.

Wallraf-Richartz-Museum, Köln 1957, Reste des Kreuzgangs an der westlichen Hofseite, Foto: Artur Pfau

Die Münstersche und die Kölnische Aufgabe waren funktional different; doch die Haltung zu den Trümmern war gleich. Bei Deilmann wurde ein Teil des klassischen Romberger Hofs, bei Schwarz ein Teil der gotischen Minoritenkirche Schmuck am Bau. Blieb der Kreuzgang – gefälscht? verhübscht! – an der westlichen Hofseite des Museums erhalten, so wäre der Deutsche Reichstag völlig entstellt worden, wäre der Umbau nach 1960 dem Entwurf von Schwarz gefolgt. Mit dem opulenten, auf Integration und Innovation deutscher Stile bedachten Historismus Paul Wallots konnte der rheinische Architekt nicht umgehen. Schwarz hätte den Koloß von Berlin sakralisiert und romanisiert, hätte Wand und Dach wie zur Hinrichtung geschoren und hätte die Kuppel durch Giebel ersetzt, die der Stadt nur fremd waren.

Während dem Reichstag die Achtung sicher war, obwohl er schon lang im Abseits von Berlin lag, hatten die meisten Bauten keinen guten Stand, wenn allein ihre Hülle stand. Häufig kamen die schäbigen Gehäuse hinter flache Kaufläden und breite Holztafeln mit Reklame für Nivea und Dujardin. Im *Merian*, der seine Leser 1960 mit einem schönen Heft nach Köln lockte, meinte Hans Schmitt, dort sprächen allein Sankt Alban und Sankt Kolumba noch von den Nächten in Feuern und Kellern. Daß die Deutschen der Trümmer müde waren, leuchtet ein. Doch blieb ein unbestimmtes Unbehagen. Was war mit den Architekten, die nach dem Krieg vor manchem Gemäuer bloß hatten schweigen können? Hatte die Majestät der Ruine Einfluß auf ihr Schaffen nur, wo es um Fragmente und Spolien, um die Rettung des Alten im Neuen ging? Es gab in den zwanziger Jahren eine Moderne aus dem Genius der Maschine. Gab es in den fünfziger Jahren eine Moderne aus dem Genius der Ruine?

Ja. Etwa in Düren. Die Stadt liegt am Weg von Köln nach Aachen. Ihre Mitte nahm seit je die Annakirche ein. 1944 fiel der Bau in Schutt. Pfarrkinder und Wallfahrer wollten die gotische Herrlichkeit bald wieder heil haben. Oberpfarrer Heinrich Köttgen aus Düren und Dombaumeister Felix Kreusch aus Aachen aber hegten andere Gefühle; beide rangen mit Worten und Bildern um eine Gestalt, die nicht neu noch alt, sondern neu und alt in einem war. Was heutige Aufbauer – Liebhaber von Residenzen der Hohenzollern in Berlin oder Potsdam – nie hören mögen, hielt Kreusch den Freunden der Heimat wieder und wieder vor. Mit neuen Steinen die alte Kirche bauen? Nein. »Die Kopie hätte gepaßt, wenn man die grausige Wirklichkeit der Vernichtung Dürens auch nur als Spuk in Erinnerung haben wollte.« Gleichwohl forderten die Auslober von den Teilnehmern am Wettbewerb 1951, die neue Kirche auf den alten Grundmauern und mit den alten Haussteinen zu planen. Ein Gebot der Stunde. Mehr nicht? Heimliche Hoffnungen zielten wohl auf den Umschlag kleiner Ressourcen in große Utopien. Karl Band und Dominikus Böhm enttäuschten, weil ihre Projekte nur dem Pilgervolk gerecht wurden. Doch Schwarz bot den Juroren ein Gebilde, das schrumpfen und wachsen und so den Feiern der Einheimischen wie der Auswärtigen Raum geben konnte. Es war ein Entwurf, der in die Geschichte fand und aus der Geschichte floh. Diese Architektur – Paradigma und Paradoxon zwischen Tradition und Moderne – wurde am 30. Januar 1952 vom Preisgericht preisgekrönt. Von Sommer 1954 bis Sommer 1956 wurde gebaut; am 8. Juli 1956 wurde die Kirche geweiht.

Verkehrstraßen gelb, Einkaufstraßen blau, wichtige Gebäude rot: Der Stadtplan macht den Stadtraum klar. Sankt Anna steht im Süden der Mitte. Der Eingang liegt wohl an der Ecke von Norden und Osten, wo der Bau an die Oberstraße rückt. Doch der Plan trügt. Wer von den Straßen mit den Läden kommt, prallt mit dem Kopf vor die Wand. Hinter einem flachen Kasten – der Vorbau ist kein Eingang – ragt ein Mauerwinkel. Und wie! Stein an Stein und Stein auf Stein mit Furchen und Kerben und starker Pressung: Der Winkelhaken ist achtundfünfzig Meter lang, sechsunddreißig Meter breit, fünfzehn Meter hoch. Auf der rauhen roten Fläche fallen die paar Reliefs kaum auf. Später wird einem der Kirchenführer sagen, daß Meisterschüler von Ewald Mataré die Bilder von Menschen und Tieren und von Gottes Gericht gehauen und gemeißelt haben und daß genau in der Mitte der Mauer die Heilige und Patronin Mutter Anna ihren Platz hat. In der Tradition romanischer Drolerien, wirken die pelzigen Steine auf der krustigen Mauer wie Spolien einer subtileren Architektur. Verbliebenes Vergangenes? An einer Stelle gleich um die Ecke treten unten die Steine aus dem Verband, schwingen empor und machen kurz glauben, hier seien alte Rundbögen vermauert worden. Doch es wölbt von unten nach oben weiter; Steine und Fugen bilden die Kontur eines Baumes mit Zweigen und Früchten; vierzig kleine runde Löcher reichen bis an die Kante von Wand und Dach. Einerseits den Norden und Osten der Kirche, andererseits die Umgebung artiger Gebäude der fünfziger und sechziger Jahre vor Augen, ist Sankt Anna eine erratische Architektur. Noch viele Schritte bleibt die Mauer hoch und dicht. Hinter der zweiten Ecke sieht man die Wand plötzlich auf ein Drittel ihrer Höhe fallen. Windfang? Eingang? Hinter der dritten Ecke gibt es eine: Tür.

Endlich. Wer mit dem Kirchenbau des Jahrhunderts vertraut ist, weiß jeden Körper bald zu beschreiben, jede Funktion bald zu bestimmen. Auch das Dürener Enigma. Die Ansicht von Süden zeigt die Schenkel eines kleineren in den Schenkeln eines größeren L, wobei stumpfe Winkel die Monotonie von

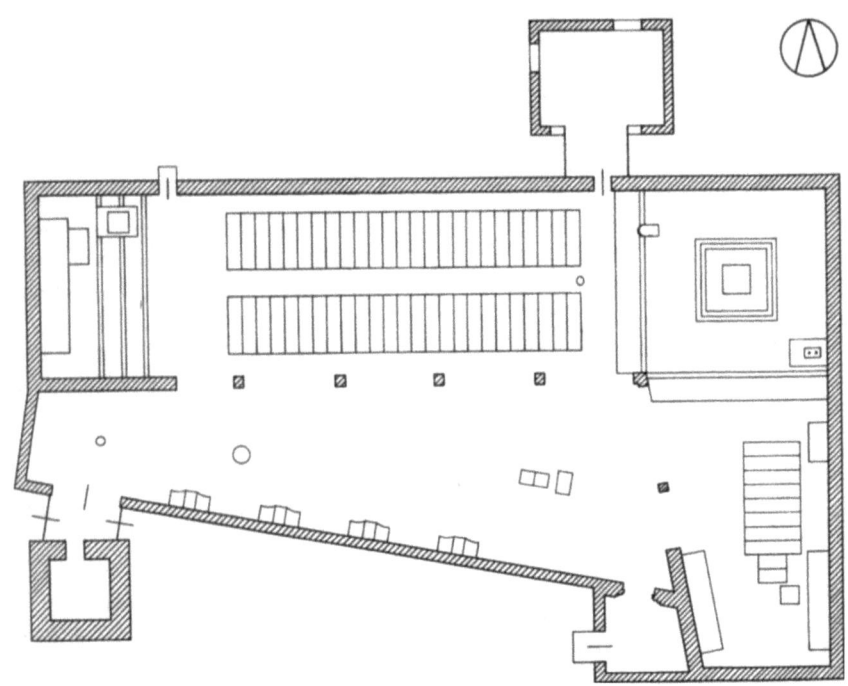

Sankt-Anna-Kirche, Grundriß mit Sakristei und Glockenturm nach 1960

Parallelen meiden. Der lange Arm – er hat die Maße von Sankt Albert in Andernach – dient der sonntäglichen, der kurze Arm der werktäglichen Messe. Vor dem Haupt- und Querschiff lagert die Halle der Pilger. Das reine L hat unter kirchlichen Grundrissen wenige Beispiele. Wir kennen den Haken der Heilandkirche Bonn-Mehlem von Otto Bartning aus dem Jahr 1955 und den Haken der Stadtkirche Freudenberg von Heinrich Schickhardt aus dem Jahr 1608. Schwarz mochte Winkel und Kasten, vor allem die Integration des einen im andern. Und wie das Projekt »Mauer« der Heiliggeistkirche vom räumlichen Gefüge des Aachener Südviertels kaum Notiz nahm, so auch Sankt Anna in Düren. Man mache den Norden zum Süden und den Süden zum Norden. Dann rücken Kirchturm und Flachschiff von Südwest nach Nordost; dann schielen beide – durch die Flanke betont – auf die Gegend vor dem Rathaus. Nur, das wollte Schwarz nicht. Nach Süden und Westen gewandt, hätte der Mauerwinkel abseitig gestanden und dem Hochamt um elf die helle Sonne gestohlen. Nach Norden und Osten aber steht in Düren ein Choral. Wären seine Worte nicht von Martin Luther, Schwarz hätte sie gern zitiert: »Ein feste Burg ist unser Gott«.

Burgen und Kirchen sind ein Hort. Räume für den Glauben brauchen indes keine Wachtürme und Falltore. Was geborgen und verborgen werden soll, braucht nur eine gute Hülle. In der Tat wollte Schwarz mit Sankt Anna einen »Mantel« bauen. Am Boden einen ganzen Meter breit, knickt der hohe Winkel am westlichen und südlichen Ende je zweimal scharf um; mit je einer leichten Schräge kommt er zum Halt. Rechts der einen und links der andern Böschung folgen – heute – opake Fassaden auch mit waagrechter Gliederung. Notwendig aufgrund statischer und thermischer Probleme, hat der Eingriff den Ausdruck der Kirche so nachhaltig wie nachteilig verändert. Erst unter der Lupe über den Bildern von Artur Pfau – Fotograf und Architekt regieren das Objektiv – wird klar, daß die beiden Flächen von der Schräge am Langschiff in die Ecke und von der Ecke in die Schräge am Querschiff früher eine Glasbausteinwand aus tausend grauen Teilen waren, von Pfeilern und Rippen unmerklich getragen. Hier glatt, dort rauh, hier dünn, dort dick, hier Raster, dort Fuge, hier Unterhaut, dort Oberhaut: Die Wände und der Mantel waren Architektur in Opposition, Material und Konstruktion so auffällig verschieden, daß der Eindruck von etwas Neuem neben etwas Altem, ja von einer mit Planen und Latten nur vorläufig geschützten Ruine die weitere Wahrnehmung prägt.

Die Eingänge an der Südseite führen beide in die Halle der Pilger. Aber wir bleiben noch eine Weile draußen. Denn die Architektur ist kerygmatisch. Die

Steine haben eine frohe Botschaft. Sie sagen, sie seien einmütig verbunden. Schon der Weihespruch im Aachener Oktogon begann ja mit solcher Rede. Suger hielt alle Quader der Basilika von Saint Denis für Reliquien und sorgte beim Umbau der Abtei für den Einbau der Blöcke in die neue Kirche, dank der uns die Epoche des Gotischen geboren wurde. Anderthalb Jahrhunderte später schrieb der Liturgiker Guillelmus Duranti: Wie es im Hause Gottes lose und feste Steine gebe, so in der Gemeinde der Gläubigen Einfältige und Vollkommene; doch einer trage den andern. Schwarz waren die Schriften so renommierter Theologen wie Suger und Duranti bekannt. In seinem Buch *Von der Bebauung der Erde* hat er seine wahre Freude an der Möglichkeit, das »Geschicht und Gefüg« der Mauern und Menschen zu vergleichen. Auf der selben Seite steht unten eine Zeichnung stärkerer und schwächerer Waagrechter in größeren und kleineren Abständen. Abstraktion einer Konkretion? Die Darstellung der Dürener Gemäuer sieben Jahre vor der Zeit? Deren mühsame Aufrichtung und lustvolle Bedeutung war ein Kult. Die Trümmer der alten Kirche – in der Nähe des Turmes lagen sie wohl dreißig Meter hoch – wurden 1951 geräumt, die Bruch- und Haussteine gesichtet, noch gute Teile gestapelt. Und beim Neubau verwandt. Baumeister und Bauleute von Sankt Anna ließen die Frommen im Glauben an die Massivität und Solidität der Mantelmauer. Doch die Legende bedarf der Korrektur. Nur zwei Drittel der Steine trugen schon in der alten Kirche. Und zum Leid radikaler Konvertiten wie Emil Steffann – der mit Bezug auf die Häuser Gottes von aller nicht durch und durch lapidaren Architektur wie von bösen Taten dachte – kam der Winkel von Haupt- und Querschiff auch nicht ohne modernes Material aus. In Wahrheit baute man die große Mauer mit einer Reihe von Schächten. Und darin goß man: Beton.
Besucher bewundern Sankt Anna ob des mit Augen Sichtbaren und mit Händen Greifbaren. Von Rudolf Schwarz entworfen, von Rudolf Steinbach geleitet, wurde der Bau ein Werk, das die wahrnehmbaren Eigenschaften nicht allein dem Zeichenstift, sondern auch dem Spitzeisen und Stockhammer verdankt. Steinbach wurde 1903 in Wuppertal geboren, war nach einer Ausbildung zum Ingenieur Gasthörer an der Technischen Hochschule Stuttgart, lernte Schwarz während des Krieges bei den Lothringer Planungen kennen und schätzen, war von 1945 bis 1951 Architekt in Heidelberg und von 1951 bis 1966 Ordinarius für Baukonstruktion an der Rheinisch-Westfälischen Technischen Hochschule Aachen. Steinbach war ein so gesprächiger wie gebildeter Mann, der unter Kollegen wie Studenten ein Klima der Kreativität zu schaffen wußte. Er liebte lange weite Reisen, kannte die Länder und Städte um das Mittelmeer, vor allem die Kulturen der Levante. Nach Lektüre der *Bekennt-*

nisse des Hochstaplers Felix Krull – der Roman von Thomas Mann erschien 1954 – verglichen Bekannte den agilen Professor mit der von Maskerade und Parodie bestimmten Figur. Leicht hätte das gefährliche Kompliment die gefährdete Existenz in einen Strudel reißen können. Steinbach aber lebte seine Leben weiter. Im barocken Torturm der Alten Brücke von Heidelberg, im barocken Kerstenpavillon auf dem Lousberg in Aachen, häufig im Orient. Gesichert? Gesellig! Und wie!

Leidenschaft empfand er beim Thema Alt und Neu in einer Gestalt. Wo manche von Wiederaufbau schwärmten, blieb Steinbach voller Skrupel. Seine erste große Arbeit nach dem Kieg galt der Alten Brücke in Heidelberg; ihrer sorgsamen Herstellung widmete der Architekt und Ingenieur die Jahre von 1945 bis 1947. Mit Schwarz rekonstruierte und romanisierte er die Schloßkirche auf dem Johannisberg im Rheingau. Er hätte den Auf- und Umbau der Paulskirche in Frankfurt leiten sollen und leitete den Neubau der Albertkirche in Andernach. Steinbach entwarf zahlreiche Wohn- und einige Lehrgebäude, alle bescheiden und gediegen. Unter dem Eindruck von Notre Dame du Haut in Ronchamp entstand die Wallfahrtskirche von Hennef-Süchterscheid, wobei dem Gebäude zwei Kapellen aus dem dreizehnten und dem siebzehnten Jahrhundert einverleibt wurden. Schildmauern aus Bruchsteinen mit zwei runden Ecken fassen den Raum im Norden und Westen und Süden; Maßwerk und Netzhaut von Betonwand und Betondach geben der Architektur den Charakter des Aparten. Nach zehn Jahren Planen und Bauen auf dem Dorf wurde die Kirche 1965 geweiht.

Seit den Tagen im ländlichen Lothringen – das er wie Schwarz für deutsch hielt – hatte Steinbach seine Lust an Steinbrüchen und Bruchsteinen. Mit genauester Genauigkeit konnte er Mauern zeichnen. Einmal störte ihn der Geruch von Xylamon auf Balken und Brettern einer Kirche; das Imprägnat war ein Sakrileg. Mit solcher Wahrnehmung und Einstellung war Steinbach der Mann für den Bau von Sankt Anna. Am 6. Februar 1952, eine Woche nach dem Votum der Jury, bat Schwarz den Freund um Hilfe. Die Mischung alter und neuer Baustoffe sowie alter und neuer Bauweisen mache die Bauleitung zu einer herrlichen Aufgabe. Steinbach sagte Ja, brachte seine Erfahrung mit Bauhütten ein. Am freundlichsten würdigte Wolfgang Braunfels diese Arbeit. Sage niemand, es war nur ein Lob von Professor zu Professor, da auch Braunfels damals in Aachen lehrte. Die großen Entwerfenden hätten immer der guten Ausführenden bedurft, meinte der mit sakralen Themata vorzüglich vertraute Kritiker in Heft 3/1957 von *Baukunst und Werkform*. Und dann: »So steht neben Leon Battista Alberti in Pienza Bernardo Rossellino, neben Rudolf Schwarz in Düren Rudolf Steinbach«.

Sankt-Anna-Kirche, Ansicht von Nordosten vor dem Bau der Sakristei, Foto: Artur Pfau

Sankt-Anna-Kirche, Ansicht von Südwesten vor dem Bau des Glockenturms, Foto: Artur Pfau

Blättern wir zurück. Bis an den Satz: Die Eingänge an der Südseite führen beide in die Halle der Pilger. Aber wir bleiben noch eine Weile draußen. – Drinnen kommt man gleich wieder nach draußen. Wer die Tür im Windfang zwischen Turmsockel und Vorhalle drückt, dem drängt die harte Mauer ihre Böschung auf. Der Blick weicht aus; man geht nach rechts. Der Taufbrunnen, die Beichtstühle und der kostbare Annaschrein hinter Blumen und Kerzen füllen das Nebenschiff. Der Raum ist schräg und flach und eng, durch fünf kleine Kuppeln mit runden Gläsern in Dämmer getaucht. Die Kreuze der Binder an der Decke, die Reihen der rundlichen Stützen durch die Mitte und der kantigen Pfeiler an den Rändern der Halle zum Haupt- und Querarm von Sankt Anna machen die Architektur zum Lineament, ja zum Gestrüpp aus Beton. Bald wandern die Augen nach hinten, wo der Bau viel heller und klarer scheint. Angezogen durch die Innenseiten der Außenmauern – so rot und rauh wie vor der Tür –, tritt man aus dem Niederen in das Höhere, streift über den Boden aus Schiefer und durch die Bänke aus Lärche. Die Hand fährt über weiche Formen. Jede Wange macht eine sanfte Beuge, das freundliche Gegenteil jener stürmischen und stechenden Schritte der schwarzen Bänke in Fronleichnam.
Am besten bleiben Sie in der letzten Reihe, hinter sich die Orgel und neben sich die Nordwand. Aus dem Hauptschiff fällt der Rückblick schwer. Unten rechts wird alles tief schwarz, oben rechts alles matt weiß. Das Südlicht macht die Glaswand am Mittag so hell, daß es die Vorhalle verdunkelt und den Sinn nach vorn lenkt. An der Ostwand erscheint der Baum, den wir von draußen kennen. Vor seinen Zweigen und Früchten steht der Altar, ein tonnenschwerer Würfel auf einer Insel von dreizehn mal dreizehn Metern. Die Mauer wird größer und größer, da sie nun dem Auge beide Schenkel auf einem Bilde zeigt und aus dem langen Arm über die Ecke in den kurzen Arm der Kirche führt. Etwa einen halben Meter breit und einen ganzen Meter hoch, formen die Betonbalken unter der Betondecke Kreuze und Rauten, werden zur Mitte schmaler und deuten auf diese Art einen Sattel an. Die Spitzen der Träger ruhen einerseits auf der Nordwand, andererseits auf der Südwand. Daß ihr Druck linker Hand auf die Schächte in der kahlen Mauer, rechter Hand auf die Pfeiler zwischen den stumpfen Gläsern trifft, hier an der Textur kann man es nicht sehen, dort an der Membran kann man es nicht glauben. Die Baustoffe und Bauteile von Sankt Anna wollen ihre Eigenart offenbar unbedingt bewahren; sie berühren einander kaum. Stein und Glas und Beton oder Wand und Loch und Decke: Sie bleiben an und für sich.
Manches von dieser Haltung brachte Schwarz aus dem Lothringischen in das Rheinländische. In Thionville und anderswo hatte er die anonymen Monu-

mente rustikaler Architektur bewundert. Die Konfrontation von altem und neuem, von eingeführtem und ungewohntem Material hat indes auch in der klassischen Moderne schöne Vorbilder. Während der frühen dreißiger Jahre baute Le Corbusier in Chile die Maison Errazuris aus örtlichen Bruchsteinen und in Frankreich die Villa de Mandrot aus Bruchstein, Beton und Glas. Dabei schöpfen beide Häuser – vor allem der klare Winkel für Madame de Mandrot in der Nähe von Toulon – aus dem Repertoire der weißen Quader und Kuben. Hätte Schwarz den Mann mit der großen runden Brille nicht so gehaßt, längst hätte wohl jemand die Sankt-Anna-Kirche in Düren und die Sankt-Albert-Kapelle in Kreuzau-Leversbach mit jenen Gebäuden verglichen, die das Genie Le Corbusier auf neuen Wegen zeigen.

Aber zurück in die letzte Reihe der Bänke, von wo der Bau mehr und mehr so scheint, als ob nach dem Krieg ein uraltes Gemäuer notdürftig gesichert worden sei. Vor Regen und Winden schützen oben Holzbalken und Teerpappe, an der rechten Seite ein loser Verschlag. Aus dem Wettbewerb hat sich ein Blatt erhalten, das den Juroren eine Vorstellung vom Inneren der Annakirche geben sollte. Wir haben eine Ansicht von Nordwest; von der Rückwand mit den Stufen zur Orgel schweift der Blick nach vorn rechts. Bis auf diese oder jene Sache – etwa die Rose am Altar – klären die zarten Striche allein die Kontur der Körper; von Material und Konstruktion gibt es nur eine Ahnung. Dennoch ähnelt das L der Sonntags- und der Werktagskirche Bauten nach dem Einbruch von Gewalt. Vom Winkel, den die Südwand des größeren und die Westwand des kleineren Bauteils bilden, ragen Enden und Ecken wie Schrägen und Stümpfe auf. Mehr nicht. Hauchdünne Glasflächen decken die Wunde. In der niedrigen Vorhalle darunter steht ein altes Portal frei im Raum, eine wirkliche in einer künstlichen Ruine.

Das Interieur von Sankt Anna wurde in manchem anders gebaut. Allein, der Eindruck blieb. Joseph Hudnut, anderthalb Jahrzehnte Dekan der Graduate School of Design an der Harvard University in Cambridge/Massachusetts, empfand den Bau wie eine Burg. Alles nur Gefällige und Anmutige habe der Architekt vermieden. In einer solchen Halle hätten Kaiser Otto der Große und seine Treuen die Eroberung Italiens geplant. Die Sommersonne leuchtet auf die Steine. Die Wand glüht rot. Über dem Altar sind Balken und Decke schwarz. Brandspuren? Nein, nein. Meßdiener weihräuchern gern.

Heilig-Kreuz-Kirche, Bottrop 1957, Foto: Artur Pfau

Aus dem Spätwerk

Glück auf! Der Eingang führt durch runde Stämme, für die der Bergmann seine Namen hat. Dann die übliche Bedienung, also keine. Tablett holen, Teller und Messer und Gabel drauf. Hier gibt es noch Kohlrabi und Sauerkraut. Die Gäste mögen halbe Hähnchen und wollen ihre Pommes frites »ohne Mayo«. Ein lauer Mittag an Tischen vor Bildern sehniger Bergleute mit weißen Augen. Sie rackern in Stollen und an Flözen von Gruben, die Haniel und Prosper heißen. Zeug aus der Lohnhalle und der Waschkaue schmückt das Restaurant im Kaufhaus Karstadt. Beim Essen und Trinken hockt man im Souvenir einer Epoche. – Bottrop? Mitten im Revier und nicht Stadt noch Land, eilen die Straßen durch den Ort, kaum daß er an einer Stelle zu sich kommt. Der Altmarkt hat keine Giebel, keine Gauben, nur Asphalt, nur Ampeln. Auf der andern Seite fängt die Gladbecker Straße an. Aber schon nach hundert Metern brechen die Läden ab. Hinter der Schneise und dem Rauschen wellt sich Grün. Ein Flatschen von Büro und eine gotische Kapelle schwimmen auf dem Rasen. Von rechts kommt ein Turm in das Bild. Da muß die Kirche sein.
Heilig Kreuz steht am Rand, hinter einem Möbellager, wie aus der Fremde. Die Geschichte fing wunderbar an, mit Sütterlin auf Rechenblock. Der Brief unter dem Datum des 7. Oktober 1952 – Absender: Wilhelm Eilert in Bottrop, Empfänger: Rudolf Schwarz in Frankfurt – kam gleich zur Sache. »Sehr geehrter Herr Professor, in einem Anliegen gestatte ich mir zu schreiben; ich bitte Sie, auf der beigefügten Karte zu antworten. Unsere Propsteikirche hat vom Hochwürden Herrn Bischof den Auftrag, bald wieder abzupfarren.« Man wünsche eine neue Gemeinde und eine neue Kirche, habe mit Otto Bongartz aus Köln und Eberhard Michael Kleffner aus Münster schon zwei bekannte Baumeister für den fälligen Wettbewerb gewonnen. Eilert aber bangte um ein Resultat von Qualität. Ob er Bongartz und Kleffner nicht mochte? Der kantige Westfale hatte Sankt Maria Himmelfahrt in Wesel besucht und sich den Band *Gottesdienst. Ein Zeitbuch* besorgt. Beides nahm den Mann für Schwarz ein, der seine Antwort – ein halbes Ja – genau eine Woche später folgen ließ. Eilert gab keine Ruhe, bis am 3. Februar 1953 der Vorstand

der Propstei- und Mutterkirche endlich beschloß, was der Kaplan immer gewollt hatte: Schwarz sollte die neue Kirche bauen. Wohl im März 1953 trafen sich Auftraggeber und Auftragnehmer unter vier Augen. Eilert las *Vom Bau der Kirche* und bat Schwarz um einen Entwurf nach »Plan« Fünf. Am 30. April 1953 fand der rührige Geistliche die Stunde für einen langen Brief. Nach dem Dank für Skizzen und Modell kam der Vikar auf das Bild vom »Wurf« zu sprechen. In der heiligen Parabel sähen die Gläubigen den Erlöser; doch müßten sie nach dem »Schmecken des Himmels« auf die Erde zurück. Diese eine Idee wollte Eilert gebaut haben. Und bekam sie gebaut. Mochte ihn mancher einen Dickkopf nennen, ohne seinen sturen Willen wäre Bottrop heute um ein Gebäude von Eigenart ärmer. Merkwürdig, den Reichtum der Kirche machen ihre Stärken und ihre Schwächen. Sie geben zu denken auf. Eilert empfand die Gestaltlehre für Kirchenbauer wie eine Offenbarung. Unter den sieben Plänen hat freilich der fünfte keine frohe Botschaft. Denn die sakrale Parabel – gebildet durch eine Umwand, geschlossen durch eine Querwand – meint Bewegung aus dem Dunkel vorwärts in das Helle und aus dem Hellen rückwärts in das Dunkel. Die Spannung zwischen Portal und Altar meint das Geschehen von Palmsonntag bis Karfreitag, meint das Opfer ohne Ostern, meint Angst um das Heil, meint »Wurf in den Tod« und meint im Jahr 1938 auch die Lage der Christen unter dem Regime. Daß Schwarz dem Plan für den Gebrauch in Bottrop die so pathetische wie negative Theologie nahm und ihm eine lichtere Bedeutung gab, war für Eilert ohne Belang. Seine Entscheidung für die Parabel rührte wohl nicht allein aus den vielen Worten, sondern auch aus den beiden Bildern auf Seite 108 und 109 im Buch *Vom Bau der Kirche*. An sich wollte der Autor dort keinen Riß und keinen Schnitt, weil er niemanden zum Nachschlagen und Nachahmen verführen wollte. Doch die räumliche Anschauung von Plan Fünf wurde durch eine Darstellung erleichtert, die jedermann gleich wie ein Gebäude betrachtet.
Die Isometrie der Architektur sorgte für eine ungemein deutliche Vorstellung des künftigen Gebäudes. Aber die Zeichnung der Umwand und Querwand machte auch klar, daß dieser Kirchbau keinen Anbau und keinen Vorbau vertrug. Sämtliche Entwürfe aus dem Jahr 1953 haben Mühe, die reine Gestalt zu wahren. Mal wächst der Turm aus dem Chor wie Hals und Kopf aus dem Bauch einer Taube; mal hängen die Glocken in Reih und Glied an der Stirn. Für den Eingang und die Bühne mit Taufbecken und Orgeltisch haben sich etwa zwanzig Skizzen erhalten. Die Querwand hätte Schwarz gern frei aus dem Boden steigen lassen; doch die Liturgie forderte ihre Orte. Das Jahr 1954 brachte heftige Streiterei über die Kosten von drei- oder vier- oder fünfhunderttausend Mark. »Sie reden sich auf den Bauleiter heraus,

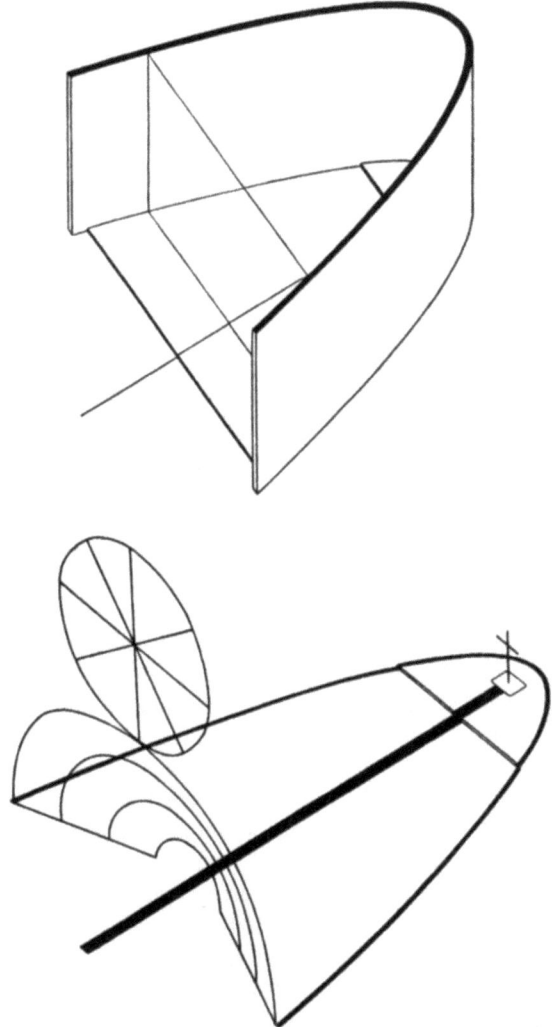

Plan Fünf aus dem Buch *Vom Bau der Kirche*, Würzburg 1938

dieser redet sich auf den Statiker heraus, und dieses Spiel kann man beliebig fortsetzen. Unser Eindruck von der Sache ist, daß irgend jemand nicht will oder kann. Wir sind also nicht im Stande, für Ihren Kirchbau irgend etwas zu tun und können namentlich auch keine Vereinfachung oder Verbilligung vorschlagen.« So wütend wehrte der Auftragnehmer den Auftraggeber ab. Doch gut ein Jahr nach diesem Schreiben, datiert auf den 11. Juni 1954, herrschte wieder eitel Freude. Von Sommer 1955 bis Sommer 1957 wurde gebaut, am 7. Juli 1957 bei drückend heißer Sonne geweiht. Wilhelm Eilert strahlte im Glück des Herrn. Mit genau fünfzig Jahren hatte er seine eigene Pfarre und seine eigene Kirche.
Heilig Kreuz lädt ein. Der große Vorplatz und die hohe Querwand machen staunen. Links und rechts der beiden Eingänge und Windfänge durch Wangen und Mauern in Fasson gebracht, geht von unten nach oben ein Maßwerk auf. Zwölf mal achtzehn Gläser im Ton von Grau bis Grün formen ein Raster, auf dem Stäbe und Knoten aus Beton ein Hexagon von asketischer Lineatur und von bald eher technischer, bald eher gotischer Anmutung zeichnen. Gotischen Charakters sind auch die zwei mal sechs Stützen vor der Umwand aus Backstein und die spitze Rundung, wo das Dach mit einem Bogen aus dem Flachen in das Hohe steigt und wo Licht durch eine Schale in den Chor fällt.
Innen weichen die Pfeiler um die Breite von Händen nach außen, lassen die rohen roten Wände also einerseits im Ganzen und andererseits in Teilen stehen. Kragplatten vor Beichtstühlen wie Pechnasen tragen die Eichenkästen mit den Orgelpfeifen. Schmale Latten unter der Decke betonen die mittlere Gerade von Nordwest nach Südost, eine Achse von 38,4 Metern Länge. Aufwärts vom Portal zum Altar und abwärts vom Altar zum Portal: Wer vor der Bottroper die Frechener Kirche von Schwarz besucht hat – Sankt Maria Königin wurde 1954 konsekriert –, der kennt die Erfahrung der Richtung seiner Füße und Lenkung seiner Augen. Unter den psychagogischen Architekturen im zwanzigsten Jahrhundert rangiert Heilig Kreuz nicht an letzter Stelle. Dem betörten Gläubigen sagt der Bau ein leuchtendes Lebewohl. Aus der Bank tretend und nach der Tür gehend, schaut man erst auf die – allerdings störende – Empore der Musiker, dann auf die Quer- und Glaswand von Georg Meistermann. Um die Nabe und die Speichen aus Beton kreisen schwarze Strähnen und Flächen in Gelb und Rot, unten ein Streifen in Blau.

Die Spirale von Meistermann und die Parabel von Schwarz sind analoge Figuren; beide meinen Unendlichkeit. In der Architektur taucht jene Form nur selten, diese Form recht häufig auf. Ihre Gestalt wurde möglich durch Eisen und Beton. Eugène Freyssinet führte sie mit den Hangars von Orly bei

Heilig-Kreuz-Kirche, Foto: Artur Pfau

Paris 1916 ein. Was die Parabel für die Bauten der Kirche im Nu attraktiv machte, war ihre heimliche Verbindung von Alt und Neu, von Gotik und Technik, von Spitzbogen und Stromlinie. An der Ruhr wurde solche Dynamik von Alfred Fischer und Josef Franke gefeiert. Wiewohl auf das Innere der Gebäude beschränkt, machten Paraden von Parabeln bei Sankt Antonius in Castrop-Rauxel 1925 und bei Heilig Kreuz in Gelsenkirchen 1929 mächtig Eindruck. Mit Sankt Engelbert in Köln 1932 schuf Dominikus Böhm eine Krone von einer Kirche, ein steinernes Oktogon aufrechter Parabeln.
Unter dem Diktat der Brutalklassik eines Paul Ludwig Troost und Albert Speer waren solche Schwünge passé. Doch aus dem Süden und Norden von Amerika kamen sie gleich nach dem Krieg zurück. Oscar Niemeyer hatte mit der Franziskuskirche in Belo Horizonte 1944 ein Gebäude aus vier kleineren Schalen und einer größeren Tonne, Eero Saarinen mit dem Jefferson National Expansion Park Memorial in Saint Louis 1948 einen hohen reinen Bogen aus Stahl entworfen. Nach den Wogen der Nissenhütten gab es in deutschen Städten bald auch neue Kirchen mit großer Kurve. Die erste Parabel baute ein Architekt, der früher und später ein Gegner von Eisen und Beton war: Emil Steffann. Nach dem länglichen Gewölbe von Sankt Bonifatius in Lübeck 1951 war für lange Weile kein Halt. In Grundriß und Aufriß tauchte die Parabel nun im Œuvre prominenter Architekten auf, aber immer irgend angeschnitten und abgebrochen wie bei Willy Kreuers Ansgarkirche in Berlin 1957. Schwarz wollte die Figur ohne Kompromiß mit der Liturgie. Er spürte, daß jede Zutat – in Bottrop der Kirchturm vorne links, Kapelle und Sakristei hinten rechts – die Gestalt aus dem Buch *Vom Bau der Kirche* eigentlich beschmutzte. Unter den Projekten für Sankt Gertrud in Aschaffenburg folgte ein Entwurf dem Beispiel von Heilig Kreuz; gebaut wurde er nicht. Die Bottroper Parabel blieb allein.
Im Sommer 1957 ging das Foto mit dem Atommeiler von Garching durch die deutsche Presse. Gerhard Weber hatte dem Reaktor unter der Parabel ein strahlendes Gehäuse geschaffen. Im Sommer 1957 stand auf einem Plakat mit dem Portrait Konrad Adenauers: »Der Weltfrieden ist in Gefahr! Auch die Sowjetunion besitzt die furchtbare Atombombe.« Im Sommer 1957 wählte die Hälfte der Bürger CDU. Auch Schwarz hatte sich kulturell und politisch arrangiert; der Hang zum Reich und die Träume vom Ordo waren vorbei. 1957 feierte der rheinische Architekt nicht allein sechzigsten Geburtstag, sondern auch: Erfolg um Erfolg. Im Mai wurde das Wallraf-Richartz-Museum in Köln eröffnet. Im Juli wurde – am selben Tag wie die »Interbau« am Berliner Tiergarten – Heilig Kreuz in Bottrop, im September Sankt Andreas in Essen, im Oktober Sankt Franziskus in Essen geweiht. Hinzu kamen im

Herbst der Grundstein für die Kirche Zur Heiligen Familie in Oberhausen und der Auftrag für die Piuskirche in Wuppertal. Schwarz hätte glücklich sein können. Doch Notre Dame du Haut verdarb die Freude am Schaffen. Mit dem coup de génie der Kapelle in den südlichen Vogesen erreichte Le Corbusier 1955 unter Katholiken eine Bekanntheit und Beachtung, die Schwarz trotz seiner Kirchen in Aachen, Frankfurt und Düren nie erlangte. Zwei Jahre nach den Angriffen auf die Bauhäusler hatte der eloquente Provokateur nicht Mut noch Lust, von neuem allein gegen die Meinung der Mehrheit zu kämpfen. Nur im Gespräch unter Freunden ließ er Wut und Haß freien Lauf. Frankreich war Erbfeind in Sachen Moderne. Dem Bildhauer Fred Bühler schrieb er am 7. September 1956, er halte die beliebte Kapelle für »Schnörkselei«, ja für »Schund«.

Unter dem Eindruck der Plastik von Ronchamp wurden Beton und Rabitz in den nächsten Jahren weidlich genutzt; für die Achterbahnen der Schalenkirchen hatte Volkes Stimme bald hübsche Namen. Je deutlicher Kollegen organisch entwarfen, je deutlicher wurde Schwarz rational. Sankt Antonius in Essen wurde ein großes liegendes T über einem großen liegenden Quadrat, achtzehn mal achtzehn mal acht Felder, grauer Beton und brauner Klinker, dick und schwer. Das 1959 geweihte Gotteshaus lebt von Skelett und Raster. An der Ruhr war das Thema nicht neu. Um 1930 hatten Raster einerseits die Dortmunder Nikolaikirche von Karl Pinno und Peter Grund, andererseits die Essener Zeche Zollverein von Fritz Schupp und Martin Kremmer bestimmt. Pinno und Grund ging es um Licht und Raum des ewigen Göttlichen, Schupp und Kremmer um Hülle und Vorhang der industriellen Maschinerie. Später monierten Kritiker das Anonyme und Objektive solcher Bauten. Der Augsburger Stadtbaurat Walther Schmidt sprach Mitte der fünfziger Jahre von »Rasteritis«; der Düsseldorfer Künstler Konrad Klapheck schuf Mitte der sechziger Jahre zwei Gemälde, deren Reihen tiefer Fächer mal in Grün, mal in Rot, mal wie Fensterrahmen mit Sonnenblenden, mal wie Urnengräber mit Marmortafeln erscheinen.

Am Raster à la Neufert – das meint: an konstruktiver Ökonomie und an der Relation von Platte/Balken/Stütze auf der Fassade – hatte Schwarz kein Interesse; Büros baute er nie. Welche Rolle der Raster bei seinen Kirchen spielt, macht ein Blick auf Sankt Christophorus in Köln klar. Südlich einer Gabel und westlich einer Siedlung steht der Bau frei. Wer von der Straßenecke im Norden kommt, der sieht den Quader hinter Glockenturm und Vorhalle auf dem Rasen liegen. Mit genau 28,75 Metern Länge und 18,75 Metern Breite und 12,50 Metern Höhe hat Sankt Christophorus Proportionen. Etwa anderthalb

Konrad Klapheck, Vergessene Helden, 1965

mal so breit wie hoch und etwa anderthalb mal so lang wie breit, wirkt der Bau durch sein Tragwerk in Blau und sein Füllwerk in Rot. Die Pfosten gliedern die Wände von links nach rechts: auf den Langseiten je sechs und auf den Breitseiten je vier Felder; die Riegel gliedern die Wände von unten nach oben: der untere Teil doppelt so hoch wie der obere Teil.

Drinnen bilden das betonierte Tragwerk und das steinerne Füllwerk einen noch stärkeren Gegensatz. Die vierzig mal vierzig Zentimeter messenden grünen Stäbe treten aus den roten Wänden um Daumenbreite vor. Vier Stützen in der Mitte und zwei Binder durch die Länge der Kirche geben der flachen Rippendecke Halt. Der Altar auf einer Insel vor der Westwand und die Orgel auf zwei Böcken vor der Ostwand sorgen durch exaktes Visavis für die Andeutung von Längsrichtung und Mittelschiff. Pastor Wilhelm Peifer wollte einen bilderreichen »Schrein« ähnlich Sant' Apollinare Nuovo in Ravenna. In der Tat wirkt Sankt Christophorus schon draußen durch den Wechsel von den größeren unteren zu den kleineren oberen Wandflächen wie ein schmucker Kasten mit Deckel. Drinnen steigert die Arbeit von Georg Meistermann diesen Eindruck. Acht dunkle Fenster mit biblischen Themata stehen auf dem T der Pfosten und Riegel wie ein Gemälde auf einer Staffelei oder wie ein Plakat auf einer Latte. Drei helle Tafeln aus Beton – darauf mit leichten dünnen Strichen ein Christus, ein Engel, ein Christophorus mit dem Kind auf der Schulter – ragen neben dem Altar, neben der Orgel, neben der Türe zur Sakristei vom Boden zum Riegel auf. Keine Mühe, die Fenster für Email, die Tafeln für Alabaster und beide für Applikation auf einem Tabernakel zu halten.

Die stete Behauptung von Schwarz, eine Architektur wie Sankt Christophorus habe mit den Hallen und Lagern der Industrie keinerlei Verwandtschaft, war kluge Unwahrheit. Sie schützte ihn vor Attacken von Klerikern, die der Moderne sich nur öffneten, wo sie Modisches und Sakrales zu heiligem Theater verband und erhob. In Wahrheit reicht eine Fahrt durch das Revier an Ruhr und Rhein, um die Herkunft von Tragwerk und Füllwerk der Kölner Kirche zu sehen. Die Neigung zum Vergleich von Sankt Christophorus mit der Chapel auf dem Campus des Illinois Institute of Technology in Chicago aber rührt wohl allein aus der mächtigen Hochachtung von Rudolf Schwarz für Ludwig Mies van der Rohe und von Ludwig Mies van der Rohe für Rudolf Schwarz. Denn außer dem durch Skelett und Raster bedingten kubischen Charakter haben beide Bauten wenig gemein. Wo in der Architekturtheologie von Schwarz die Gebete der Gläubigen zu Gottvater steigen, wo das »schlechthin Offene« und »schlechthin Ewige« ist – hinter dem Altar –, da hängt in der Kapelle von Chicago ein Seidenvorhang. Hinter dem Vorhang

Sankt-Christophorus-Kirche, Köln 1959

steht eine Mauer quer. Hinter der Mauer liegen: eine Damen- und eine Herrentoilette. Der Bau aus Stein und Stahl und Glas, dem Schwarz »Erhabenheit« bescheinigte, ist vom Portal zum Altar eindeutig gerichtet. Freiraum hat der kühle gelbe Kasten von 1952 nicht.
Anders sieben Jahre später Sankt Christophorus. Durch die stoffliche und farbliche Gegenwart der Pfosten und Riegel an den Wänden und der Stützen in der Mitte hat der Besucher die Möglichkeit, die Kirche neu zu gliedern und neu zu teilen. Die schwachen Achsen – in der Länge von Orgel und Altar, in der Quere von Paradies und Sakristei – hindern daran nicht. Einmal zur Spielerei mit Grundriß und Trennwand verleitet, wird der Einraum bald Mehrraum, wird die Kirche bald Wohnung mit Altarzimmer an der Westwand, Taufzimmer an der Südwand, Beichtzimmer an der Ostwand und Hof in der Mitte. Die Konstitution der Architektur nur aus der glatten Fläche und dem rechtem Winkel, nur aus Böden und Wänden und Decken bewunderte schon der jugendliche Schwarz. Während seines Studiums an der Königlich Technischen Hochschule Charlottenburg schnitt er um die Jahre 1915 und 1916 aus Papier und Pappe einen so herrlichen wie putzigen Baukasten unter dem Namen »Die große Wohnung«. Es war ein Puzzle von Modell, bei dem kein Objekt dem Entwurf entkam. Auf der bourgeoisen Beletage folgten nicht allein Paneele und Kassetten, sondern auch das komplette Meublement dem Bastlerwillen zur Rasterordnung.
Mit seinem Hinweis auf die Reichtümer von Ravenna macht Schwarz die Entdeckung des ungemein Häuslichen von Sankt Christophorus nicht leicht. Doch nach einer Weile hat man an dieser Stätte keine Mühe bei der Vorstellung des Agape der frühen Christen. Die ersten Kirchen waren heimliche Umbauten besserer Wohnhäuser, deren Räume hier dem Abend- und Liebesmahl, dort der Taufe und Firmung in kleinem Kreise dienten. An der Stadtmauer von Dura Europos am Euphrat hat eine solche Villa mit Atrium sich erhalten. Isometrien der Architekturen – der Umbau aus dem Jahr 233, der Neubau aus dem Jahr 1959 – öffnen die Augen: Wie verwandt beide sind! So intim, so komplex!

Nicht vorher noch nachher entwarf Schwarz ein so komfortables Interieur wie Sankt Christophorus im Kölner Norden. Weniger und weniger war das Befinden der Gemeinde im Hause Gottes sein Anliegen. Als in der Schriftenreihe *architektur wettbewerbe* 1959 die Nummer 27 unter dem knappen Titel *Kirchen von heute* erschien, nahm er in dem Heft kein Blatt mehr vor den Mund. Wo andere den Primat der Eucharistie vor der Architektur – allgemeiner: des Funktionalen vor dem Symbolischen – vertraten, vertrat Schwarz das

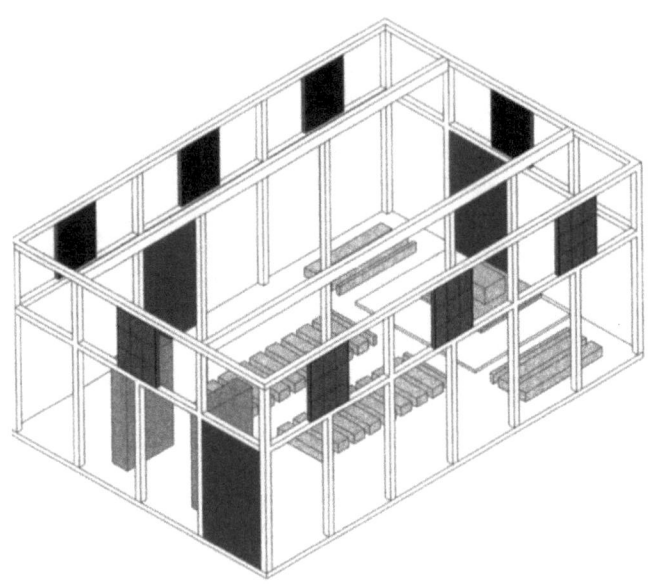

Sankt-Christophorus-Kirche, Zeichnung: Thomas Hasler

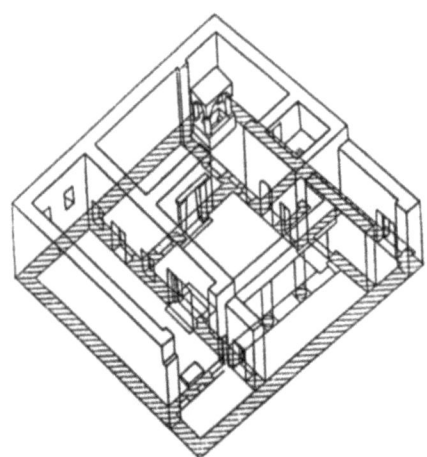

Hauskirche, Dura Europos 233

Ideal vom Monument der Immanenz und Permanenz des »Vaters«. Wo andere Christi Worte »Tut dies zu meinem Gedächtnis« für einen Aufruf zur heiligen Kommunion als Ereignis in Gemeinschaft hielten, hatte Schwarz um den Bestand der Baukunst Sorge. Die Reformer der Liturgie, darunter auch freundliche Bekannte wie der Kölner Prälat Robert Grosche, störten seine hehren Kreise. Für die Messe von Angesicht zu Angesicht, die doch den Quickbornern einmal so wichtig war, hatte Schwarz nur noch Ärger übrig: »Der Priester hinter dem Altar bringt den ganzen Kirchengrundriß in Verwirrung.« Mit solchem Denken stand er unter jüngeren Gläubigen freilich allein. Das »Aggiornamento« des Katholizismus, von dem Papst Johannes XXIII. seit Beginn seiner Tätigkeit im Vatikan sprach, machte ihn einsam. Blickt man auf die Bauten in den Jahren nach dem Konzil, blickt man einerseits auf die Wallfahrtskirche in Neviges, andererseits auf die Montagekirche in Wien, einerseits auf den Betonkristall, andererseits auf das Merosystem, einerseits auf Gottfried Böhm, andererseits auf Ottokar Uhl. Schwarz hätte jenen wohl zu gefühlig, diesen wohl zu gewöhnlich gefunden. Was beiden Kirchen folgte, waren Fertigbauten mit Schiebetüren, war Duropal auf dem Boden und Styropor an der Decke. Das Sakrale wurde marginal. Ironie der Historie: Das form follows function erreichte die Katholiken, als Architekten wie Aldo Rossi und Robert Venturi eben von dieser Haltung Abschied nahmen.

Pfingsten 1961 trafen sich Freunde des Toten zu einer Feier im Rittersaal auf Rothenfels. Ludwig Neundörfer – Frankfurter Soziologe und Urgestein von Rothenfels – hielt den Nekrolog auf Schwarz. Er sprach von dessen Kirchenbau und von dessen Städtebau, an dem Neundörfer seinen Anteil hatte. Und dann: »Rudolf Schwarz war ein frommer Christ. Es mag manche wundern, wenn ich das so sage. Ich tue es in aller Absicht als Letztes und Höchstes. Ich bin überzeugt, daß nur von da aus der Mensch und das Werk verstanden werden kann.«

Biographie

1897 Geboren in Straßburg als Sohn des Historikers und Direktors des Bischöflichen Gymnasiums an Sankt Stephan
1914 Abitur am Straßburger Bischöflichen Gymnasium
1914–1918 Studium der Architektur an der Königlich Technischen Hochschule Charlottenburg in Berlin
1919–1922 Studium an den Universitäten in Bonn und Köln sowie Ausbildung zum Regierungsbaumeister in Köln
1923 Promotion an der Technischen Hochschule Berlin mit einer Arbeit über *Frühtypen der rheinischen Landkirche*
1923–1924 Arbeit im Büro von Hans Poelzig
1924–1928 Umbau von Kapelle und Rittersaal im Ostpalas von Burg Rothenfels am Main
1925–1927 Dozent an den Technischen Lehranstalten Offenbach
1927 Mit Dominikus Böhm Teilnahme am Wettbewerb Frauenfriedenskirche in Frankfurt am Main
1927–1934 Direktor der Kunstgewerbeschule Aachen
1927–1941 Neben Josef Außem und Romano Guardini Herausgeber der Zeitschrift *Die Schildgenossen*
1930 Fertigstellung der Sozialen Frauenschule und der Sankt-Fronleichnam-Kirche in Aachen
1934–1941 Freischaffender Architekt erst in Offenbach, dann in Frankfurt am Main
1938 Erscheinen des Buchs *Vom Bau der Kirche*
1941–1944 Landesplanung des okkupierten Lothringen erst in Thionville, dann in Metz, dann in Saarbrücken
1946–1952 Generalplaner der Stadt Köln
1946–1961 Freischaffender Architekt in Köln und Frankfurt am Main
1947–1953 Im Beirat der Zeitschrift *Baukunst und Werkform*
1948 Fertigstellung des Umbaus und Neubaus der Paulskirche in Frankfurt am Main

1949 Erscheinen des Buchs *Von der Bebauung der Erde*
1951 Heirat mit Maria Lang
1953 Initiator der Bauhausdebatte in *Baukunst und Werkform*
1953–1961 Ordentlicher Professor für Städtebau und Kirchenbau an der Staatlichen Kunstakademie Düsseldorf
1954 Fertigstellung der Sankt-Michael-Kirche in Frankfurt am Main
1955 Fertigstellung des Ensembles von Gürzenich und Sankt Alban in Köln
1956 Fertigstellung der Sankt-Anna-Kirche in Düren
1957 Fertigstellung des Wallraf-Richartz-Museums in Köln, der Heilig-Kreuz-Kirche in Bottrop und der Sankt-Andreas-Kirche in Essen
1958 Großer Kunstpreis des Landes Nordrhein-Westfalen
1960 Erscheinen des Buchs *Kirchenbau. Welt vor der Schwelle*
1961 Gestorben in Köln

Bibliographie

Schwarz, Rudolf: Über Baukunst, in: Die Schildgenossen, H. 4/1924, S. 273 ff
–: Auf dem Wege zum neuen Geschichtsbild, in: Die Schildgenossen, H. 6/1924, S. 422 ff
–: Die Lehre zum Tun, Typoskript um 1927, in: Wolfgang Pehnt, Rudolf Schwarz 1897–1961, Architekt einer anderen Moderne, Ostfildern-Ruit 1997, S. 201 ff
–: Vom Widerstand gegen die Gewalt, Mitschrift eines 1927 auf Burg Rothenfels gehaltenen Vortrags, in: Wolfgang Pehnt, Rudolf Schwarz 1897–1961, Architekt einer anderen Moderne, Ostfildern-Ruit 1997, S. 206 ff
–: Burg Rothenfels, in: Die Schildgenossen, H. 3/1927, S. 241 ff
–: Großstadt als Tatsache und Aufgabe, in: Die Schildgenossen, H. 4/1927, S. 301 ff
–: Unsere Bildbeilagen, Projekt Brückenkopf am Rheinufer in Köln von Hans Scharoun, in: Die Schildgenossen, H. 4/1927, S. 347
–: Dominikus Böhm und sein Werk, in: Moderne Bauformen, H. 6/1927, S. 226 ff
–: Frühtypen der rheinischen Kleinkirche, in: Bonner Jahrbücher, Jahrbücher des Vereins von Altertumsfreunden im Rheinlande, H. 132, Bonn 1927, S. 193 ff
–: Die Eisenbetonkirche, Entgegnung und Grundlegung, in: Zentralblatt der Bauverwaltung, H. 2/1928, S. 18 ff
–: Entwurf einer kreisrunden Pfarrkirche, in: Die Schildgenossen, H. 3/1928, S. 262 f
–: Wegweisung der Technik, Erster Teil, Mit Bildern nach Aufnahmen von Albert Renger-Patzsch, Mit Aufsatz 1 Gespräch und Denken über Technik sowie Aufsatz 2 Das Gesetz der Serie, Potsdam 1928
–: Wegweisung der Technik, Zweiter Teil, Mit Aufsatz 3 Vom Sterben der Anmut sowie Aufsatz 4 Werkziele, in: Maria Schwarz und Ulrich Conrads (Hg.), Rudolf Schwarz, Wegweisung der Technik und andere Schriften zum Neuen Bauen 1926–1961, Bauwelt Fundamente Bd. 51, Braunschweig und Wiesbaden 1979, S. 46 ff
–: Neues Bauen?, in: Die Schildgenossen, H. 3/1929, S. 207 ff
–: Die neue Burg, in: Burg Rothenfels 1919/1929, Burg Rothenfels am Main 1929, S. 27 ff
–: Werk in Not, in: Die Schildgenossen, H. 5/1930, S. 433 ff
–: Erneuerung des Kirchenbaus?, in: Die Form, H. 21/22/1930, S. 545 ff
–: Über die Verfassung einer Werkschule, Aachen 1930
–: Die Soziale Frauenschule in Aachen, in: Die Form, H. 1/1931, S. 11 ff
–: Soziale Frauenschule in Aachen, in: Zentralblatt der Bauverwaltung, H. 2/1931, S. 17 ff
–: Die Fronleichnamskirche, in: Die Schildgenossen, H. 3/1931, S. 284 ff

–: Fronleichnamskirche in Aachen, in: Zentralblatt der Bauverwaltung, H. 30/1931, S. 441 ff
–: Die Fronleichnamskirche in Aachen, in: Der Baumeister, H. 1/1932, S. 35 ff
–: Baustelle Deutschland, in: Die Schildgenossen, H. 1/1932, S. 1 ff
–: Sehr verehrter Herr Professor Poelzig!, in: Monatshefte für Baukunst und Städtebau, H. 8/1935, S. 267 ff
–: Ein Brief über volkstümliche und über volksverbundene Kunst an einen Freund, der in Zweifel geraten war, in: Die Schildgenossen, H. 2/3/1936, S. 178 ff
– und Weber, Martin: Nachwort, Rundschreiben mit Aufruf zur Gründung des Studienkreises für Kirchenkunst, in: Die Schildgenossen, H. 2/3/1936, S. 220 f
– (Hg.): Gottesdienst, Ein Zeitbuch, Würzburg 1937
–: Kirche in der Verborgenheit, Aus den Rothenfelser Gesprächen, in: Die Schildgenossen, H. 3/1938, S. 277 f
–: Vom Bau der Kirche, Würzburg 1938
–: Das Haus der Christen, in: Die Schildgenossen, H. 1/1940, S. 1 ff
–: Der soldatische Mensch, in: Die Schildgenossen, H. 3/1941, S. 106 f
–: Gedanken zum Wiederaufbau von Köln, in: Gottlob Binder (Hg.), Grundfragen des Aufbaus in Stadt und Land, Die Referate und Aussprachen der Kölner Arbeitstagung im April 1947, Aufbau-Sonder-Hefte 2, Stuttgart 1947, S. 8 ff
–: Die neue Paulskirche, in: Die Neue Stadt, H. 3/1948, S. 101 ff
–: Helvetia docet, in: Schweizerische Architekturausstellung Köln 1948, Köln 1948, S. 4 ff
–: Das zukünftige Köln, Auszug der Rede im Kölner Messe-Kongreß-Saal am 6. Oktober 1948, in: Bauen und Wohnen, H. 4/1949, S. 173 ff
–: Der neue Kirchenbau, in: Werk, H. 4/1949, S. 107 ff
–: Werkbundausstellung »Neues Wohnen« in Köln, in: Die Bauzeitung, H. 7/1949, S. 359 ff
–: Bericht über eine städtebauliche Studienreise durch England, in: Die Neue Stadt, H. 10/1949, S. 286 ff
–: Bericht über eine Studienreise nach Frankreich, in: Die Neue Stadt, H. 11/1949, S. 354 ff
–: Von der Bebauung der Erde, Heidelberg 1949
–: Mädchenberufsschule, in: Die Neue Stadt, H. 5/1951, S. 196 ff
–: Das Anliegen der Baukunst, in: Otto Bartning (Hg.), Mensch und Raum, Darmstädter Gespräch 1951, Darmstadt 1952, S. 60 ff
–: Entwurf für den Bau einer Mädchenschule mit Mädchenberufsschule am Kapellplatz in Darmstadt, in: Otto Bartning (Hg.), Mensch und Raum, Darmstädter Gespräch 1951, Darmstadt 1952, S. 153 ff
–: »Bilde Künstler, rede nicht«, Eine weitere Betrachtung zum Thema »Bauen und Schreiben«, Mit einem Vorspann von Alfons Leitl, in: Baukunst und Werkform, H. 1/1953, S. 9 ff
–: Was dennoch besprochen werden muß, in: Baukunst und Werkform, H. 4/1953, S. 191 ff

–: Marias anderes Kind, in: Ludwig Ficker (Hg.), Der Brenner, Achtzehnte Folge, Innsbruck 1954, S. 138 ff
–: Liturgie und Kirchenbau, Gastvorlesung an der Rheinisch-Westfälischen Technischen Hochschule Aachen, in: Baukunst und Werkform, H. 2/1955, S. 87 ff
–: Pfarrkirche St. Albert in Andernach, in: Baukunst und Werkform, H. 2/1955, S. 99 ff
–: Pfarrkirche St. Michael in Frankfurt am Main, in: Baukunst und Werkform, H. 2/1955, S. 103 ff
–: Eine neue Kirche in Köln-Braunsfeld, Sankt-Josef-Kirche, in: Glasforum, H. 2/1955, S. 10 ff
–: Einige Bemerkungen zu St. Michael in Frankfurt, in: Das Münster, H. 7/8/1955, S. 245 ff
–: Der neue Gürzenich, in: Johann Jakob Häßlin (Hg.), Der Gürzenich zu Köln, Dokumente aus fünf Jahrhunderten, München 1955, S. 173 ff
–: Brief über Ronchamp, in: Baukunst und Werkform, H. 3/1956, S. 117 f
–: Die neue Kirche der heiligen Anna, Gedanken des Architekten zum Neubau der Annakirche, in: Festschrift zur Consecration der St. Anna-Kirche zu Düren am 7./8. Juli 1956 durch den Hochwürdigsten Herrn Dr. Johannes Pohlschneider Bischof von Aachen, Düren 1956, S. 12 ff
–: Maß und Mitte, in: Kirchenbauten von Hermann Baur und Fritz Metzger, Würzburg 1956, S. 73 ff
–: Architektur als heiliges Bild, Aus einem Vortrag anläßlich des Katholikentags 1956 in Köln, in: Baukunst und Werkform, H. 3/1957, S. 150 ff
–: Die Baukunst der Gegenwart, Vortrag zur Immatrikulationsfeier der Staatlichen Kunstakademie Düsseldorf am 14. Februar 1958, Düsseldorf 1958
–: Kirche Zum Heiligen Kreuz in Bottrop/Westfalen, in: Bauwelt, H. 19/1958, S. 448 ff
–: Die Kirche Zum Heiligen Kreuz in Bottrop, in: Das Münster, H. 5/6/1958, S. 183 ff
–: Einige Bemerkungen zum Kirchenbau, in: architektur wettbewerbe, Schriftenreihe für richtungweisendes Bauen, Heft 27 Kirchen von heute, Stuttgart 1959, S. 57 ff
–: Besprechung, Willy Weyres Otto Bartning Kirchen, in: architektur wettbewerbe, Schriftenreihe für richtungweisendes Bauen, Heft 27 Kirchen von heute, Stuttgart 1959, S. 63 f
–: Eucharistischer Bau, Ansprache anläßlich der Eröffnung der Ausstellung »Kirchenbau der Gegenwart in Deutschland« am 28. Juli 1960 in München, in: Das Münster, H. 9/10/1960, S. 296 ff
–: Kirchenbau, Welt vor der Schwelle, Heidelberg 1960

a bis z, organ der gruppe progressiver künstler köln, No. 1 Oktober 1929 bis No. 30 Februar 1933, Nachdruck mit einem Register von Hans Schmitt-Rost, Köln und New York 1969

Acken, Johannes van: Christozentrische Kirchenkunst, Ein Entwurf zum liturgischen Gesamtkunstwerk, Gladbeck 1922 und 1923

Adorno, Theodor W.: Auferstehung der Kultur in Deutschland?, in: Frankfurter Hefte, H. 5/1950, S. 469 ff

Anonym: Haus der Jugend in Aachen, in: Die Form, H. 19/1929, S. 515 ff

–: Kunsthandwerk, Kultgerät, Die Arbeiten der Kunstgewerbeschule Aachen, in: Die Form, H. 21/22/1930, S. 560 ff

–: Die Vision des zukünftigen Kölns, Bekanntgabe der bisherigen Ergebnisse der Stadtplanung, in: Kölnische Rundschau, Ausgabe K, 7. Oktober 1948

–: Zusammenklang von Alt und Neu, Beispiele aus Köln, Architekten Karl Band und Hans Schilling, in: Baukunst und Werkform, H. 3/1951, S. 37 ff

–: Eine anglikanische Kirche in Köln, in: Baukunst und Werkform, H. 4/1952, S. 8 und S. 15 ff

–: Bauten von Karl Band, Köln, in: Baukunst und Werkform, H. 6/7/1952, S. 9 ff

–: Die Neugestaltung des Gürzenich in Köln, Der endgültige Wiederaufbauplan, in: Baukunst und Werkform, H. 4/1953, S. 200 ff

–: Du schönes Städtchen, in: Der Spiegel, 6. Juni 1956, S. 38 ff

Archiv für Bildende Kunst am Germanischen Nationalmuseum Nürnberg (Hg.): Georg Meistermann, Werke und Dokumente, Klagenfurt 1981

Arch +, H. 56/1981, Die 50er Jahre oder warum es keine deutsche Architektur gibt

Arns, Leo: St. Anna in Düren, Ein Leitfaden zum Verständnis der Kirche, Faltblatt, Düren 1956

Gerd Arntz, Kritische grafiek en beeldstatistiek, Haags Gemeentemuseum, Nijmegen 1976

Bartetzko, Dieter: Ein Symbol der Republik, Geschichte und Gestalt der Frankfurter Paulskirche, in: Ingeborg Flagge und Wolfgang Jean Stock (Hg.), Architektur und Demokratie, Bauen für die Politik von der amerikanischen Revolution bis zur Gegenwart, Stuttgart 1992, S. 108 ff

–: Denkmal für den Aufbau Deutschlands, Die Paulskirche in Frankfurt am Main, Königstein im Taunus 1998

Bartning, Otto: Vom neuen Kirchbau, Berlin 1919

–: Ketzerische Gedanken am Rande der Trümmerhaufen, in: Frankfurter Hefte, H. 1/1946, S. 63 ff

– (Hg.): Mensch und Raum, Darmstädter Gespräch 1951, Darmstadt 1952

Baur, Hermann: Zur Ausstellung »Schweizer Architektur«, in: Werk, H. 1/1949, S. 2

Becker, Karin: Rudolf Schwarz 1897–1961, Kirchenarchitektur, Phil. Diss., Bielefeld 1981

Bender, Michael und May, Roland (Hg.): Architektur der fünfziger Jahre, Die Darmstädter Meisterbauten, Stuttgart 1998

Benjamin, Walter: Kleine Geschichte der Photographie, in: Rolf Tiedemann und Hermann Schweppenhäuser (Hg.), Walter Benjamin Gesammelte Schriften, Bd. II/1 Aufsätze Essays Vorträge, Frankfurt am Main 1977, S. 368 ff

Bernhard, Rudolf: Kirchenbau, In memoriam Rudolf Schwarz, in: Das Münster, H. 1/1972, S. 22 ff

Biedrzynski, Richard: Kirchen unserer Zeit, Mit Aufnahmen von Helga Schmidt-Glaßner, München 1958

Blomeier, Hermann und Wimmenauer, Karl: Neuere Kirchenbauten von Rudolf Schwarz, Pfarrkirche Kirchen-Herkersdorf und Marienkapelle Frankfurt am Main, in: Bauen und Wohnen, H. 12/1949, S. 612 ff

Dominikus Böhm, Mit einem Geleitwort von seiner Eminenz Joseph Kardinal Frings und Beiträgen von August Hoff, Herbert Muck, Raimund Thoma, München und Zürich 1962

Böhm, Gottfried: Vorträge Bauten Projekte, Stuttgart und Zürich 1988

Böll, Heinrich: Skizze, in: Frankfurter Allgemeine, 17. August 1951

Böse, Georg: Philippika vor den Friedensrittern, Paul Schmitthenner gegen Corbusier, in: Stuttgarter Zeitung, 9. Juli 1958

Boesiger, Willy (Hg.): Le Corbusier et Pierre Jeanneret, Œuvre Complète de 1929–1934, Zürich 1964

Bollenbeck, Karl Josef: Neue Kirchen im Erzbistum Köln 1955–1995, 2 Bde, Köln 1995

Boullée, Etienne-Louis: Architektur, Abhandlung über die Kunst, Mit einer Einführung von Adolf Max Vogt, Zürich und München 1987

Bourrée, Manfred und Richters, Christian: Das Ruhrgebiet, Architektur nach 1945, Essen 1996

Braunfels, Wolfgang: St. Anna in Düren, Gedanke und Form, in: Baukunst und Werkform, H. 3/1957, S. 144 ff

Brecher, August: Eine junge Pfarre im Aachener Ostviertel, Die Gemeinde St. Fronleichnam 1930–1996, Aachen 1997

Breuning, Klaus: Die Vision des Reiches, Deutscher Katholizismus zwischen Demokratie und Diktatur 1929–1934, Phil. Diss., München 1969

Broch, Hermann: Das Böse im Wertsystem der Kunst, in: Paul Michael Lützeler (Hg.), Hermann Broch Kommentierte Werkausgabe, Bd. 9/2 Schriften zur Literatur 2 Theorie, Frankfurt am Main 1975, S. 119 ff

–: Einige Bemerkungen zum Problem des Kitsches, in: Paul Michael Lützeler (Hg.), Hermann Broch Kommentierte Werkausgabe, Bd. 9/2 Schriften zur Literatur 2 Theorie, Frankfurt am Main 1975, S. 158 ff

Brodeßer, Heinrich: Zwei Kapellen in Süchterscheid, in: Gabriel Busch (Hg.), Kapellenkranz um den Michaelsberg, 113 Kapellen im alten Dekanat Siegburg, Siegburg 1985, S. 132 ff

Brülls, Holger: Neue Dome, Wiederaufnahme romanischer Bauformen und antimoderne Kulturkritik im Kirchenbau der Weimarer Republik und der NS-Zeit, Phil. Diss., Berlin und München 1994

Burg Rothenfels 1919/1929, Mit Beiträgen von Romano Guardini, Ludwig Neundörfer, Rudolf Schwarz, Mit Aufnahmen von Fritz Grieshaber, Erschienen im Selbstverlag des Vereins der Quickbornfreunde, Burg Rothenfels am Main 1929

Burg Rothenfels, Mit Beiträgen von Romano Guardini, Lene Merz, Ludwig Neundörfer, Mit Aufnahmen von Fritz Grieshaber, August Kreyenkamp, Albert Renger-Patzsch, Burg Rothenfels am Main 1932

Burke, Edmund: Philosophische Untersuchung über den Ursprung unserer Ideen vom Erhabenen und Schönen, Mit einer Einleitung von Werner Strube, Philosophische Bibliothek Bd. 324, Hamburg 1989

Busmann, Johannes: Die revidierte Moderne, Der Architekt Alfons Leitl 1909–1975, Phil. Diss., Wuppertal 1995

Calleen, Justinus Maria: Georg Meistermann in St. Gereon zu Köln, Phil. Diss., Köln 1993

Christ-Janer, Albert und Mix Foley, Mary: Modern Church Architecture, A guide to the form and spirit of 20th century religious buildings, New York u. a.O. 1962

Claasen, Hermann: Gesang im Feuerofen, Köln, Überreste einer alten deutschen Stadt, Mit einem Geleitwort von Franz A. Hoyer, Düsseldorf 1947

Hermann Claasen, Das Ende, Kriegszerstörungen im Rheinland, Mit zwei Texten von Heinrich Böll, Katalog der Ausstellung des Rheinischen Landesmuseums Bonn 1983, Köln 1983

Clemen, Paul (Hg.): Die Kunstdenkmäler der Rheinprovinz, Bd. 17 Abt. 2 Die Kunstdenkmäler des Kreises Mayen, Düsseldorf 1941
–: Rheinische Baudenkmäler und ihr Schicksal, Ein Aufruf an die Rheinländer, Düsseldorf 1946
–: Gesammelte Aufsätze, Düsseldorf 1948

Colonia deleta, Federzeichnungen von Heinrich Schröder, Mit einem Geleitwort von Heinz Fries, Köln o.J.

Conrads, Ulrich: Ronchamp oder die »Travestie der Unschuld«, in: Baukunst und Werkform, H. 1/1956, S. 9 ff
–: Das Festhaus, Erläuterungen und Gedanken zum neuen Gürzenich in Köln, in: Baukunst und Werkform, H. 8/1956, S. 410 ff
–: Gedenken an Rudolf Schwarz, in: Bauwelt, H. 16/1961, S. 460
– (u. a. Hg.): Die Bauhaus-Debatte 1953, Dokumente einer verdrängten Kontroverse, Bauwelt Fundamente Bd. 100, Braunschweig und Wiesbaden 1994

Darius, Veronika: Der Architekt Gottfried Böhm, Bauten der sechziger Jahre, Phil. Diss., Düsseldorf 1988

Debuyst, Frédéric: L'Eglise Saint-Christophe à Cologne-Niehl, in: Art d'Eglise, H. 127/1964, S. 50 ff
–: Kritische Gedanken zum Kirchenbau der Gegenwart, in: Das Münster, H. 3/1967, S. 185 ff

Diefendorf, Jeffry M.: Städtebauliche Traditionen und der Wiederaufbau von Köln vornehmlich nach 1945, in: Rheinische Vierteljahrsblätter, Jg. 55/1991, S. 252 ff
–: In the Wake of War, The Reconstruction of German Cities after World War II, New York und Oxford 1993

Dirks, Walter: Mut zum Abschied, Zur Wiederherstellung des Frankfurter Goethehauses, in: Frankfurter Hefte, H. 8/1947, S. 819 ff

Döblin, Alfred: Kleine Impressionen auf einer Rheinreise, in: Frankfurter Zeitung, 1. Februar 1931
–: Impressionen von einer Rheinreise, in: Frankfurter Zeitung, 8. Februar 1931

Durth, Werner: Deutsche Architekten, Biographische Verflechtungen 1900–1970, Braunschweig und Wiesbaden 1986
– und Gutschow, Niels: Träume in Trümmern, Planungen zum Wiederaufbau zerstörter Städte im Westen Deutschlands 1940–1950, 2 Bde, Braunschweig und Wiesbaden 1988

Eckstein, Hans: Neue Form aus den Ruinen, in: Der Tagesspiegel, Fernausgabe, 18. Dezember 1948

Eisenman, Peter D.: Dall' oggetto alla relazionalità, La casa del Fascio di Terragni, in: Casabella, H. 344/1970, S. 38 ff

Erzbischöfliches Generalvikariat: Kirchliche Bau- und Kunstpflege, in: Kirchlicher Anzeiger für die Erzdiözese Köln, H. 3/1930, S. 7 ff

Evers, Hans Gerhard: Tod, Macht und Raum als Bereiche der Architektur, München 1939

Fils, Alexander (Hg.): Oscar Niemeyer, Selbstdarstellung Kritiken Œuvre, Berlin 1982

Filthaut, Theodor: Kirchenbau und Liturgiereform, Mainz 1965

Dan Flavin, Drei Installationen in fluoreszierendem Licht, Katalog der Ausstellung im Wallraf-Richartz-Museum und in der Kunsthalle Köln 1973, Köln 1973

Friedländer, Saul: Kitsch und Tod, Der Widerschein des Nazismus, München und Wien 1984

Frisch, Max: Cum grano salis, Eine kleine Glosse zur schweizerischen Architektur, in: Werk, H. 10/1953, S. 325 ff

Frohn, Robert: Köln 1945 bis 1981, Vom Trümmerhaufen zur Millionenstadt, Erlebte Geschichte, Köln 1982

Fußbroich, Helmut und Holthausen, Dierk: Architekturführer Köln, Profane Architektur nach 1900, Köln 1997

Gauverlag Bayreuth und Troost, Gerdy (Hg.): Das Bauen im Neuen Reich, Zweiter Band, Bayreuth 1943

Gerl, Hanna-Barbara: Romano Guardini 1885–1968, Leben und Werk, Mainz 1985

Gesellschaft für Christliche Kultur (Hg.): Kirchen in Trümmern, Zwölf Vorträge zum Thema Was wird aus den Kölner Kirchen, Köln 1948

Giebeler, Britta: Sakrale Gesamtkunstwerke zwischen Expressionismus und Sachlichkeit im Rheinland, Phil. Diss., Weimar 1996

Giesz, Ludwig: Was ist Kitsch?, in: Hermann Friedmann und Otto Mann (Hg.), Deutsche Literatur im zwanzigsten Jahrhundert, Gestalten und Strukturen, Dreiundzwanzig Darstellungen, Heidelberg 1954, S. 405 ff
–: Phänomenologie des Kitsches, Ein Beitrag zur anthropologischen Ästhetik, Heidelberg 1960

Grafe, Christoph: Kale waarheid, Fysieke ervaring en essentie in de architectuur van Rudolf Schwarz, in: OASE, H. 45/46/1997, S. 3 ff

Greene, Ernest Thomas: Politics and Geography in Postwar German City Planning, A Field Study of Four German Cities, Hanover/Cologne/Kiel/Trier, Phil. Diss., Princeton 1958
–: Planning in Post-War Cologne, in: Town and Country Planning, H. 11/1960, S. 370 ff

Grosche, Robert: Vom Bau der Kirche, in: Hochland, H. 3/1948, S. 273 ff
–: Überlegungen zur Theologie des Kirchenbaues, Vortrag auf dem Internationalen Katholischen Künstlerkongreß München 1960, in: Das Münster, H. 9/10/1960, S. 344 ff

Guardini, Romano: Vom Geist der Liturgie, Ecclesia Orans Bd. 1, Freiburg im Breisgau 1918

–: Parzival, in: Heinrich Bachmann und Ludwig Neundörfer, Der neue Anfang, Vierter Deutscher Quickborntag 1922, Gesammelt von zwei Quickbornern, Burg Rothenfels am Main 1922, S. 17 f

–: Briefe vom Comer See, Neun Briefe aus Italien aus der Zeitschrift Die Schildgenossen 1923–1925, Mainz 1927

–: Grundlegung der Bildungslehre, in: Die Schildgenossen, H. 4/1928, S. 314 ff

–: Mögliche Gemeinschaft, in: Die Schildgenossen, H. 5/1928, S. 377 ff

–: Die neuerbaute Fronleichnamskirche in Aachen, in: Die Schildgenossen, H. 3/1931, S. 266 ff

–: Berichte über mein Leben, Autobiographische Aufzeichnungen, Düsseldorf 1984

Gutschow, Niels und Stiemer, Regine: Dokumentation Wiederaufbau der Stadt Münster 1945–1961, Münster 1982

Hackelsberger, Christoph: Die aufgeschobene Moderne, Ein Versuch zur Einordnung der Architektur der Fünfziger Jahre, München und Berlin 1985

Hagspiel, Wolfram (u. a. A.): Köln, Architektur der 50er Jahre, Stadt Köln (Hg.): Stadtspuren, Denkmäler in Köln, Bd. 6, Köln 1986

Hasler, Thomas: Die Kirche St. Anna in Düren von Rudolf Schwarz, in: archithese, H. 5/1996, S. 20 ff

–: Rhetorik des Schweigens, Die Architektur von Rudolf Schwarz, in: Daidalos, H. 64/1997, S. 72 ff

–: Architektur als Ausdruck, Rudolf Schwarz, Sc. Techn. Diss., Zürich und Berlin 1999

Heinen, Werner: Köln, Moderne für die Römerstadt, in: Klaus von Beyme (u. a. Hg.), Neue Städte aus Ruinen, Deutscher Städtebau der Nachkriegszeit, München 1992, S. 217 ff

Helming, Helene und Schwarz, Rudolf: Entwurf einer Schule, in: Die Form, H. 7/1933, S. 209 ff

Henze, Anton: Neue kirchliche Kunst, Recklinghausen 1958

Hilberseimer, Ludwig: Kirchenbauten in Eisenbeton, in: Zentralblatt der Bauverwaltung, H. 42/1927, S. 533 ff

Hildebrand, Dietrich von: Die neue Sachlichkeit und das katholische Ethos, in: Der katholische Gedanke, H. 2/1931, S. 165 ff

Hilger, Hans: Wie die Leversbacher ihre Kapelle gebaut haben, in: Die Schildgenossen, H. 2/1933, S. 153 ff

Historisches Archiv der Stadt Köln (Hg.): Freier Eintritt Freie Fragen Freie Antworten, Die Kölner Mittwochgespräche 1950–1956, Köln 1991

Hoffmann, Hermann: Im Dienste des Friedens, Lebenserinnerungen eines katholischen Europäers, Stuttgart und Aalen 1970

Honegger, Denis und Meyer, Peter: Die Neubauten der Universität Fribourg, in: Das Werk, H. 2/3/1942, S. 33 ff

Holzmeister, Clemens: Architekt in der Zeitenwende, Selbstbiographie, Werkverzeichnis, Salzburg u. a.O. 1976

Hudnut, Joseph: The church in a modern world, in: Architectural Forum, H. 6/1958, S. 89 ff

Hülsmann, Gisberth (u. a.Hg.): Emil Steffann, Schriftenreihe Architektur und Denkmalpflege der Akademie der Architektenkammer Nordrhein-Westfalen und der Deutschen Unesco-Kommission, Bd. 18, Düsseldorf und Bonn 1981

Hugot, Leo: Der Dom zu Aachen, Ein Wegweiser, Aachen 1994

Jacobus, John: Die Architektur unserer Zeit, Zwischen Revolution und Tradition, Stuttgart 1966

Janzen, Thomas: Zwischen der Stadt, Photographien des Ruhrgebiets von Albert Renger-Patzsch, Kunstort Ruhrgebiet, Bd. 7, Ostfildern 1996

Jatho, Carl Oskar: Urbanität, Über die Wiederkehr einer Stadt, Düsseldorf 1946

–: Kölner Dignität, in: Stadt Köln (Hg.), Das Neue Köln, Ein Vorentwurf, Köln 1950, S. 108 ff

–: Neubau Kölns und die geistigen Maßstäbe, in: Deutsche Bauzeitschrift, H. 11/1954, S. 759 ff

–: Der Kölner Gürzenich in neuer Gestalt, in: Rheinische Post, 3. Oktober 1955

–: Das neue Wallraf-Richartz-Museum, Kölns Schatzhaus wird heute eröffnet, in: Rheinische Post, 25. Mai 1957

–: Eine Stadt von Welt, Köln vordem und hernach, Köln 1958

Jedlicka, Gotthard: Die Matisse Kapelle in Vence, Rosenkranzkapelle der Dominikanerinnen, Frankfurt am Main 1955

Donald Judd, Räume, Katalog der Ausstellung im Museum Wiesbaden 1993, Ostfildern bei Stuttgart 1993

Jünger, Ernst: Der Arbeiter, Herrschaft und Gestalt, in: Ernst Jünger Sämtliche Werke, Zweite Abteilung Essays, Bd. 8 Essays II, Stuttgart 1981, S. 11 ff

Kahle, Barbara: Rheinische Kirchen des 20. Jahrhunderts, Ein Beitrag zum Kirchenbauschaffen zwischen Tradition und Moderne, Arbeitsheft 39 des Landeskonservators Rheinland, Köln 1985

–: Deutsche Kirchenbaukunst des 20. Jahrhunderts, Darmstadt 1990

Kalow, Gert: Rudolf Steinbach gestorben, in: Frankfurter Allgemeine, 10. Januar 1967

Alexander Kanoldt 1881–1939, Gemälde Zeichnungen Lithographien, Katalog der Ausstellung im Museum für Neue Kunst Freiburg im Breisgau 1987, Freiburg im Breisgau 1987

Kappes, Katharina: Tagebuchnotizen einer Quickbornerin von der Werkwoche August 1924 auf Burg Rothenfels, in: Burgbrief, Burg Rothenfels am Main, 1/1983, S. 2 ff

Karlinger, Hans: Denkmalpflege und neue Form, in: Die Form, H. 2/1930, S. 40 ff

Kaufmann, Emil: Von Ledoux bis Le Corbusier, Ursprung und Entwicklung der Autonomen Architektur, Wien 1933

Keller, Hermann: Gestaltung und Schöpfung, Zu Rudolf Schwarz' Buch »Von der Bebauung der Erde«, in: Baukunst und Werkform, H. 1/1952, S. 44 ff

Kerber, Ottmar: Liebfrauenkirche in Köln-Mülheim und St. Mechtern in Köln-Ehrenfeld, in: Das Münster, H. 11/12/1956, S. 417 ff

Kidder Smith, G. E.: Neuer Kirchenbau in Europa, Stuttgart 1964

Kier, Hiltrud und Krings, Ulrich (Hg.): Köln, Die Romanischen Kirchen in der Diskussion 1946/47 und 1985, Stadt Köln (Hg.): Stadtspuren, Denkmäler in Köln, Bd. 4, Köln 1986

Kirchgässner, Alfons: Aus der Vorgeschichte von St. Michael, in: Altes bewahren, Neues schaffen, Festschrift der Pfarrei St. Bernhard Frankfurt a.M. zum 800. Todestag ihres Patrons, Frankfurt am Main 1953, S. 22 f
–: Die St. Michaelskirche von Rudolf Schwarz in Frankfurt am Main, in: Das Münster, H. 7/8/1955, S. 249 f

Kisky, Hans: Josef Bernard 1902–1959, Zum Werk eines rheinischen Baumeisters unserer Zeit, in: Das Münster, H. 1/2/1962, S. 25 ff

Konrad Klapheck Retrospektive 1955–1985, Katalog der Ausstellung in der Hamburger Kunsthalle 1985, München 1985

Kleffner, Eberhard Michael und Küppers, Leonhard: Neue Kirchen im Bistum Essen, Essen 1966

Klotz, Heinrich: Die röhrenden Hirsche der Architektur, Kitsch in der modernen Baukunst, Luzern und Frankfurt am Main 1977

Koellmann, Hans P.: Ideenwettbewerb Domumgebung Köln 1956/57, dargestellt und kommentiert, in: Baukunst und Werkform, H. 5/1957, S. 270 ff
–: In Memoriam Rudolf Schwarz, in: Baukunst und Werkform, H. 5/1961, S. 284

Köln 1945, Zerstörung und Wiederaufbau, Beihefft zur Ausstellung des Historischen Archivs der Stadt Köln in der Stadtsparkasse Köln 1985, Köln 1985

Kogon, Eugen: Gericht und Gewissen, in: Frankfurter Hefte, H. 1/1946, S. 25 ff

Krabbel, Gerta: Die Soziale Frauenschule Aachen und der Katholische Deutsche Frauenbund, in: Maria Offenberg und Maria Held (Hg.), Festschrift der Sozialen Frauenschule Aachen, Düsseldorf 1930, S. 9 ff

Kracauer, Siegfried: Das Ornament der Masse, in: Inka Mülder-Bach (Hg.), Siegfried Kracauer Schriften, Bd. 5/2 Aufsätze 1927-1931, Frankfurt am Main 1990, S. 57 ff

Kramme, Rüdiger: Helmuth Plessner und Carl Schmitt, Eine historische Fallstudie zum Verhältnis von Anthropologie und Politik in der deutschen Philosophie der zwanziger Jahre, Berlin 1989

Kreusch, Felix: Gedanken zur Wiedererrichtung einer zerstörten Kirche, in: Festschrift zur Consecration der St. Anna-Kirche zu Düren am 7./8. Juli 1956 durch den Hochwürdigsten Herrn Dr. Johannes Pohlschneider Bischof von Aachen, Düren 1956, S. 29 ff
–: Neue Kirchen im Bistum Aachen 1930-1960, Mönchengladbach 1961

Laan, Dom Hans van der: Der architektonische Raum, Fünfzehn Lektionen über die Disposition der menschlichen Behausung, Leiden u. a.O. 1992

Landeskonservator Rheinland (Hg.): Denkmälerverzeichnis 1.1, Aachen Innenstadt mit Frankenberger Viertel, Köln 1977
– (Hg.): Denkmälerverzeichnis 1.2, Aachen Übrige Stadtteile, Köln 1978

Leitl, Alfons: Ein Freizeitheim, Umbau der Zehntscheune auf Burg Rothenfels am Main, in: Monatshefte für Baukunst und Städtebau, H. 5/1938, S. 149 ff
–: Das Wohnhaus eines Arztes in Duisburg, Haus Flüge, in: Monatshefte für Baukunst und Städtebau, H. 5/1938, S. 153 ff
–: Erwägungen und Tatsachen zum deutschen Städte-Aufbau, in: Frankfurter Hefte, H. 4/1946, S. 60 ff
–: »Kampf dem Kitsch«? Stand 1951, Eine Folge von Betrachtungen kommentiert, in: Baukunst und Werkform, H. 2/1951, S. 32 ff
–: Der Wiederaufbau der Kirche Johannisberg im Rheingau, Ein Beispiel lebendiger Denkmalpflege, in: Baukunst und Werkform, H. 1/1952, S. 36 ff
–: Brief an den unbekannten Leser, an Professor Schwarz, Walter Gropius und an mich selber, in: Baukunst und Werkform, H. 10/11/1953, S. 571 ff

Lethen, Helmut: Verhaltenslehren der Kälte, Lebensversuche zwischen den Kriegen, Frankfurt am Main 1994

Lichtenstein, Claude (Hg.): Ferdinand Kramer, Der Charme des Systematischen, Gießen 1991

Lienhardt, Conrad (Hg.): Rudolf Schwarz 1897-1961, Werk Theorie Rezeption, Katalog der Ausstellung in der Hochschule für künstlerische und industrielle Gestaltung Linz 1997, Regensburg 1997

Lindner, Martin: Leben in der Krise, Zeitromane der Neuen Sachlichkeit und die intellektuelle Mentalität der klassischen Moderne, Mit einer exemplarischen Analyse des Romanwerks von Arnolt Bronnen, Ernst Glaeser, Ernst von Salomon und Ernst Erich Noth, Phil. Diss., Stuttgart und Weimar 1994

Linfert, Carl: Raum hinter dem Aufräumen, Über den Zustand der Stadt Köln, in: Die Gegenwart, H. 1/1951, S. 14 ff

Lutz, Heinrich: Demokratie im Zwielicht, Der Weg der deutschen Katholiken aus dem Kaiserreich in die Republik 1914–1925, München 1963

Machat, Christoph: Der Wiederaufbau der Kölner Kirchen, Arbeitsheft 40 des Landeskonservators Rheinland, Köln 1987

Mader, Felix (Hg.): Die Kunstdenkmäler des Königreichs Bayern, Bd. III Unterfranken & Aschaffenburg, H. IX Bezirksamt Lohr, München 1914

Mäckler, Hermann: Anmerkungen zur Zeit, Kommentar zum Wettbewerb Paulskirche, in: Baukunst und Werkform, H. 1/1947, S. 12

–: Praeceptor Germaniae et Europae?, in: Baukunst und Werkform, H. 2/3/1953, S. 65 ff

Der Magistrat der Stadt Frankfurt am Main Dezernat Bau Hochbauamt (Hg.): Die Paulskirche in Frankfurt am Main, Schriftenreihe des Hochbauamtes zu Bauaufgaben der Stadt Frankfurt am Main, Bd. 12, Frankfurt am Main 1988

Maßvoll sein heißt sinnvoll ordnen, Rudolf Schwarz und Albert Renger-Patzsch, Der Architekt, der Photograph und die Aachener Bauten, Katalog der Ausstellung im Suermondt-Ludwig-Museum Aachen 1997, Aachen 1997

Georg Meistermann, Die Kirchenfenster, Freiburg im Breisgau u. a.O. 1986

Michel, Elga: Die Altstadt von Köln und ihr Wiedererwachen nach der Zerstörung, Eine wirtschafts- und sozialgeographische Untersuchung, Arbeit aus dem Institut für Geographie und Wirtschaftsgeographie der Universität Köln, Remagen 1955

Mick, Günter: Den Frieden gewinnen, Das Beispiel Fankfurt 1945 bis 1951, Mit den Reden in der Paulskirche von Fritz von Unruh 1948, Thomas Mann 1949 und Albert Schweitzer 1951, Frankfurt am Main 1985

Mißelbeck, Reinhold (Hg.): Chargesheimer, Photographien 1949–1970, Katalog der Ausstellung im Museum Ludwig Köln 1983, Köln 1983

– (Hg.): Chargesheimer, Schöne Ruinen, Mit einem Beitrag von Anke Solbrig unter Verwendung von Originaltexten von Günther Weiß-Margis und einem Nachwort von Anneliese Weiß-Margis, Köln 1994

M. O.: »Kult und Form«, Die Ausstellung im Kunstgewerbemuseum, in: Vossische Zeitung, 19. November 1930

Moles, Abraham A.: Psychologie des Kitsches, München 1972

Molzahn, Johannes: Nicht mehr lesen! Sehen!, in: Das Kunstblatt, H. 3/1928, S. 78 ff

Das Münster, H. 1/2/1960, Neue Kirchenbauten im Erzbistum Köln 1956/1960

Muth, Julius: Gürzenich-Wettbewerb der Stadt Köln, in: Die Neue Stadt, H. 11/1949, S. 335 ff

Neumeyer, Fritz: Mies van der Rohe, Das kunstlose Wort, Gedanken zur Baukunst, Berlin 1986

Neundörfer, Karl: Politische Form und religiöser Glaube, Eine Bücherbesprechung, in: Die Schildgenossen, H. 4/1925, S. 323 ff

Neundörfer, Ludwig: Rudolf Schwarz zum Gedenken!, in: Burgbrief, Burg Rothenfels am Main, 1/1962, S. 3 ff

Oestreich, Hans Dieter: Zur Phänomenologie moderner Formen, in: Bauwelt, H. 36/1957, S. 944 ff

Offenberg, Maria: Das neue Haus und sein Geist, in: Maria Offenberg und Maria Held (Hg.), Festschrift der Sozialen Frauenschule Aachen, Düsseldorf 1930, S. 14 ff

Ortega y Gasset, José: Der Aufstand der Massen, Mit einem Nachwort von Michael Stürmer, Stuttgart 1989

Otto, Rudolf: Das Heilige, Über das Irrationale in der Idee des Göttlichen und sein Verhältnis zum Rationalen, München 1917

Parent, Thomas und Stachelhaus, Thomas: Kirchen im Ruhrrevier 1850–1935, Münster 1993

Pehnt, Wolfgang: Rudolf Schwarz 1897–1961, Architekt einer anderen Moderne, Ostfildern-Ruit 1997

Pfankuch, Peter (Hg.): Hans Scharoun, Bauten Entwürfe Texte, Berlin 1993

Pfau, Artur: Prinzipielles über Architektur-Fotografie, in: Die Neue Stadt, H. 11/1949, S. 376

Pfotenhauer, Angela: Köln, Der Gürzenich und Alt St. Alban, Stadt Köln (Hg.): Stadtspuren, Denkmäler in Köln, Bd. 22, Köln 1993

– und Lixenfeld, Elmar: Festarchitektur der fünfziger Jahre, Der Gürzenich und St. Alban in Köln, Köln 1997

Pinder, Wilhelm: Die bildende Kunst im neuen deutschen Staat, Rede auf einer Tagung des Pädagogisch-Psychologischen Institutes der Universität München am 3. August 1933, in: Wilhelm Pinder, Reden aus der Zeit, Leipzig 1934, S. 26 ff

Plessner, Helmuth: Grenzen der Gemeinschaft, Eine Kritik des sozialen Radikalismus, in: Günter Dux (u. a.Hg.), Helmuth Plessner Gesammelte Schriften, Bd. V Macht und menschliche Natur, Frankfurt am Main 1981, S. 7 ff

Politische Konstruktivisten, Die »Gruppe progressiver Künstler« Köln, Katalog der Ausstellung der Neuen Gesellschaft für Bildende Kunst in der Akademie der Künste Berlin 1975, Berlin 1975

Raith, Frank-Bertolt: Der heroische Stil, Studien zur Architektur am Ende der Weimarer Republik, Berlin 1997

Renger-Patzsch, Albert: Die Welt ist schön, Einhundert photographische Aufnahmen, Mit einer Einleitung von Carl Georg Heise, München 1928

Albert Renger-Patzsch, Das Spätwerk, Bäume Landschaften Gestein, Katalog der Ausstellung im Kunstmuseum Bonn 1996, Ostfildern-Ruit 1997

Reuter, Hans: Der Bau der neuen Annakirche, in: Erwin Gatz (Hg.), St. Anna in Düren, Mönchengladbach 1972, S. 45 ff

Riezler, Walter: Einheit der Welt, Ein Gespräch, in: Die Form, H. 8/1927, S. 236 ff
–: Erneuerung des Kirchenbaus?, in: Die Form, H. 21/22/1930, S. 537 ff

Ruf, Sep: Ansprache anläßlich der Eröffnung der Ausstellung »Kirchenbau der Gegenwart in Deutschland« am 28. Juli 1960 in München, in: Das Münster, H. 9/10/1960, S. 291 f

Saarinen, Aline B. (Hg.): Eero Saarinen on his work, A selection of buildings dating from 1947 to 1964 with statements by the architect, New Haven und London 1962

Sauer, Joseph: Symbolik des Kirchengebäudes und seiner Ausstattung in der Auffassung des Mittelalters, Mit Berücksichtigung von Honorius Augustodunensis Sicardus und Durandus, Freiburg im Breisgau 1924

Schäfke, Werner (Hg.): Das Neue Köln 1945–1995, Katalog der Ausstellung des Kölnischen Stadtmuseums in der Josef-Haubrich-Kunsthalle Köln 1995, Köln 1995

Scharfe, Siegfried: Ländlicher Kirchbau, in: Die Baugilde, H. 13/1930, S. 1141 ff

Schmidt, Walther: Rasteritis, in: Bauen und Wohnen, H. 10/11/1947, S. 290 ff

–: Bauen mit Ruinen, in: Bauen und Wohnen, H. 12/1947, S. 322 ff
–: Ein Plan zur Neugestaltung der Magnikirche in Braunschweig, Architekt Bernhard Dexel, in: Bauen und Wohnen, H. 12/1949, S. 602 ff
–: Bauen mit Ruinen, Gestaltungsfragen bei der Einbeziehung von Ruinen kriegszerstörter bedeutender alter Bauwerke in neue Bauzusammenhänge, Mit Federzeichnungen des Verfassers, Ravensburg 1949

Schmitt, Hans: Der Neuaufbau der Stadt Köln, Köln 1946
–: Am Museum, Geschrieben nach der großen Zerstörung Kölns im Jahr 1943, Gezeichnet 1949 von Georg Meistermann, Köln 1949
–: Als Fremder durch die eigene Stadt, in: Merian, H. 8/1960 Köln, S. 8 ff
– (Hg.): Zeit der Ruinen, Köln am Ende der Diktatur, Mit Bildern von Walter Dick, einem Vorwort von Heinrich Böll und einem Nachwort des Herausgebers, Köln 1965

Schmitthenner, Walter: Rudolf Steinbach 1903–1966, Daten seines Lebens, seiner Werke, seiner Freunde, Typoskript, Freiburg im Breisgau 1990

Schnell, Hugo: Christliche Kunst der Gegenwart, Internationale Ausstellung Köln im Domjahr 1948, in: Das Münster, H. 7/8/1949, S. 193 ff
–: Der Kirchenbau des 20. Jahrhunderts in Deutschland, Dokumentation Darstellung Deutung, München und Zürich 1973

Schoberth, Louis: »Deutsche Architektur seit 1945«, Zu einer Ausstellung moderner Baukunst, Eine Betrachtung, in: Baukunst und Werkform, H. 2/1949, S. 47 ff

Schöfer, René von, Schwarz, Rudolf, Spiegel, Hans: Werkschulung und Staat, Organischer Aufbau der Werkschulung in der Rheinprovinz, Aachen 1933

Schreyer, Lothar: Ein Jahrtausend deutscher Kunst, Hamburg 1954
–: Christliche Kunst des XX. Jahrhunderts in der katholischen und protestantischen Welt, Hamburg 1959
–: Anton Wendling, Monographien zur rheinisch-westfälischen Kunst der Gegenwart, Bd. 24, Recklinghausen 1962

Schriftenreihe des Deutschen Nationalkomitees für Denkmalschutz, Bd. 33, Werner Durth und Niels Gutschow, Architektur und Städtebau der Fünfziger Jahre, Bonn 1987

Schriftenreihe des Deutschen Nationalkomitees für Denkmalschutz, Bd. 36, Architektur und Städtebau der Fünfziger Jahre, Dokumentation der 14. Pressefahrt des Deutschen Nationalkomitees für Denkmalschutz in Zusammenarbeit mit dem Landesamt für Denkmalpflege Hessen am 30. und 31. August 1988 und Beiträge vom 14. Hessischen Tag für Denkmalpflege am 8. und 9. September 1988 in Darmstadt, Bonn 1988

Schriftenreihe des Deutschen Nationalkomitees für Denkmalschutz, Bd. 41, Architektur und Städtebau der Fünfziger Jahre, Ergebnisse der Fachtagung in Hannover 2. – 4. Februar 1990, Schutz und Erhaltung von Bauten der Fünfziger Jahre, Bonn 1990

Schubert, Hannelore: Das erste Museum der Nachkriegszeit, Das Wallraf-Richartz-Museum in Köln, in: Baukunst und Werkform, H. 1/1958, S. 5 ff

Schulz, Bernhard (Hg.): Grauzonen Farbwelten, Kunst und Zeitbilder 1945–1955, Katalog der Ausstellung der Neuen Gesellschaft für Bildende Kunst in der Akademie der Künste Berlin 1983, Berlin 1983

Schumacher, Thomas L.: Surface & Symbol, Giuseppe Terragni and the Architecture of Italian Rationalism, New York u. a. O. 1991

Schwarz, Maria: Beginn in Bescheidenheit, Die Paulskirche, in: Dieter Bartetzko (Hg.), Sprung in die Moderne, Frankfurt am Main, die Stadt der 50er Jahre, Frankfurt am Main und New York 1994, S. 38 ff
– und Conrads, Ulrich (Hg.): Rudolf Schwarz, Wegweisung der Technik und andere Schriften zum Neuen Bauen 1926–1961, Bauwelt Fundamente Bd. 51, Braunschweig und Wiesbaden 1979

Rudolf Schwarz Gedächtnisausstellung des Bundes Deutscher Architekten (BDA) Köln, Katalog, Erarbeitet von Maria Schwarz, Klaus Rosiny, Joachim Schürmann, Oswald Mathias Ungers, Heidelberg 1963

Schwippert, Gerdamaria und Werhahn, Charlotte (Hg.): Hans Schwippert, Schriftenreihe Architektur und Denkmalpflege der Akademie der Architektenkammer Nordrhein-Westfalen und der Deutschen Unesco-Kommission, Bd. 23, Köln 1984

Schwippert, Hans: Denken Lehren Bauen, Düsseldorf und Wien 1982

Seiterich-Kreuzkamp, Thomas: Links, frei und katholisch, Walter Dirks, Ein Beitrag zur Geschichte des Katholizismus der Weimarer Republik, Mit einem Nachwort von Walter Dirks, Phil. Diss., Frankfurt am Main u. a. O. 1986

Signon, Helmut: Jury war einstimmig für Entwurf Nr. 4, Professor Schwarz erläuterte seinen Bauplan für St. Joseph in Braunsfeld, in: Kölnische Rundschau, Ausgabe K, 18. November 1952

Söhngen, Oskar: Die Wallfahrtskirche von Ronchamp, Zum Problem des Sakralen im modernen Kirchenbau, in: Reich Gottes und Wirklichkeit, Festgabe für Alfred Dedo Müller zum 70. Geburtstag, Berlin 1961, S. 176 ff

Solbrig, Anke: Chargesheimers experimentelle Photographien im Kontext seines Gesamtwerkes, Mit den Texten von Günther Weiß-Margis für das Buch »form und urform«, Magisterarbeit am Kunsthistorischen Institut der Universität zu Köln, Köln 1996

Spael, Wilhelm: Das katholische Deutschland im 20. Jahrhundert, Seine Pionier- und Krisenzeiten 1890–1945, Würzburg 1964
– und Landmesser, Franz: Die dritte soziologische Sondertagung des Katholischen Akademikerverbandes in Maria Laach, Die nationale Aufgabe im Katholizismus, Idee

und Aufbau des Reiches, in: Kölnische Volkszeitung, Sonntagsbeilage Im Schritt der Zeit, 30. Juli 1933

Spaeth, David: Mies van der Rohe, Der Architekt der technischen Perfektion, Mit einem Vorwort von Kenneth Frampton, Stuttgart 1986

Speidel, Manfred: Zwischen Tradition und Moderne, Kirchenbauten von Rudolf Schwarz und Emil Steffann, Vom sinnlichen Erlebnis geistiger Wirklichkeiten, in: Baukultur, H. 4/1982, S. 23 ff

Stadtkanzlei Büro Paulskirche (Hg.): 1848 1948, Deutschlands Paulskirche, Frankfurt am Main 1947

Stadt Köln (Hg.): Das Neue Köln, Ein Vorentwurf, Köln 1950

Stamm, Günther: J.J.P. Oud, Bauten und Projekte 1906 bis 1963, Mainz und Berlin 1984

Staub, Hans und Baur, Hermann: Bürgerspital Basel, in: Werk, H. 2/1946, S. 37 ff

Steffann, Emil: Baufibel für Lothringen, Erstdruck nach dem 1943 entstandenen Manuskript, in: Arch +, H. 72/1983, S. 7 ff
–: Können wir noch Kirchen bauen?, in: Baukunst und Werkform, H. 5/1954, S. 288 ff
– und Wimmenauer, Karl: Wort und Antwort, Zu Emil Steffanns Beitrag Können wir noch Kirchen bauen?, in: Baukunst und Werkform, H. 2/1955, S. 132 ff

Steinbach, Rudolf: Rudolf Schwarz zum 50. Geburtstag, Verehrter Freund und Meister!, in: Baukunst und Werkform, H. 1/1947, S. 90 ff
–: Die Alte Brücke in Heidelberg und Die Problematik des Wiederaufbaus, in: Baukunst und Werkform, H. 2/1948, S. 34 ff
–: Können wir das Alte überhaupt noch recht bewahren, richtig sehen und besitzen?, in: Baukunst und Werkform, H. 3/1951, S. 41 ff
–: Von der Erneuerung, in: Baukunst und Werkform, H. 10/11/1953, S. 516 ff
–: Der Aufbau von St. Anna, in: Festschrift zur Consecration der St. Anna-Kirche zu Düren am 7./8. Juli 1956 durch den Hochwürdigsten Herrn Dr. Johannes Pohlschneider Bischof von Aachen, Düren 1956, S. 19 ff
–: Zur Lage unseres Erziehungswesens, Mit einem Brief von Rudolf Schwarz an den Präsidenten des Bundes Deutscher Architekten (BDA) Wilhelm Wichtendahl, in: Bauwelt, H. 26/1961, S. 743 ff

Stern, Fritz: Kulturpessimismus als politische Gefahr, Eine Analyse nationaler Ideologie in Deutschland, Bern u. a.O. 1963

St. Michael in Frankfurt am Main, Kirchenführer, Große Baudenkmäler H. 527, München und Berlin 1998

Stock, Alex: Zwischen Tempel und Museum, Theologische Kunstkritik, Positionen der Moderne, Paderborn u. a.O. 1991

Sundermann, Manfred (u.a.Hg.): Rudolf Schwarz, Schriftenreihe Architektur und Denkmalpflege der Akademie der Architektenkammer Nordrhein-Westfalen und der Deutschen Unesco-Kommission, Bd. 17, Düsseldorf und Bonn 1981

Tillich, Paul: Kult und Form, Vortrag anläßlich der Eröffnung der Ausstellung des Kunstdienstes in Berlin am 10. November 1930, in: Kunst und Kirche, H. 1/1931, S. 3 ff

Trier, Eduard: Kultstätte oder Versammlungsort?, Der moderne Kirchenbau überwindet das Stadium der Problematik, Drei instruktive Beispiele in Köln, in: Die Zeit, 23. Dezember 1954

Augustin Tschinkel, Aktive Graphik 1927–1937, 9 signierte Linolschnitte, Mit einer Einführung von Hans Schmitt-Rost, Berlin 1972

Uhl, Ottokar (Hg.): Rudolf Schwarz Emil Steffann, Über die Rückführung der Architektur auf die Philosophie, Berichtsheft eines Symposiums an der Universität Karlsruhe 1982, Karlsruhe 1985

Ungers, Oswald Mathias: Prinzipien der Raumgestaltung, Berufungsvortrag an der Technischen Universität Berlin 1963, in: Arch +, H. 65/1982, S. 41 ff
–: Morphologie, City Metaphors, Köln 1982

Oswald Mathias Ungers, Architektur 1951–1990, Mit einem Beitrag von Fritz Neumeyer, Stuttgart 1991

Volkart, Hans: Schweizer Architektur, Ein Überblick über das schweizerische Bauschaffen der Gegenwart, Ravensburg 1951

Warnach, Walter: Glasfenster der Heiligkreuzkirche in Bottrop von Georg Meistermann, in: Glasforum, H. 2/1958, S. 26 f

Anton Wendling 1891–1965, Werkauswahl aus dem Nachlaß, Katalog der Ausstellung im Städtischen Museum Abteiberg Mönchengladbach 1983, Mönchengladbach 1983

Wendschuh, Achim (Hg.): Hans Scharoun, Zeichnungen Aquarelle Texte, Berlin 1993

Werhahn, Charlotte M. E.: Hans Schwippert 1899–1973, Architekt, Pädagoge und Vertreter der Werkbundidee in der Zeit des deutschen Wiederaufbaus, Phil. Diss., München 1987

Werner, Bruno E.: Neues Bauen in Deutschland, München 1952

Weyres, Willy: Neue Kirchen im Erzbistum Köln 1945–1956, Düsseldorf 1957
– und Bartning, Otto (Hg.): Kirchen, Handbuch für den Kirchenbau, München 1959

Widder, Erich: Europäische Kirchenkunst der Gegenwart, Architektur, Malerei und Plastik, Linz 1968

Wiktorin, Dorothea: Der Wiederaufbau nach dem Untergang, Versuch einer Bilanz, in: Georg Mölich und Stefan Wunsch (Hg.), Köln nach dem Krieg, Facetten der Stadtgeschichte, Kölner Schriften zu Geschichte und Kultur, Bd. 24, Köln 1995, S. 138 ff

Ben Willikens, Abendmahl, Katalog der Ausstellung in der Staatsgalerie Stuttgart 1980, Stuttgart 1980

Ben Willikens, Metaphysik des Raumes, Stuttgart 1985

Ben Willikens, Dynamik der Leere, Stuttgart 1989

Wimmenauer, Karl: Die Ausstellung in Köln, Eine deutsche Bilanz 1949, in: Die Neue Stadt, H. 7/1949, S. 182 f

Zahner, Walter: Rudolf Schwarz, Baumeister der Neuen Gemeinde, Ein Beitrag zum Gespräch zwischen Liturgietheologie und Architektur in der Liturgischen Bewegung, Theol. Diss., Altenberge 1992

Zechlin, Hans Josef: Zwei Landhäuser von Rudolf Schwarz und Johannes Krahn, Haus Schiffner in Offenbach und Haus Schrage in Köln, in: Monatshefte für Baukunst und Städtebau, H. 1/1940, S. 13 ff

Zimmermann, Karl: Das Fest von Köln, in: Die Gegenwart, H. 16/1948, S. 17 f

Zimmermann, Wilhelm: Gemeinde im Wandel, 175 Jahre Pfarre Sankt Johann in Aachen-Burtscheid, Aachen 1981

Peter Zumthor Häuser, 1979–1997, Mit Beiträgen von Peter Zumthor, Mit Aufnahmen von Hélène Binet, Baden 1998

Bildnachweis

Karl Band und Hans Schilling/Baukunst und Werkform H. 3/1951/103

Dominikus Böhm/Dominikus Böhm, München und Zürich 1962/53 oben, 53 unten

Chargesheimer/Akademie der Künste, Die Mitglieder und ihr Werk, Berlin 1960/Museum Ludwig, Köln/6
- Reinhold Mißelbeck (Hg.), Chargesheimer, Schöne Ruinen, Köln 1994/Anneliese Weiß-Margis Erben, Köln/142

Fernand Dumas und Denis Honegger/Das Werk 2/3/1942/111

Theo Felten/Historisches Archiv der Stadt Köln/100

Uli Gatz, Berlin/65 unten

Anne Gold/Suermondt-Ludwig-Museum, Aachen/26

Fritz Grieshaber/Christof Pfau, Mannheim/23

Thomas Hasler/Staufer & Hasler Architekten, Frauenfeld/178 oben

Atelier Heiliger/Archiv der Katholischen Kirchengemeinde Sankt Fronleichnam, Aachen/70

Alexander Kanoldt/Museum der bildenden Künste, Leipzig/Verwertungsgesellschaft Bild-Kunst, Bonn/18

Konrad Klapheck/Kunstsammlung Nordrhein-Westfalen, Düsseldorf/Verwertungsgesellschaft Bild-Kunst, Bonn/174

Peter Kreutzer, Aachen/71

Georg Meistermann/Hans Schmitt-Rost, Am Museum, Köln 1949/Verwertungsgesellschaft Bild-Kunst, Bonn/97

Knud Peter Petersen, Berlin/30

Artur Pfau/Christof Pfau, Mannheim/22, 80, 120, 126, 134, 138, 148 links, 148 rechts, 150, 151, 155, 162, 163, 166, 171, Umschlag hinten

J. Preim Sohn/Archiv Maria Schwarz, Köln/38

Albert Renger-Patzsch/Albert Renger-Patzsch Archiv Ann und Jürgen Wilde, Zülpich/ 10, 34, 35, 44, 47, 60, 61, 135

Helga Schmidt-Glaßner/Callwey Verlag, München/50

Hugo Schmölz/Archiv Wim Cox, Köln/74

Karl-Hugo Schmölz/Archiv Wim Cox, Köln/105
- Ungers Archiv für Architekturwissenschaft, Köln/116

Rudolf Schwarz/Otto Bartning (Hg.), Mensch und Raum, Darmstadt 1952/108, 114
- Bauen und Wohnen H. 4/1949/94
- Baukunst und Werkform H. 4/1952/123
- Richard Biedrzynski, Kirchen unserer Zeit, München 1958/132 oben
- Erwin Gatz (Hg.), St. Anna in Düren, Mönchengladbach 1972/158
- Historisches Archiv des Erzbistums Köln/Umschlag vorne
- G. E. Kidder Smith, Neuer Kirchenbau in Europa, Stuttgart 1964/132 unten
- Die Neue Stadt H. 3/1948/145
- Rudolf Schwarz, Vom Bau der Kirche, Würzburg 1938/169 oben, 169 unten
- Zentralblatt der Bauverwaltung H. 30/1931/56
- und Hans Schwippert/Archiv der Katholischen Kirchengemeinde Sankt Johann Baptist, Aachen/41

August Tschinkel/Politische Konstruktivisten, Berlin 1975/Galerie Kunze, Berlin/65 oben

Unbekannt/Clemens Holzmeister, Architekt in der Zeitenwende, Salzburg u. a. O. 1976/89
- Felix Mader (Hg.), Die Kunstdenkmäler des Königreichs Bayern, Bd. III H. IX, München 1914/15
- Rheinisches Bildarchiv, Köln/84, 85, 176
- Verlag August Gunkel, Düsseldorf/Archiv Paul Schneider-Esleben, Düsseldorf/129
- Willy Weyres und Otto Bartning (Hg.), Kirchen, Handbuch für den Kirchenbau, München 1959/178 unten

Ben Willikens/Deutsches Architektur Museum, Frankfurt am Main/Verwertungsgesellschaft Bild-Kunst, Bonn/77

Die jeweils letzten Ziffern nennen die Seiten dieses Buches.

Bauwelt Fundamente
(lieferbare Titel)

1 Ulrich Conrads (Hg.), Programme und Manifeste zur Architektur des 20. Jahrhunderts
2 Le Corbusier, 1922 - Ausblick auf eine Architektur
3 Werner Hegemann, 1930 - Das steinerne Berlin
4 Jane Jacobs, Tod und Leben großer amerikanischer Städte
12 Le Corbusier, 1929 - Feststellungen
14 El Lissitzky, 1929 - Rußland: Architektur für eine Weltrevolution
16 Kevin Lynch, Das Bild der Stadt
50 Robert Venturi, Komplexität und Widerspruch in der Architektur
51 Rudolf Schwarz, Wegweisung der Technik und andere Schriften zum Neuen Bauen 1926-1961
53 Robert Venturi, Denise Scott Brown und Steven Izenour, Lernen von Las Vegas
56 Thilo Hilpert (Hg.), Le Corbusiers „Charta von Athen". Texte und Dokumente. Kritische Neuausgabe
58 Heinz Quitzsch, Gottfried Semper - Praktische Ästhetik und politischer Kampf
70 Hernry-Russell Hitchcock und Philip Johnson, Der Internationale Stil - 1932
71 Lars Lerup, Das Unfertige bauen
72 Alexander Tzonis und Liane Lefaivre, Das Klassische in der Architektur
73 Elisabeth Blum, Le Corbusiers Wege
74 Walter Schönwandt, Denkfallen beim Planen
77 Jan Turnovský, Die Poetik eines Mauervorsprungs
79 Christoph Hackelsberger, Beton: Stein der Weisen?
82 Klaus Jan Philipp (Hg.), Revolutionsarchitektur
83 Christoph Feldtkeller, Der architektonische Raum: eine Fiktion
85 Ulrich Pfammatter, Moderne und Macht
89 Reyner Banham, Theorie und Gestaltung im Ersten Maschinenzeitalter
90 Gert Kähler (Hg.), Dekonstruktion? Dekonstruktivismus?
91 Christoph Hackelsberger, Hundert Jahre deutsche Wohnmisere - und kein Ende?
92 Adolf Max Vogt, Russische und französische Revolutionsarchirektur 1917 · 1789

97 Gert Kähler (Hg.), Schräge Architektur und aufrechter Gang
99 Kristiana Hartmann (Hg.), trotzdem modern
100 Magdalena Droste, Winfried Nerdinger, Hilde Strohl, Ulrich Conrads (Hg.), Die Bauhaus-Debatte 1953
101 Ulf Jonak, Kopfbauten. Ansichten und Abrisse gegenwärtiger Architektur
102 Gerhard Fehl, Kleinstadt, Steildach, Volksgemeinschaft
103 Franziska Bollerey (Hg.), Zwischen de Stijl und CIAM
104 Gert Kähler (Hg.), Einfach schwierig
105 Sima Ingberman, ABC. Internationale Konstruktivistische Architektur 1922–1939
106 Martin Pawley, Theorie und Gestaltung im Zweiten Maschinenzeitalter
107 Gerhard Boeddinghaus (Hg.), Gesellschaft durch Dichte
108 Dieter Hoffmann-Axthelm, Die Rettung der Architektur vor sich selbst
109 Françoise Choay, Das architektonische Erbe, eine Allegorie
110 Gerd de Bruyn, Die Diktatur der Philanthropen
111 Alison und Peter Smithson, Italienische Gedanken
112 Gerda Breuer (Hg.), Ästhetik der schönen Genügsamkeit oder *Arts & Crafts* als Lebensform
113 Rolf Sachsse, Bild und Bau
114 Rudolf Stegers, Räume der Wandlung. Wände und Wege. Studien zum Werk von Rudolf Schwarz
115 Niels Gutschow, Ordnungswahn (in Vorbereitung)
116 Christian Kühn, Stilverzicht
117 Gerd Albers, Zur Entwicklung der Stadtplanung in Europa
118 Thomas Sieverts, Zwischenstadt
119 Beate und Hartmut Dieterich (Hg.), Boden. Wem nützt er? Wen stützt er?
120 Peter Bienz, Le Corbusier und die Musik
121 Hans-Eckhard Lindemann, Stadt im Quadrat

Rudolf Schwarz

Wegweisung der Technik

und andere Schriften zum Neuen Bauen 1926-1961

Architektur - Theorie, Lehre, Kritik

Band 51 der Bauwelt Fundamente.
1979. 198 Seiten

ARCHITEKTUR ■ BEI VIEWEG

Die Bauhaus-Debatte 1953

Dokumente einer
verdrängten Kontroverse

habe also einen Aufsatz über Bauen und
t so aufgebaut wie er wohl aufgebaut s
wie es dazu gekommen ist, dass die A
ig schrieben können und gegen Geschrie
en hierfür zwei Gründe namhaft gemacht
der Architekten durch eine ganz sachl
gewordene "Ästhetik" und die minderwer
en, die heute keine Bildung sondern nu
. Ästhetiker werden soetwas nicht gerne
muss es trotzdem und ich habe es vori
r deutlich gesagt und lebe immernoch.
sucht, dass es früher zum guten Ton de
auen und zu schreiben als die Architek
besassen beides zu tun, und dassein gr
spräch bestand. Ich habe dann die Frag
s Gespräch zum Verstummen gekommen ist
genannt den ungeistigen Terrorismus d
etlich der Bauhausliteraten und später
om Tausendjährigen Reich. Schliesslich
ünde, dass Sie es in Ihrer Zeitschrift
htes Gespräch wieder aufleben zu lasse

Architekturtheorie

Band 100 der Bauwelt Fundamente.
1994. 264 Seiten

ARCHITEKTUR ■ BEI VIEWEG

Bei Fragen zur Produktsicherheit wenden Sie sich bitte an:
If you have any questions regarding product safety,
please contact:

Birkhäuser Verlag GmbH
Im Westfeld 8
4055 Basel, Schweiz
productsafety@degruyterbrill.com